Holger Schwaiger
Schenken

Holger Schwaiger

Schenken

Entwurf einer sozialen Morphologie
aus Perspektive der Kommunikationstheorie

UVK Verlagsgesellschaft mbH

Zugl.: Dissertation, Universität Erlangen-Nürnberg, 2011 u. d. T.: »Schenken: Entwurf einer sozialen Morphologie aus Perspektive der Kommunikationstheorie«.

Bibliografische Information der Deutschen Nationalbibliothek
Die Deutsche Nationalbibliothek verzeichnet diese Publikation in der Deutschen Nationalbibliografie; detaillierte bibliografische Daten sind im Internet über http://dnb.d-nb.de abrufbar.

ISBN 978-3-86764-327-6

© UVK Verlagsgesellschaft mbH, Konstanz 2011

Einbandgestaltung: Susanne Fuellhaas, Konstanz
Druck: Bookstation GmbH, Sipplingen

UVK Verlagsgesellschaft mbH
Schützenstr. 24 · D-78462 Konstanz
Tel.: 07531-9053-0 · Fax: 07531-9053-98
www.uvk.de

Inhalt

5

»Es gibt sie, die gewaltfreie Kommunikation, und man kann sie als Wert verteidigen.«

Tzvetan Todorov

Diese Arbeit wäre nicht entstanden ohne die wissenschaftliche Betreuung von Prof. Dr. Ilja Srubar. Ihm danke ich daher ganz besonders für seine grenzenlose Geduld während der Entstehung, für seine unerschöpfliche Toleranz, für sein weit über das Normalmaß hinausgehendes Engagement in der akademischen Begleitung sowie für seine inhaltlichen Spurenlegungen, die zur Konturierung der Argumentation unverzichtbar waren.

Ebenso danke ich Prof. Dr. Nancy Fraser und Sonia Salas von der New School University, die beide zu einem entscheidenden Zeitpunkt des Entstehens der Arbeit eine besondere Unterstützung waren. Darüber hinaus gilt mein Dank den Teilnehmern des Gesprächszirkels »Diskursraketen«, insbesondere dem Mitbegründer Dr. Thomas Dörfler, außerdem Dr. Silviya Schwaiger sowie Humphrey vom Hohentann und schließlich ganz besonders Manfred Seibt.

1. Einleitung

Die Form ist wichtiger als der Inhalt, so urteilt Claude Lévi-Strauss in der Strukturalen Anthropologie I über die Mythen der von ihm untersuchten archaischen Kulturen.[1] Dass die Form oftmals bedeutender als der Inhalt ist, lässt sich auch beim Schenken in der Moderne beobachten: Sei das Geschenk auch noch so »klein«, es wird in der Regel genauso aufwändig und schön verpackt wie ein »großes« Geschenk. Das Magische des Geschenks[2] wird nicht nur durch seine Verpackung, sondern auch durch Widmungen, beigefügte Glückwunschkarten, schmückende Schleifen und sinnbildliche Etiketten zum Ausdruck gebracht.

Schon allein aus dieser Tatsache erschließt sich, dass das Schenken weit mehr ist, als das Überreichen des Geschenks: Große Denker wie Friedrich Nietzsche, Theodor W. Adorno oder Jean-Paul Sartre haben bereits den Hinweis gegeben, dass Schenken über die - *prima vista* wahrgenommene - ökonomische Perspektive der Güterübereignung hinausgeht: Schenken bedeutet für den Schenker weit mehr als den Verlust eines Gutes und für den Beschenkten einen unvergoltenen Besitzgewinn. Nicht ein im Alltagssinn greifbares, sondern durch Vermittlung von Symbolen und Bedeutungen zugängliches Hinterweltliches[3], macht das Gegebene erst zum Geschenk und damit zu mehr als einer (unvergüteten) Besitzübereignung.

Blickt man auf die abendländische Kulturgeschichte, so findet man zahlreiche Zeugnisse in Form von Sprichworten, Anekdoten, Sagen, Aphorismen, Redewendungen und anderen (literarischen) Überlieferungen über die Hinterwelt des Schenkens und Gebens sowie seine Konsequenzen für das menschliche Zusammenleben. Diese Hinterwelt scheint im alltäglichen Leben hinlänglich vertraut, denn nach Niklas Luhmann[4] weiß schon jeder, dass der andere schon weiß, wie das Thema zu behandeln ist. Nicht nur die Unwägbarkeiten des Schenkens im Alltag sorgen dafür, dass das Schenken nicht den von Luhmann befürchteten Themenschwund erleidet, sondern auch aus wissenschaftlicher Perspektive gibt es unbeantwortete und strittige Fragen zum modernen Schenken.

---

[1] Lévi-Strauss (1991), S. 224.
[2] Lévi-Strauss (1993), S. 112.
[3] Weber (1980), S. 248.
[4] Luhmann (1994), S. 267.

1. 1. Übersicht über den Argumentationsaufbau

Die »Kunst des Schenkens«[5] zu beherrschen ist nicht leicht: Wodurch das Schenken im Alltag moderner Gesellschaften bestimmt ist – auch im Vergleich zur Gabe in archaischen Gesellschaften – und welchen Stellenwert es im sozialen Verhältnis der Menschen besitzt, kurz: eine *Morphologie des modernen Schenkens* ist Thema der vorliegenden Arbeit.

Zu diesem Zweck werden in Kapitel 2 verschiedene wissenschaftliche Theorieansätze zum Schenken kursorisch untersucht mit dem Ergebnis, dass zwar keine übereinstimmende Meinung über die Herkunft des Schenkens besteht, aber dass das Schenken in der Moderne ebenso wie in archaischen Gesellschaften den Charakter eines totalen Phänomens besitzt. Ein Überblick über die Ansätze zeigt außerdem, dass bislang keine Disziplin das Phänomen aus der in den Sozialwissenschaften jüngst immer prominenter gewordenen Perspektive der Kommunikation untersucht.

Vor diesem Hintergrund analysiert Kapitel 3 die Struktur sozialwissenschaftlicher Kommunikationsbegriffe und verdichtet sie zu einem »Kernkommunikationsbegriff« zur adäquaten Beschreibung des Schenkens und seiner Morphologeme[6]: Dabei reicht das Spektrum von der einflussreichen mathematischen Kommunikationstheorie von Claude Shannon/Warren Weaver über das behavioristische Modell von Charles Morris, über das phatische Modell des Ethnologen Bronislaw Malinowski, über das im Grenzbereich von Linguistik und Ethnologie liegende Modell von Benjamin Lee Whorf, über die intentionalistische Bedeutungstheorie von Paul Grice, über die phänomenologische Ausarbeitung bei Edmund Husserl, über das Organonmodell von Karl Bühler, über dessen Verfeinerung bei Roman Jakobson, über die Ethnographie der Kommunikation von Dell Hymes, schließlich über das Kommunikationsverständnis von George Herbert Mead und Alfred Schütz sowie die sprechaktbasierten Theorien von John Austin/John Searle und Jürgen Habermas und dem metakommunikativen Axiom von Paul Watzlawick bis hin zur systemtheoretischen Variante Luhmanns.

Diese Morphologeme werden zunächst für die Gabe im klassischen soziologischen Diskurs von Marcel Mauss (Kapitel 4) und ethnologischen Diskurs von Malinowski (Kapitel 5) herauskonturiert.

Im Anschluss wird in Kapitel 6 in einem ersten Schritt gezeigt, dass gerade der in Kapitel 3 präzisierte Kernkommunikationsbegriff geeignet ist, das Phänomen des Schenkens zu begreifen, ohne in theoretische Sackgassen und metaphysischen Erklärungsnotstand zu geraten. Um in einem zweiten Schritt eine Morphologie des modernen Schenkens zu entwickeln, werden seine spezifischen Morphologeme bestimmt, indem sie im Gegensatz zu denen archaischer Gesellschaften gesetzt werden und ihre Produktivität an ihrer (oft im

---

[5] Nietzsche (1999), KSA 2, S. 245.

[6] Vgl. dazu Abschnitt 1. 2. Begriffsbestimmungen zum Schenken.

Schwinden begriffenen) sozialen Normierung bzw. kulturellen Codierung illustriert wird. Das abschließende Kapitel 7 summiert für Leser mit knappem
Zeitbudget die zentralen Ergebnisse der Arbeit.

1. 2. Begriffsbestimmungen zum Schenken

Die uneinheitlichen Definitionen des Schenkens[7] – das Spektrum reicht von
Mauss, der Schenken als Austausch zwischen Kollektiven betrachtet, bis hin
zu Georg Simmel, der aus individualisierender Perspektive Schenken als charakteristische Form sozialer Wechselwirkungen versteht – stimmen nach ak-
tuellem Forschungsstand zumindest in einem Aspekt überein: Sie alle lassen
den kommunikativen Aspekt des Schenkens außer Acht. Daher stellt die vorliegende Arbeit die kommunikativen Beziehungen zwischen Schenkern und
Beschenkten in den Mittelpunkt und das durch die Schenkkommunikation
erst erzeugte soziale Dritte. Schenken wird hierbei in seiner Grundstruktur
verstanden als kommunikativer Akt zwischen zwei Personen (nicht Kollektiven), bei dem ein Schenker ein Geschenk an einen Beschenkten gibt: die so
genannte »Handschenkung«. Insofern bleiben insbesondere der Tausch sowie
Sonderformen des Schenkens aus der Analyse des Schenkens als Kommunikationsform ausgeklammert wie beispielsweise Sponsoren- und Mäzenaten-
tum, Korruption und Bestechung ineins mit der juristischen Auseinandersetzung mit dem Schenken, intergenerationelle Transferleistungen, Kollektivge-
schenke, individuelle Geschenkpostsendungen oder Care-Pakete zur Unterstützung von Notleidenden, Schenkungen zwischen Institutionen (z. B. zwischen zwei Staaten im Rahmen von Wirtschafts- oder Entwicklungshilfe),
Selbstgeschenke (etwa im Sinne einer Belohnung für erreichte Ziele), Opfer,
Almosen, Spenden, Organspenden, Trinkgeldgeben, Vererbung, das Stiften,
das Geben immaterieller Dinge, die sich in Semantiken wie »das Schenken
von Aufmerksamkeit«, »das Geschenk des Lebens (direkt oder indirekt von
Gott)«[8], »sein Leben geben« u. ä. wiederfinden oder auch Schenken als alternative Wirtschaftsform zum kapitalistischen Wirtschaftssystem.[9]

---

[7] Vgl. dazu Schmied (1996), Schmied (1998), Groebner (2002) oder auch Junge (1998).

[8] Parsons (1978), p. 267.

[9] Zu diesen »Grenzformen des Schenkens« (Schmied 1996) vgl. exemplarisch (hier in alphabetischer Reihenfolge): Alemann (2005), Armbruster (1984), Bataille (1974), Bode/Brose (1999),
Emmenegger/Wittzak (2001), Frey (1999), Hénaff (2002), Hyde (1983), Jäde (1984), Junge
(1998), Kaltenbrunner (1984), Lau/Voß (1988), Lingelbach (2007), Lingelbach (2009), Neumann (1984), Pankoke (1998), Perroux (1954), Philips (1984), Rost (1994), Stagl (1998),
Stark/Lahusen (2010), Stoeckl (1997) sowie die jeweiligen Zweijahresberichte des Bundesministeriums des Innern über die Sponsoringleistungen an die Bundesverwaltung nach der ›Allgemei-
ne(n) Verwaltungsvorschrift der Bundesregierung zur Förderung von Tätigkeiten des Bundes
durch Leistungen Privater (Sponsoring, Spenden und sonstige Schenkungen)‹ – VV Sponsoring
– und ferner die relevanten Abschnitte im BGB (§§ 516, 528, 530 und 534) sowie im ErbStG (v.
a. § 7).

Mit dem Neologismus »Morphologem« werden alle für die soziale Morphologie konstitutiven Strukturmomente oder Elemente bezeichnet. Üblicherweise wird in der vorliegenden Arbeit von Gabe gesprochen, wenn das Schenken in archaischen Gesellschaften gemeint ist, wohingegen vom Schenken gesprochen wird, wenn das Schenken in modernen Gesellschaften (westlichen Zuschnitts) die Rede ist. Eine darüber hinausgehende Bedeutung ist mit der Begriffsdifferenzierung nicht verbunden.

2. Soziale Morphologie I: Empirie und Spektrum des Schenkens

Wodurch das Schenken im Alltag moderner Gesellschaften bestimmt ist – auch im Vergleich zur Gabe in archaischen Gesellschaften – und welchen Stellenwert es im sozialen Verhältnis der Menschen besitzt, kurz gesagt: der Entwurf einer *sozialen Morphologie des Schenkens* ist ein Ziel der vorliegenden Arbeit. Eine solche Morphologie zielt darauf ab, das Phänomen des Schenkens sowohl von seiner Genese als auch von seinem inneren Aufbau und der äußeren Gestaltung her soziologisch zu beschreiben. So lassen sich Funktion und sozialer Sinn des Schenkens mitsamt seiner Hinterwelt verstehbar machen.

Der folgende Abschnitt gibt in einem kursorischen, skizzenhaften Durchlauf durch die unterschiedlichen Wissenschaftsdisziplinen einen Überblick über das Spektrum wissenschaftlicher Annäherungsweisen an das weitläufige,»totale Phänomen« Schenken. Im Mittelpunkt steht dabei zunächst die Frage, wie viel die jeweilige Disziplin zur Klärung des Ursprungs des Schenkens beitragen kann. Quasi als Nebeneffekt werden die disziplininternen Theoriefronten zumindest markiert. Dabei zeigt sich, dass bislang keine Disziplin das Schenken als Kommunikation interpretiert hat. In der Verfolgung dieser Zielstellung erhebt der folgende Überblick über das Spektrum der Disziplinen nicht den Anspruch, detailreiche, tiefschürfende Einzelanalyse jeder Disziplin zu liefern.

2. 1. Geringe Erkenntnisse zum modernen Schenken aus der Empirie

Umfassende soziologische Studien zum Schenken bzw. Schenkverhalten wurden bislang nur sehr spärlich durchgeführt. Sie besitzen keinen repräsentativen Charakter, bilden eine teils schon obsolete empirische Datenlage ab.[10]

---

[10] Caplow (1984) und Cheal (1988). Weitere sehr spezifische Studien sind in Otnes/Beltrami (1996) gesammelt. Allerdings widmen sich die einzelnen Untersuchungen bestimmten Fragestellungen in sehr beschränkten Kontexten, die den Gesamtkontext des Schenkens in der Moderne aus dem Auge verlieren: Z. B. »The Pleasure and Pain of Being Close: Men's Mixed Feelings about Participation in Valentine's Day Gift Exchange« (Otnes, et. al., 1994) oder auch »More than a Labor of Love: Gender Roles and Christmas Gift Shopping« (Fischer/Arnold, 1990). Andere Studien untersuchen ganz spezifische, isolierte Aspekte des Schenkens, etwa intergenerationelles Schenkverhalten oder auffällige Geschlechts- oder Kulturunterschiede im Schenkverhalten wie etwa Hua, et. al. (2000). Schmieds Dorogramm-Studien (Schmied 1998) versuchen zwar

Sie schenken zwar den soziologischen Begleitumständen des Schenkens die notwendige Beachtung, aber auch sie lassen den Aspekt der Kommunikation des Schenkens unberücksichtigt.

In unbestimmten Abständen widmen sich vor allem die Marktforschung und ihr nahestehende Fachgebiete dem Schenken aus empirischer Sicht. Im Zentrum solcher Studien stehen selten oder nie Aspekte wie Schenkanlässe oder -zeremonie, die Erwiderung der Gabe o. ä. geschweige denn der kommunikative Aspekt des Schenkens. In der Regel geht es um die Erkenntnis, welche Artikel in welcher Dimension Kunden als Geschenke zum Verschenken an Dritte kaufen und in der Folge davon, wie sich dieses Verhalten zur künftigen Profitmaximierung durch die Branche ausnutzen lässt.[11] Dabei hat sich herausgestellt, dass sich die Untersuchung dieser Fragen hauptsächlich auf Bücher, Blumen, Süßwaren und Spielzeug konzentriert, also auf Artikel, die sich für die Auftraggeber der Studien in der gegenwärtigen Wirtschaftsform als typische Geschenke herausgestellt haben. Weiter zeichnet sich aus der Analyse empirischer Daten ein Trend dahingehend ab, dass Frauen quantitativ öfter Geschenke geben als Männer, allerdings die Männer üblicherweise die größeren Geschenke verschenken als Frauen.[12]

Mehr volkswirtschaftlich orientierte Studien[13] beispielsweise versuchen einen Überblick über die wachsende fiskalische Bedeutung der Erbschaftssteuer für die Länder zu geben. Sie berücksichtigen dabei das Schenken lediglich in Form anfallender Schenkungssteuern oder untersuchen die Lebenslage und Einkommenssituation älterer Menschen in der Bundesrepublik durch empirische Auswertung des Sozio-ökonomischen Panels (SOEP). Da-

---

gekonnt, das durch das Schenken geschaffene Netzwerk sozialer Beziehungen und damit die Hinterwelt des Schenkens darzustellen, doch fehlt diesen Studien unverschuldet die Repräsentativität. Der wissenschaftliche Wert all dieser Studien soll nicht in Frage gestellt werden, doch kann nur eine Zusammenschau einer Vielzahl solcher spezifischen Untersuchungen für einen Entwurf einer allgemeinen soziologischen Theorie des modernen Schenkens verwertet werden, was hier nicht durchführbar ist.

[11] Vgl. dazu exemplarisch die Studien »Besonderheiten der Geschenksituation und ihre Auswirkungen auf das Konsumentenverhalten« von Eichler (1991), »Das Buch als Geschenk: Marktreserven für den Buchmarkt« von Schulz (1983) oder – stärker historisch orientiert – Davis' Untersuchung »Beyond the Market: Books as Gifts in Sixteenth-Century France« (1989). Eine Ausnahme zu diesem Muster bildet Rucker, et. al. (1996), die z. B. die Aufmerksamkeit, mit denen Geschenke ausgesucht werden oder die Sorge über die Wertschätzung des Geschenks durch den Beschenkten von homosexuellen Menschen im Unterschied zu heterosexuellen Menschen untersuchten. Allerdings lag der Fokus dieser Arbeit weniger in der Untersuchung des Schenkens, sondern in der Untersuchung von Mentalitäten und den daraus ableitbaren Konsequenzen für Produkthersteller.

[12] So eine Untersuchung von Argyle/Henderson aus dem Jahre 1986, zitiert in Rost (1994), S. 252: »Frauen machten 84% aller Geschenke, Männer jedoch die meisten größeren […].« Ungeklärt bleibt, was unter »größeren« Geschenken zu verstehen sei; die Autoren ziehen im Zusammenhang von Schenken und Generation in einer Studie aus dem Jahr 1979 eine Trennlinie auf materieller Basis des bezahlten Preises von US $ 5. Ähnlich auch Cheals Untersuchungen, vgl. dazu besonders Cheal (1988), p. x.

[13] Exemplarisch einschlägige Studien des DIW (DIW-Wochenbericht Nr. 5/2004 oder Nr. 6/2004).

bei wird das Schenken bloß als ökonomische Größe intrafamilialen Transfers älterer Menschen wahrgenommen.

Der so genannte »Werbegeschenkhandel« hat keinerlei soziologisch tiefgreifende Erkenntnisse über die Kommunikation des Schenkens. Als Handel – das resultierte aus einer Reihe von Interviews – ist die Branche weniger am Schenken als an ihrer eigentlichen Bestimmung, dem ökonomischen Handel interessiert. Geschenke sind für die Branche nur relevant insofern sie Handelsware sind. »Epiphänomene« des Schenkens – wie erlaubte oder unerlaubte Geschenke, Zeremonien usw. – befinden sich außerhalb des ökonomischen Handlungsrahmens und bleiben unreflektiert; eine Ausnahme bildet der Geschenkanlass, der vom Handel ökonomisch ausgenutzt wird, um anlassspezifisch Waren (überspitzt: Schokoladennikoläuse in der Weihnachtszeit und Schokoladenosterhasen in der Osterzeit) auf den Markt bringen zu können.

2. 2. Interpretationen und Ursprünge des Schenkens

Mauss' kanonischer *Essai sur le don: forme et raison de l'échange dans les sociétés archaïques* wendet sich im Zusammenhang mit der Ökonomie und Moral des Geschenks in einem kurzen Exkurs der Bestimmung des Verhältnisses von Gabe und Opfer bzw. Almosen zu. Er kommt u. a. zu dem überraschenden Ergebnis, dass eine Theorie des Schenkens sowohl zur Aufklärung der Natur und Funktion des Opfers beitragen könne als auch als Ausgangspunkt für eine Theorie des Almosens dienen könne.[14] Das überraschende Moment liegt in der Tatsache, dass sich – im Gegensatz zu späteren Veröffentlichungen zur Gabe, die den Ursprung des Schenkens z. B. aus der Theorie des Opfers bzw. Almosens zu rekonstruieren versuchen – die Begründungslogik bei Mauss gerade entgegengesetzt aufbaut: Weil Mauss also dazu tendiert, das Schenken als Ursache für das Opfer oder das Almosen zu begreifen, kann man im *Essai* auch keine Antwort auf den Ursprung der Gabe aus dem Opfer finden. Wie auch immer man die Kausalität setzen möchte, so lässt sich wenigstens aus Émile Durkheims Diskussion des Opfers sozusagen als kleinster gemeinsamer Nenner von Schenken und Opfern festhalten, dass in beiden Fällen die Regel des *do ut des* gilt, d. h. dass in der Tat ein Zirkel von Geben und Nehmen besteht.[15] Da Mauss in seinem *Essai* eigentlich nach einer Antwort auf den Ursprung der Gabe sucht, sollen im Anschluss Unter-

---

[14] Mauss (1989), S. 30 ff, insbesondere S. 32 und S. 35. Die Schrift von Mauss/Hubert *Essai sur la nature et la fonction du sacrifice*, die – ähnlich wie Mauss' *Essai* über den Gabentausch – zu dem Ergebnis kommt, dass das Opfer dazu dient, den Kontakt zwischen Menschen und Göttern zu bewerkstelligen, provoziert Girards Kritik, Mauss'/Huberts formalistischer Ansatz ergäbe schlichtweg wenig Sinn, da das Opfer Girards Ansicht nach nichts mit dem »Göttern« zu tun habe, geschweige denn mit einer »Kommunikation« mit den Göttern. Opfern sei vielmehr in rein menschlichen Bezügen zu interpretieren: »[...] das Opfer ist Angelegenheit der Menschen und muss in menschlichen Begriffen interpretiert werden.«; vgl. dazu Girard (1987), S. 135.

[15] Durkheim (1994), S. 468.

en[16] aus verschiedensten Wissenschaftsdisziplinen analysiert werden, liche Ursprünge des Schenkens zu rekonstruieren versuchen. Gleich-igt die Analyse, welcher Virulenz sich die Gabe bzw. das Geschenk nterschiedlichsten wissenschaftlichen Disziplinen erfreut. Dies seinerseits ist wiederum Beleg dafür, welch umfassende Relevanz die Gabe bzw. das Geschenk in nahezu allen gesellschaftlichen Bereichen beanspruchen kann.

Linguistisch-anthropologische Deutungsversuche

Eine Möglichkeit, den ontogenetischen Ursprung des Phänomens Schenken zu Tage zu fördern, liegt in der Rekonstruktion der *linguistischen* Fundierung des Schenkens. Die Linguistik versucht sowohl anhand syntaktischer wie auch semantischer Auffälligkeiten (die Bedingungen für) die Entstehung des Schenkens zu verstehen. Z. B. versucht Jacob Grimms klassische, etymologisierende Schrift »Über schenken und geben« (sic!) das Wesen des Schenkens aus der Beziehung zwischen der sozialen Handlung selbst und seiner sprachlichen Bezeichnung im Verlauf mehrerer Jahrhunderte zu deuten. Grimm schickt sich an, den Gebrauch des Schenkens im Altertum und dessen Niederschlag in der Sprache zu erörtern.[17] Dass er also nicht vom sprachlich Gegebenen auf die Natur des sozialen Aktes schlussfolgert, sondern umgekehrt verfährt, ist im vorliegenden Kontext von Vorteil, da die kulturwissenschaftliche Perspektive nicht vom linguistischen Erkenntnisinteresse überschattet wird. Die wohl bemerkenswerteste Annahme, die Grimm so zu Tage fördert, betrifft den Ursprung des Schenkens: Nach Grimm liegt der Ursprung des Schenkens in dem alten Brauch, Gästen ein Getränk zur Begrüßung und Labung nach anstrengender Reise einzu*schenken*. Das Prinzip des Eingießens bzw. Ein*schenkens* hat im Lauf der Zeit[18] seine Differenz zum Geben verloren, so dass Schenken und Geben als von ihrer Bedeutung her auswechselbar aufgefasst wurden.

Unterstützung erfährt diese These durch Untersuchungen zur Anthropologie des Gebens, indem die Entstehung des Schenkens ebenfalls aus der Gastsituation rekonstruiert wird.[19] Denn sowohl die Theorie des Opfers als auch die *hunting hypothesis* wie auch ethologische Theorien über das Brutpflege-

---

[16] Da eigenständige psychologische Theorien zum Schenken nicht zu existieren scheinen (vgl. dazu Rost (1994), S. 234.), bleiben Beiträge aus dieser Disziplin rudimentär.

[17] Grimm (1848), S. 121.

[18] Grimms Quellenstudium deutschsprachiger Literatur belegt, dass zuerst bei dem Dichter des 13. Jahrhunderts Reinmar von Zweter keine Unterscheidung mehr zwischen schenken und geben vorzufinden ist, sondern schenken synonym für geben gebraucht wird; vgl. Grimm (1848), S. 126.

[19] Vgl. Berking (1996), S. 146 ff. oder auch S. 174, wo es heißt: »Das soziale und semantische Umfeld, in dem sich der ursprüngliche Sinn des Schenkens zuallererst manifestiert, ist die gastliche Situation.«

verhalten und über rituelle Nahrungsverteilung scheinen als anthropologische Erklärung für den Ursprung des Schenkens unzureichend. Allgemein scheinen Theorien, die den Ursprung des Schenkens allein aus dem Opfer abzuleiten versuchen, nicht zu einer schlüssigen, letztgültigen Antwort zu führen, sondern die Problematik lediglich in andere Bereiche wie z. B. die Religion zu verschieben. Sollte sich das Opfer als das Entstehungszentrum des Schenkens beweisen lassen, so bliebe demnach ungeklärt, warum es den Menschen Gewohnheit wurde, ihren Göttern, Götzen oder Ahnen weiterhin Opfer darzubringen. Auch die rein anthropologisch orientierte *hunting hypothesis* kann offensichtlich nur eine nochmalige Verschiebung des Problems, jedoch keine Lösung anbieten. Nach dieser Hypothese entwickelten sich erste Vergesellschaftungsformen bei der gemeinsamen Jagd, bei der in einer Art kollektiven Sühne ein Jagdopfer dargebracht wurde.[20] Bei Helmut Berking wird die Relevanz des Schenkens für die Strukturierung moderner Gesellschaften aus der Soziologie Simmels heraus entwickelt, doch beschränkt sich diese Untersuchung im Wesentlichen auf die anthropologische Perspektive des Schenkens und stellt daher – ganz legitim entsprechend ihrer Zielsetzung – weder eine soziologische, noch eine universale Theorie (über den Ursprung) des Schenkens dar.

Auch Émile Benvenistes sprachhistorische Untersuchungen über die Kulturinstitutionen der indoeuropäischen Völker, anhand derer er hypothetisch angenommene, ontologische Gemeinsamkeiten allgemeiner Kulturmuster menschlichen Verhaltens zu rekonstruieren versucht, nehmen die Gastsituation unter die Lupe: Er vergleicht den Wortschatz verschiedener indoeuropäischer Sprachen, um auf die sozialen Gebräuche der entsprechenden Gesellschaften zu schließen. Dabei verfolgt er die Gastfreundschaft zurück zum Lateinischen und stellt fest, dass im lateinischen Vokabular zwei Worte für »Gast« zur Verfügung stehen. Das lateinische *hostis* bezeichnete ursprünglich denjenigen, der eine Gabe durch eine Gegengabe zurückbezahlt. Insofern trug *hostis* einst die Bedeutung Gast. Die Bedeutung »Feind« muss *hostis* im Verlauf der gesellschaftlichen Entwicklungsgeschichte angenommen haben, nachdem die reziproken Beziehungen zwischen Clans durch jene zwischen *civitates* ersetzt wurden. Aus diesem sozialen Transformationsprozess resultiert die Wahrnehmung des Gasts als Fremden, wodurch sich die Bedeutung »Feind« ableiten lässt. Wegen dieses Bedeutungswandels entstand im Lateinischen ein anderes Wort für Gast: *hospes*[21], wodurch sinngemäß die Personifizierung von Gastfreundschaft (*hospitalitas*) ausgedrückt wird. Allerdings muss man dieser Feststellung entgegenhalten, dass sie hinsichtlich des se-

---

[20] Burkert, nach Berking (1996), S. 99 ff.

[21] Die sprachgeschichtliche Entwicklung von *hospes* deutet nach Benveniste darauf hin, dass diesem Wort die Bedeutung von persönlicher Identität und Familien*repräsentant* unterliegt; vgl. dazu Benveniste (1993), S. 71.

:hen Wertes keine befriedigende Klarstellung liefern kann,[22] gege denn, dass sie die Verbindung zwischen Gast bzw. Gastfreund- und dem Schenken in hinreichender Weise rekonstruiert. Die auch von Mauss[23] beobachtete Homophonie zwischen dem deutschen Wort Gift und dem englischen Wort *gift* und die doch so gegensätzliche Bedeutung beider Worte, die immer wieder Anlass zu Spekulationen über die (ambivalente) Natur der Gabe lieferte, scheinen nach Benveniste der Kontingenz sprachlicher Evolution zu entspringen.[24] Der Hinweis aus dem Hethitischen, dass im Indoeuropäischen zwischen Geben und Nehmen nicht jene Unterscheidung wie im heutigen Sprachgebrauch der modernen europäischen Sprachen getroffen wurde,[25] geben zwar Zeugnis von der Neuartigkeit von Benvenistes Ansatz: Denn anders als beispielsweise die Sprachhistoriker wählt er die Syntax als Ausgangspunkt der Bestimmung des Verhältnisses zwischen linguistischen Monumenten und den sozialen Fakten. Jedoch vermag auch seine Studie – bedingt durch strukturelle Grenzen – nicht wesentlich zur Aufklärung über die Genese des Schenkens beizutragen: Zum einen kann der Zeitpunkt der Entstehung des Schenkens in der kulturgeschichtlichen Entwicklung nicht festgestellt werden.[26] Zum anderen reicht der Blick der historischen Linguistik nicht wesentlich weiter als ins (bereits seinerseits rekonstruierte) Indoeuropäische, d. h. bis etwa 1500 Jahre vor unserer Zeitrechnung, zurück und verliert sich spätestens dann in Spekulationen. Mit der Annahme der Gleichzeitigkeit oder gar der Ineinssetzung der Entstehung des Schenkens und des indoeuropäischen Sprachstammes in gegenseitiger Abhängigkeit würde eine vollkommen ungerechtfertigte Voraussetzung eingeführt. Wollte man darüber hinaus das Schenken allein aus seinem Niederschlag im indoeuropäischen Vokabular rekonstruieren, würde man – ganz abgesehen vom zwangsläufig erfolgenden Vorwurf des Ethnozentrismus – nicht nur die Existenz sprachlicher Kommunikation vor dem Indoeuropäischen überhaupt, sondern auch das Prinzip kulturgeschichtlicher Entwicklung und Geschichtlichkeit menschlicher Zivilisation verneinen. Es gilt das glei-

---

[22] Vgl. dazu Forssman (1998), der in seiner Veröffentlichung sowohl den bislang nicht entdeckten Zusammenhang des vedischen Substantivs *átithipati-* und des lateinischen *hospes* aufzeigt, als auch anhand der Untersuchung vedischer Texte die Bedeutung »Gästeherr, Herr über die Gäste« des vedischen Kompositums *átithipati-* als »deutlich motiviert« aus der konkreten Alltagssituation erkennt.

[23] Mauss (1997).

[24] Benveniste (1993), S. 53 ff.

[25] Die Bedeutung des entsprechenden Wortes wurde scheinbar durch seine syntaktische Stellung bestimmt; vgl. Benveniste (1993), S. 66. Ähnlich scheint es sich nach Girard auch mit dem klassisch griechischen Wort *pharmakon* zu verhalten, das je nach Zusammenhang entweder Gift oder Gegengift bedeutet; vgl. dazu Girard (1987), S. 142 f.

[26] Demnach bleibt die Frage offen, ob das Schenken – analog zu Lévi-Strauss' These über die Genese der Signifikation des Universums – *mit einem Schlag* in die Welt gekommen ist, denn herkömmlichen Auffassungen zufolge muss jede Entwicklung einen Anfang besitzen.

che, was Norbert Elias über den Prozess der Zivilisation sagt: »Wo immer man beginnt, ist Bewegung, ist etwas, das vorausging.«[27]

Psychoanalytische und psychologische Deutungsversuche

Psychoanalytische Erklärungsansätze verorten die Schenkmotivation zunächst im tief in der menschlichen Seele verwurzelten Wunsch des Menschen zu geben, zu opfern, zu teilen und der Gemeinschaft etwas zu geben.[28] Freuds psychoanalytische Studien über die infantile Sexualität[29] bringen »das erste ›Geschenk‹« in phylogenetischer (und je nach Interpretationsweise auch ontogenetischer) Hinsicht im Zusammenhang mit der Defäkation des Säuglings zur Sprache. Mögen Freuds Ansichten in mancherlei Hinsicht nicht (mehr) dem Kenntnisstand der gegenwärtigen Forschung entsprechen, so erweckt dennoch sein Versuch Aufmerksamkeit, in dieser Schrift den Zusammenhang von Wollustempfinden des Säuglings und Defäkation aufzuzeigen.

Aufgrund seiner noch nicht durch Sozialisation verlorenen polymorph perversen Veranlagung vermag der Säugling dem Prozess der Darmentleerung Wollust abzugewinnen. Behält sich der Säugling die Wahl des Zeitpunkts für die Darmentleerung seinem eigenen Belieben vor, um daraus einen Lustnebengewinn zu erzielen, anstatt dies gemäß den (zeitlichen) Vorgaben des Pflegers zu verrichten, so gewinnt der Säugling die Möglichkeit, den Eltern sein erstes Geschenk als Gegengabe für empfangene Fürsorge zu machen: Da man ja eigentlich nur das schenken kann, was man selbst besitzt, aber der Säugling in seiner Abhängigkeit von den Eltern keinerlei eigenen materiellen Besitz vorweisen kann, bleibt ihm als einzige Möglichkeit, die empfangene Fürsorge der Eltern dadurch zu vergelten, dass er – unter Verzicht auf seinen möglichen Lustnebengewinn – den Eltern Freude bereitet, indem er der Aufforderung zur Darmentleerung durch die Eltern nachkommt. In diesem Sinne könnte sich diese Interpretation in eine austauschtheoretische Sozialbeziehung durchaus einfügen. Allerdings ist der hier bei Sigmund Freud gesuchte Ansatz kaum als (phylogenetischer) Erklärungsansatz für die Genese des Schenkens zu betrachten. Einerseits geht Freud nicht von einem Neugeborenen aus – schließlich spricht er vom Säugling, der »auf den Topf gesetzt werden kann«, was ein gewisses Alter voraussetzt. Andererseits

---

[27] Elias (1998), S. 167. Gleiches merkt auch Geertz kategorisch für Kultur allgemein an: »Die Untersuchung von Kultur ist ihrem Wesen nach unvollständig. Und mehr noch, je tiefer sie geht, desto unvollständiger wird sie.«; vgl. dazu Geertz (1999), S. 41.

[28] Vgl. z. B. Fromm (2000), S. 101 ff. In Abhängigkeit von seinem Postulat der zwei Existenzweisen des Habens und des Seins verknüpft dies Fromm gleichzeitig mit der Teilhabe des gebenden Individuums an einem »großen Wir-Gefühl«. Mit der Fähigkeit des Individuums, geben zu können, und dem Horten von Besitz und materiellen Dingen zu entsagen, hat das Individuum schließlich die (von Freud postulierte) menschliche Entwicklungsphase des analen Charakters hinter sich gelassen.

[29] Freud (2000), besonders S. 93.

schreibt Freud diesem Säugling scheinbar ein »voll entwickeltes« Bewusstsein zu, was gewiss zu Recht Widerspruch von Seiten entwicklungspsychologischer Ansätze hervorruft, die eher eine Entwicklung des Bewusstseins befürworten. Insofern Freud darüber hinaus sein Ziel nicht in der Aufklärung des Ursprungs des Schenkens an sich sah, eignet sich auch das aus der Psychoanalyse hervorgegangene Erklärungsmodell mitsamt den daran anknüpfenden Ansätzen[30] nicht zur Erhellung des Ursprungs des Schenkens.

Nach dem Ursprung des Schenkens in der Sozialpsychologie und Psychologie zu suchen, bleibt ebenso ergebnislos: es existiert keine eigenständige psychologische Theorie zum Schenken[31], der sozialpsychologische Blick zeigt keine anderen Erkenntnisse als die soziologischen Ansätze[32]. Allerdings lohnt sich im Anschluss an den psychoanalytischen Ansatz ein kurzer Blick auf die entwicklungspsychologische Sichtweise von Susan Isaacs. Geschenke erhalten wie auch Geschenke geben ist nach ihrer Auffassung für Kinder das klarste und unzweideutigste Zeichen der Liebe. Kinder empfinden Liebe nicht so sehr aufgrund der Geschenke; für sie ist das Geschenk Lieben. Ihre Liebe gilt mehr dem Geben als der Gabe. Für sie sind sowohl der Akt des Gebens wie die Gabe selbst Liebe. Hier geht Susan Isaacs Auffassung konform mit Freuds Säugling, der seinen Eltern Liebe schenkt, indem er auf seinen Nebenlustgewinn verzichtet und Gehorsam an den Tag legt. Isaacs Auffassung führt weiter: die Fähigkeit zu geben ist ein viel größerer Segen als zu nehmen, denn so zeigt sich, dass sich das Kind nicht länger in der hilflosen Situation (des Notleidens) befindet, wo es auf Gaben (der Eltern) angewiesen ist. An dieser Stelle scheint ein Entwicklungsschritt im Identifizierungsprozess des Kindes vorzuliegen: Durch die Fähigkeit des Gebens erhält das Kind einen Schub Eigenständigkeit, die Bevormundung durch Gaben fällt weg.[33] Trotz dieses Ergebnisses scheint auch der entwicklungstheoretische Ansatz keinen substantiellen Hinweis auf den Ursprung des Schenkens zu liefern.

Religiöse Deutungsversuche

Im Postulat der Komplementarität von kapitalistischer Ökonomie und bürgerlicher Schenkkultur[34] wird versucht, den Ursprung des Schenkens anhand der anthropologischen Spur der Redistributionsthese[35] zu rekonstruieren. Dabei wird angenommen, dass Geschenke im Sinne ausgleichender Gerechtigkeit die gesellschaftliche Funktion des Ausgleichs oder zumindest doch der Ver-

---

[30] Vgl. z. B. Jekels (1913), Ferenczi (1914), Jones (1919), aber auch Irigaray (1980) oder List (1995).

[31] Vgl. Rost (1994), S. 234.

[32] Schwartz (1967).

[33] Isaacs (1952), S. 272 ff.

[34] Berking (1996), Schmied (1996), Rost (1994).

[35] Vgl. dazu z. B. Sahlins (1972), p. 188 ff.

ringerung ökonomischen Ungleichgewichts übernehmen. Allerdings wird durch die fast ausschließlich ökonomische Denkweise die Definition des Begriffs Geschenk so übermäßig weit gedehnt, dass von Schenken in seinem eigentlichen Sinne kaum mehr die Rede sein kann.[36] Vielmehr scheint es, dass das Redistributionsverfahren als ein mechanistisch-ökonomischer Vorgang gedeutet wird, in dem einfach dort weggegeben wird, wo zu viel ist, um dort hinzugeben, wo zu wenig ist. Vor dem Hintergrund dieser naiven Sichtweise erwies sich bereits Anfang des 20. Jahrhunderts Simmels feinsinniger Blick fürs Detail als weitblickend, zur Bestimmung des »redistributiven Geschenks« das Konzept der Unterstützung(-sleistung) einzuführen, um damit eine klare Abgrenzung zum Geschenk zu schaffen.[37]

Andere spekulative Thesen, das Schenken ursprünglich beispielsweise aus dem Opfer oder dem Almosen zu rekonstruieren, wurden bereits zu Anfang des Kapitels erwähnt: René Girard wirft zwar dem *Essai sur la nature et la fonction du sacrifice*[38] vor, er ergäbe wenig Sinn. Dies wohl vor dem Hintergrund seiner Wahrnehmung der Studie, dass sie keinen Beitrag zur Erkenntnis über die Ursprünge der Opferpraxis leiste und nur sehr wenig über Wesen und Funktion des Opfers aussage. Doch trägt seine eigene Schrift nicht wesentlich zur Erklärung des Schenkursprungs und die Beziehung des Geschenks zum Opfer bei. Girard beschäftigt sich mit dem Schenken bzw. seiner genetischen Entwicklung aus dem Opfer heraus nur *en passant* und konzentriert sich im Wesentlichen auf die Funktion des Opfers zur Gewaltkontrolle als gesellschaftsregulierendes Prinzip westlicher Kulturgeschichte. Generell lässt sich festhalten, dass allein die Annahme, das Opfer bzw. das Almosen sei ein rudimentärer Vorläufer des Schenkens, schon allein durch Mauss' gegenläufigen Rekonstruktionsversuch als wenig gesichert gilt. Unter diesem Aspekt entbehrt auch der Versuch[39], die reine Gabe in Abhängigkeit der Entstehung der Weltreligionen als Erlösungsreligionen zu entwickeln, einer Grundlage, die es erlauben würde, im religiösen Szenario von Abbau von Daseinsschuld oder etwa der Habsucht[40] Antworten zu finden. Die Kritik an Mauss, dass dieser an einem Punkt seiner Argumentation, an dem ihn herkömmliche europäische Rechtsauffassungen nicht mehr weiterbringen, auf das klassische Hindu-Recht zurückgreife, mag möglicherweise geeignet sein, das Argument des religiösen Aspekts im Geben allgemein zu untermauern. Allerdings stellt auch dieser Ansatz nichts weiter als einen weiteren möglichen Ansatzpunkt im Reigen der Spekulationen zum Ursprung des modernen Schenkens dar.

---

[36] Auch Clausen kommt zu dem Ergebnis, dass Geschenke nicht zum Ausgleich oder zur Verringerung wirtschaftlicher Differenzen dienen; zitiert in: Rost (1994), S. 121.

[37] Simmel (1908), S. 370 ff.

[38] Mauss/Hubert (1899).

[39] Parry (1986).

[40] Man denke an die Idee der Psychoanalyse, dass (fanatisches) Geben gerade der Kompensation seines Gegenteils dient, also der Sucht des Habens; vgl. Fromm (2000), S. 86.

Historische und kulturhistorische Deutungsversuche des Schenkens

Historische Untersuchungen zum Schenken können mittels intensiven Quellenstudiums oft einzelne Aspekte des Schenkens in den jeweils untersuchten Zeitabschnitten bestätigen: Den Zusammenhang von Macht und Gabe, der sich aus dem Verpflichtungscharakter des Geschenks ergibt, den Verpflichtungscharakter der Gabe selbst und damit »die dunkle Seite der Gabe«[41], die soziale Bedeutung des Schenkens (Etablierung und Aufrechterhaltung sozialer Beziehungen), das Entstehen bürokratischer Prinzipien der Moderne anhand exakter Buchführung über verschenkte und erhaltene Geschenke in öffentlichen und privaten Rechnungsbüchern (Geschenkbuchhaltung). Ebenso die Erkenntnis der jeweiligen Untersuchungsepoche aus der Quellenlage, die »reine Gabe« sei erst jüngst verschwunden; der Unterschied zwischen der Epoche des Mittelalters und der Moderne liegt darin, dass sich die Theoretiker der Moderne in melancholischer Manier die »unbefleckt« scheinende Utopie der Geschenke ohne die Zwänge des Marktes zurücksehnen, wohingegen die Menschen im 16. Jahrhundert sich eine Welt ohne erdrückende, unauflösliche und ambivalente Abhängigkeitsbeziehungen, wie sie durch Geschenke herbeigeführt wurden, wünschten.[42]

Bei Historikern relativ unstrittig ist die Herkunft des bürgerlichen Schenkens. Es geht auf die Entdeckung des Weihnachtsfestes als Schenkgelegenheit während des 18. Jahrhunderts zurück und scheint sich im Laufe des 19. Jahrhunderts in der christlichen Alltagskultur des aufstrebenden Bürgertums durchgesetzt zu haben.[43] Seither macht die bürgerliche Kultur die Kinder glauben, dass sie zum Weihnachtsfest das Christkind bzw. der Weihnachtsmann mit Geschenken für artiges Verhalten seit dem letzten Weihnachtsfest belohnen wolle. Mit der Forderung zum Artigsein wird den Kindern gleichzeitig die Gelegenheit gegeben, dem stets anonym bleibenden Schenker zu danken und auf diese Weise eine Art Gegengabe zu bereiten. Die bürgerliche Welt der Erwachsenen präsentiert sich in dieser Beziehung freilich weit weniger romantisch: ist die Mär vom Christkind bzw. Weihnachtsmann einmal entzaubert, so wissen alle Beteiligten um die gewöhnliche Schenksitte des gegenseitigen Beschenkens – oder wie Pierre Bourdieu es formuliert: die Schenksitte auf Basis kollektiver Heuchelei.

Nun ist zwar interessant, dass all diese Einzelaspekte jeweils für den Untersuchungszeitraum als in der Schenkpraxis bekannte Elemente ihrer

---

[41] Vgl. dazu z. B. Sartre (1995), S. 1018: » [...] Aber gleichzeitig verhext das Schenken den Beschenkten [...]. Schenken heißt unterwerfen.«

[42] Davis (2002), Groebner (2000) bzw. Groebner (2002) und Schröder (2004).

[43] An dieser Stelle kann nicht auf die exakte Faktorenkonstellation für das Entstehen und die Durchsetzung der bürgerlichen Schenkkultur (z. B. über die wachsende Wirtschaftskraft der bürgerlichen Familie, die Rolle von Markt und Industrie, der Kirche oder auch eines gesellschaftlich spürbaren Bedürfnisses nach neuen Mythen am Vorabend der segensreichen und gleichzeitig unheilbringenden Industrialisierung und der scheinbar rein kapitalrationalistischen Modernisierung) eingegangen werden.

Epoche nachgewiesen werden konnten; noch von größerer Relevanz ist jedoch die Methode, mit dem die Studien von Valentin Groebner und stärker noch Sybille Schröder, ansetzen. Während Groebner feststellt, dass Geschenke grundsätzlich als eine potentiell täuschende Form sozialer Kommunikation aufgefasst wurden, wird bei Schröder deutlicher, dass bei ihrer Untersuchung zur »Materiellen Kultur am Hof Heinrichs II. von England« fast alles zum Zeichen wird. Hier scheinen beide Studien jedoch jeweils zu verharren. Eine notwendige Ausdeutung des Schenkens als Kommunikation an sich oder die Ausweitung vom Aspekt des Zusammenhangs von Macht und Gabe an exemplarischen Studien ausgewählter Bereiche der materiellen Kultur (Wildgattungen, Getränke, Textilien, Prachtzelte) auf den soziologischen Gesamtkomplex des Schenkens als Kommunikation allerdings bleibt Desiderat.

Ökonomische Deutungsversuche des Schenkens

Schenken und Ökonomie bilden zwei eigenständige Sphären bzw. Teilsysteme in der Terminologie der Systemtheorie. Es bedarf der dem Soziologen fern liegenden ökonomischen Perspektive, um das »Schenken als Verlieren«[44] zu verstehen. Erst mittels einer ökonomistischen Ertragsrechnung lässt sich bestimmen, dass das Schenken mitsamt der aufgewendeten Zeit und Kosten ein »Verlustgeschäft« ist. Die Gabe eignet sich in keiner Weise für Profiterwirtschaftung in ökonomisch-kapitalistischem Sinne. Denn eine in ungewisser Zukunft liegende Rückerstattung durch ein gleichwertiges Gegengeschenk oder gar ein Profit durch ein im Wert gesteigertes Gegengeschenk ist in ökonomisch gültigen Termini allenfalls abstrakt fixiert. Auch die zeitliche Unsicherheit über die Rückkehr verausgabter Kosten im Gegengeschenk liegt außerhalb des ökonomischen Rationalitätshorizonts. Obendrein fehlt für die (höherwertige) Äquivalenz des Gegengeschenks jede Garantie. Schließlich wird mit dem Warten auf ein Gegengeschenk in gänzlich unökonomischer Weise ein terminlich und von der Zinsquote her unbestimmter Kredit eingeräumt. Aber seine Rückzahlung ist nicht nur hinsichtlich des Termins und der Zinsquote unsicher, sondern ist *an sich* ungewiss. Allein die soziale Verpflichtung zur Gegengabe stellt einen zu großen Ungewissheitsfaktor in der Profitrechnung dar, der Schenken für die reine Ökonomie zum Verlust werden lässt. Erfolgt tatsächlich ein höherwertiges Gegengeschenk, so kann der höhere Wert nicht als Profit geltend gemacht werden, da der Partner seinerseits auf ein Gegengeschenk höheren Werts wartet. Der erwünschte Profit bleibt also immer flüchtig, er kann nie zu Buche schlagen. Den Profit nicht behalten zu können und permanent mehr, als man bekommen hat, wieder zu verschenken, bedeutet eindeutig eine Verlustrechnung, die mit dem grundlegenden ökonomisch-kapitalistischen Prinzip der Profitmaximierung nicht vereinbar ist. Insgesamt stellt der gesamte Komplex des

---

[44] So der Titel von Rost (1989).

Schenkens keinen ökonomischen Austauschprozess dar, in dem Gewinn erwirtschaftet werden kann.

Somit erhärtet sich die Feststellung, dass Schenken und Ökonomie zwei eigenständige Sphären bzw. Teilsysteme bilden. Die Schwierigkeiten, die aus dem Versuch resultieren, den Güter-/Warentausch mit dem Gabentausch in Einklang zu bringen, spiegeln sich in einschlägigen Veröffentlichungen nieder: Solche erarbeiten anhand von Kriterien wie der Veräußerbarkeit, Austauschbarkeit und des Nutz- und Tauschwertes eine Abgrenzung der Sphären des Güter- oder Warentauschs und dem Gabentausch.[45] Das Konzept des Tauschs nimmt dabei die Schlüsselrolle ein und wird nicht nur für den Gabentausch, sondern auch für den Austausch in der Sozialsphäre in Anspruch genommen. Zentraler Angelpunkt für tauschtheoretische Ansätze einer Sozialtheorie (z. B. bei George Homans oder Peter Blau) bildet das (Sozialität stiftende) Prinzip der Reziprozität. Reziprozität im soziologischen Sinne meint die wechselseitigen Verpflichtungen und Anrechte mit einer Entsprechung der Leistungen zwischen den tauschenden Individuen. Im Gegensatz zum Warentausch bedeutet Reziprozität nicht etwa eine Gleichgewichtigkeit der Leistungen, sondern die Gegenseitigkeit der Anrechte. Wenn soziales Verhalten in der Tauschtheorie als Austausch von materiellen und nicht-materiellen Gütern (z. B. auch Symbole der Anerkennung oder des Prestiges) verstanden wird, schwingt immer - wie Homans selbst zugeben muss[46] – die Konnotation von Kosten und Belohnung, also eine ökonomische Begleitbewertung des Tauschs mit. Ein Tauschpartner, der etwas gibt, hat Kosten, profitiert aber von der Belohnung, wenn er etwas empfängt.

Freigebigkeit im wirtschaftlichen Prozess ist in ökonomischer Hinsicht auch nicht als Freigebigkeit im ethnologischen/soziologischen Sinne des Gabentauschs zu verstehen. Vielmehr ist hinter dem freigebigen (Werbe-)Geschenk nur der ökonomische Hintersinn (langfristiger) Kundenbindung, Bekanntmachen eines Produkts u. ä. zu vermuten, um dadurch in Zukunft eine Profitsteigerung zu erzielen. Die »reine Gabe« existiert (auch) im ökonomischen Warentausch nicht: bei der Gabe ohne Erwartung einer Gegenleistung handelt es sich um ein romantisiertes, utopisches Sozialkonstrukt, dessen soziale Funktion als das Gegenteil von Profitinteresse und Geldwirtschaft beschrieben wird. Geschenke nach diesem Modell sind Anti-Markt.[47]

Da Schenken ein der ökonomischen Rationalität zuwiderlaufendes Phänomen darstellt, können auch ökonomische Theorieansätze kein vollständiges Bild des Schenkens zeichnen. Aus wissenschaftlicher Sicht als eher harmlos

---

[45] Carrier (1991) oder Elwert (1991). Versuche, die an sich unvereinbaren Sphären von Gaben- und Warentausch dennoch miteinander zu vereinen, führen zu einem aus soziologischer Sicht wenig überzeugenden »dritten Weg«. Voraussetzung für eine Vereinigung beider Tauschformen wäre eine Modifikation neoklassischer Ökonomietheoreme. Schließlich bleibt nur das Eingeständnis, dass Gaben- und Warentausch zwei unvereinbare Formen des Tausch bilden; vgl. dazu Bell (1991).

[46] Homans (1957/1958), p. 606.

[47] Groebner (2002).

zu betrachten sind Handreichungen wie »Schenk-Kultur in der Wirtschaft«[48], die in der Manier eines interkulturellen »Schenk-Knigges« für westliche Manager den Umgang anderer Kulturen mit dem Schenken im so genannten interkulturellen Geschäftsbereich zusammenfassen. Ähnlich wurde eine Art Schenkrichtlinie für Unternehmen entwickelt, indem die in der Soziologie relevanten Aspekte des Schenkens (z. B. Schenkanlass, Reaktion des Beschenkten, Geschenkübergabe, Abgrenzung zu Korruption) schlichtweg auf die Wirtschaftsabläufe – so gut es eben geht – übertragen wurden.[49] In dieser mit empirischen Daten angereicherten »Gabenkultur für Unternehmen« wird schließlich ein Planungsprozess des Schenkverhaltens in Abhängigkeit des jährlichen Schenkbudgets und der Schenkrichtlinien ausgearbeitet. Solche Studien haben erkennbar wenig mit dem kommunikativen Phänomen des Schenkens gemein und erweisen sich trotz der Betitelung »Business Geschenke: Eine Form non-verbaler und symbolischer Kommunikation« als wenig aussagefähig bei der Suche nach ökonomischen Theorien und Ursprüngen des Schenkens.

Jegliche der hier vorgestellten, ökonomisch orientierten Ansätze des Schenkens belegen, dass es sich bei der Ökonomie und dem Schenken um zwei unvereinbare Sphären bzw. Teilsysteme handelt. Es gelingt ihnen nicht, einen Beitrag zur Entstehung oder Erklärung des Phänomens Schenken in seiner kommunikativen Ausformung zu leisten.

Schenken aus juristischer Sicht

Im Unterschied zu archaischen Gesellschaften ist das Schenken in der Moderne (im Bedarfsfall) auch per Gesetz geregelt. In modernen Gesellschaften ist die Voraussetzung dafür gegeben, dass Geschenke nicht in ihrem Gesamt als kommunikative Zeichen behandelt werden können, sondern dass sie vom juristischen Diskurs als bloße Gegenstände von Eigentumsübertragung verstanden werden können, d. h. als abgetrennt von ihren anderen Bedeutungen symbolischer oder anderer nicht-materieller Natur. Deshalb vermag die Rechtsprechung regulativ in das Schenken einzugreifen[50]: Geschenkt ist geschenkt, wie der Volksmund sagt, nicht immer aber der juristische Diskurs. Wird ein Geschenk zurückgefordert, so wird dies – sofern eine außergerichtliche Einigung nicht erzielt werden kann – in ein juristisches Verfahren geführt, welches seinerseits mit spezieller Rechtsprechung auf Fälle der Zurückforderung von Geschenken reagiert, und dies gegebenenfalls juristisch

---

[48] Burgstahler (2003).

[49] Vgl. z. B. Bruhn (1994) oder Bruhn (1996).

[50] Vgl. BGB §§ 516 ff. Sofern das Gewohnheitsrecht reibungslos funktioniert, ist kein Bedarf zu seiner Umgestaltung angezeigt; wenn indessen rechtliche Streitfragen nach einer deutlicheren Lösung verlangen, als sie das ungeschriebene Gewohnheitsrecht zur Verfügung stellen kann, dann ist seine Kodifizierung vonnöten. Diese Erfahrung formuliert bereits Durkheim (1996b), S. 124.

25

deckt z. B. bei grobem Undank seitens des Empfängers gegenüber dem Schenkenden. Der Einfluss des Rechtssystems auf andere gesellschaftliche Teilsysteme scheint in modernen Gesellschaften von solch starker Penetranz, dass der justiziable Grundsatz *Geschenke sind nicht zurückzufordern* als Morphologem für das moderne Schenken gelten kann.

Bei all dem darf aber nicht vergessen werden, dass sich das Rechtssystem nur an einem kleinen Ausschnitt des Gesamtbildes abarbeiten kann, da das Übrige nur mit größten Schwierigkeiten oder gar überhaupt nicht in juristischen Semantiken handhabbar ist. Denn wie lässt sich beispielsweise ein Gefühl (wie etwa Dankbarkeit) unter der juristischen Kodierung von Recht oder Unrecht gänzlich und korrekt operationalisieren? Wird das Geschenk ausschließlich entlang juristisch verwertbarer Kriterien behandelt und somit seiner anderen Aspekte beschnitten (zu denen das Rechtssystem zwangsläufig greifen muss, da es nicht anhand anderer Kriterien entscheiden kann), so gelangt man fast zwangsweise zu der Auffassung, modernes Schenken doch wieder im ökonomischen Sinne als Verlieren zu deuten.[51]

2. 3. Ergebnisse bisheriger Interpretationen und Schlussfolgerung

Linguistische Deutungsmodelle des Schenkens scheinen zwar keine Hinweise auf das moderne Schenken geben zu können, doch vermögen sie Rückschlüsse zu liefern auf die kulturhistorische Genese und Bedeutung des Schenkens im Altertum – allerdings nur soweit der linguistische Blick reicht und durch Dokumente gesichert ist. Das Erklärungsmodell der Psychologie bildet keine eigene Theorie des Schenkens aus wie sie aus anderen Disziplinen bekannt sind. Psychologische Deutungen des Schenkens sehen den Wunsch zu schenken in prosozialem Verhalten begründet, wonach der Schenker einen psychisch wertvollen Gewinn daraus zieht, dem Geschenkempfänger unter den bekannten Prämissen der Schenkgrammatik ohne Erwartung einer Gegenleistung etwas zu schenken. Die (klassische) Psychoanalyse beschränkt sich auf den Erklärungsversuch zum Ursprung des Schenkens und überlässt die Schlussfolgerungen für die Komplexität des Phänomens Schenken an sich der von ihr begründeten Tradition der Psychoanalyse, die sich zwar redlich müht, aber keine eigenständige psychoanalytische Theorie zum Schenken entwickelt. Die religiös-theistisch geprägten Theorieansätze versuchen das Schenken aus Sicht des Gabenopfers und des Gabenaustauschs zwischen den Göttern und den Lebenden zu begründen und machen die Beziehung des Menschen zum Göttlichen und die existenzielle Verschuldung

---

[51] Vgl. Rost (1989) oder auch Levi-Strauss (1993), S. 663: »Bis heute hat die Menschheit davon geträumt, […] man könne das Gesetz des Tauschs überlisten, man könne gewinnen, ohne zu verlieren, genießen, ohne zu teilen.«

und Dankbarkeit für das Geschenk des Lebens mit der damit verbundenen Pflicht zur Zurückzahlung zum Motor des Gabentauschs. Dank historischer Untersuchungen zum Schenken können nicht nur bestimmte Entwicklungen des Schenkens – das (vermeintliche) Verschwinden der so genannten reinen Gabe oder die Entwicklung des weihnachtlichen Schenkens – erklärt werden, sondern auch einige bekannte Phänomene des Schenkens wie etwa den Verpflichtungscharakter des Schenkens historisch belegen. Auf diese Weise können sie das Verständnis des Schenkens mittels historischer Belege abrunden. Wirtschaftstheoretische Ansätze versuchen, das Schenken als ökonomische Spielart des Warenaustauschs zu verstehen. Der Geschenkempfänger erhält eine Ware oder Leistung zunächst, ohne eine Zahlung zu leisten und erfährt in seiner Vermögensbilanz einen ökonomisch messbaren Wertzuwachs. Die Zahlungsleistung erfolgt mit Zeitverzug durch ein Gegengeschenk bzw. eine Gegenleistung, wodurch der ökonomische Warenaustausch in seiner Reinform vonstattengeht. Die Rechtswissenschaften bzw. die Rechtsprechung regeln einige Bereiche des Schenkens mittels juristischer Diskurse, indem sie beispielsweise die Möglichkeit vorsehen, dass bei grobem Undank Geschenke wieder zurückgefordert werden dürfen und mittels eines dahinterstehenden exekutiven Apparats dieser Forderung auch zur Durchsetzung verhelfen können. Doch aus soziologischer Perspektive stößt der juristische Diskurs – auch für juristische Laien erkennbar – spätestens dann an eine Grenze, wenn mit Mauss die soziologische Grundfrage gestellt wird, warum *überhaupt* Geschenke gemacht werden. Zwar kann in einem bestimmten Rahmen eine Gegengabe (z. B. in Form von Dankbarkeit) eingefordert werden, doch konnte bisher von Seiten der Rechtsprechung *kein Recht auf ein Geschenk* geltend gemacht werden; anders als etwa Erbteile sind Geschenke nicht vor Gericht einklagbar. Kurz: einer der entscheidenden Faktoren für das Schenken kann durch den juristischen Diskurs *per se* gar nicht behandelt werden.

Auch die über die verschiedenen Forschungsgebiete gespannte Erörterung zum Ursprung des Schenkens zeigt, dass keine der hier vorgestellten Disziplinen in der Lage scheint, einen letztgültigen, sicheren Grund für die Entstehung des Schenkens entweder aus der Mikroperspektive (Warum schenkt man?) oder aus der Makroperspektive (Woher stammt das Schenken kultur- oder zivilisationsgeschichtlich?) nennen zu können: Nicht nur die Motivation, sondern auch die Genese des Schenkens bleibt im Dunkeln. In Anlehnung an Durkheims Erkenntnis betreffs des unerkennbaren, ja sogar fehlenden Beginns von Religion[52] lässt sich analog formulieren: Wie jede menschliche Einrichtung beginnt auch das Schenken nirgends. Alle Spekulationen dieser Art sind zu Recht verrufen; sie können nur aus subjektiven und willkürlichen Annahmen bestehen, die sich jeder Kontrolle entziehen. Insofern ist die Frage nach der kultur- oder zivilisationsgeschichtlichen Herkunft in dieser Arbeit

---

[52] Vgl. dazu Durkheim (1994), S. 26.

und wird an die sich berufen fühlenden Fachwissenschaften verwie-

)ies stellt jedoch nur ein erstes Zwischenergebnis dar. Hinzu kommt, dass ine der Disziplinen Schenken aus Perspektive der Kommunikationstheorie untersucht. Schließlich lässt sich aus dieser Perspektive der für die Soziologie interessante Ursprung aus mikrosoziologischer Perspektive klären wie der Verlauf der Argumentation zeigen wird. Nicht nur Forschungsansätze mit einer schwächeren Affiliation zur Soziologie lassen den Aspekt der Kommunikation im Schenken unberücksichtigt, sondern auch stärker am soziologischen Klassiker der Gabe orientierte Ansätze (etwa die Forschungsarbeiten der Gruppe MAUSS[53], die sich der Pflege und Fortführung der von Mauss gegründeten Theorietradition verschrieben haben) oder andere Veröffentlichungen[54], die sich dem Phänomen der Gabe aus soziologischer Perspektive nähern. In der Konsequenz kann jedoch positiv die Bestätigung gewonnen werden, dass mit der vorliegenden Interpretation des Schenkens als Kommunikation ein innovativer und zweckentsprechender Ansatz gewählt wird, um die Funktionen und den Sinn modernen Schenkens zu begreifen. Mit dieser Deutung kann unter Würdigung des Menschen, der qua Existenz nicht anders als kommunizieren kann, die Fülle der im Schenken impliziten Aspekte des Rechts, der Geschichte, der Religion, schließlich auch der Kommunikation usw. berücksichtigt werden, ohne dabei – wie häufig der Fall – der ökonomischen Verfassung des Geschenks zu verfallen. Zusätzlich verkürzt die kommunikative Interpretation das Schenken nicht auf einen einzelnen Aspekt wie etwa die Ökonomie, das Recht oder das religiöse Motiv.

Aus den unterschiedlichen Erklärungsansätzen kann in der Konsequenz gleichzeitig die nicht unbedeutsame Schlussfolgerung gezogen werden, dass das Schenken in der Moderne ebenso wie das Geben in archaischen Gesellschaften ein Phänomen ist, das alle Bereiche des Sociallebens betrifft: Auch in der Moderne ist ein Geschenk mit emotionalen, ökonomischen, psychologischen, sozialen usw. und nicht zuletzt kommunikativen Aspekten aufgeladen. Diese Charakteristik ist der Gabe vom Weg aus der Vormoderne in die Moderne nicht abhanden gekommen. Man hat es also auch in der Moderne beim Geschenk mit einem – von Mauss so bezeichneten – »totalen Phänomen« bzw. einem System totaler Leistungen zu tun.

---

[53] Mouvement Anti-Utilitariste en Sciences Sociales; vgl. Haesler (2006).
[54] Godbout (1998), Godbout (2002) oder Godelier (1996).

3. Bedeutung der Kommunikation in den Sozialwissenschaften

Die soziologische Grundfrage nach der sozialen Bindekraft, nach dem Mechanismus der Sozialität, gewinnt nach diversen Orientierungsverschiebungen (z. B. das struktur-funktionalistische, das systemtheoretische, das interaktionistische Paradigma, *linguistic turn*, *intersubjective turn*, etc.) mit der Kommunikation eine neue Qualität.[55] Es beginnt sich immer deutlicher die Überzeugung durchzusetzen, dass es gerade die Kommunikation ist, die die Bande zwischen den sozialen Individuen knüpft, und dass es gerade die Kommunikation ist, worin sich soziales Handeln der Individuen via Sprache[56] (verbaler oder non-verbaler Art) manifestiert und Sinn objektiviert. Erst durch Kommunikation wird die soziale Wirklichkeit strukturiert. Kommunikation erzeugt also jenes »Zusätzliche« zu den Individuen, das als das soziale Dritte bezeichnet werden kann. Kommunikation ist originär sozial, insofern sie zwar eine Mehrheit von mitwirkenden Bewusstseinssystemen bzw. Individuen voraussetzt, aber gleichzeitig als Einheit keinem Einzelbewusstsein bzw. keinem Individuum zugerechnet werden kann.[57] Kommunikation und Sozialität bedingen einander: Das Soziale wird also wesentlich durch Kommunikation bestimmt, aber zugleich fundiert Kommunikation auf Sozialität.

In welcher Weise es Kommunikation geschafft hat, als wesentliches Interpretationsschema des Sozialen allgemeine Geltung zu erlangen und inwiefern sich daraus Kommunikation als Interpretationsschema für den sozialen Akt des Schenkens legitimiert, soll im Folgenden geklärt werden. Warum Kommunikation trotz ihrer Offensichtlichkeit und ihrer Allgegenwart so lange ein eher stiefmütterliches Dasein in den Sozialwissenschaften gespielt hatte[58], wird im Weiteren nicht thematisiert. Was jedoch im weiteren Verlauf der Darstellung von Interesse sein wird, ist das Verständnis von Kommunikation. Dies erfolgt vor allem im Rückgriff auf eine Analyse der in dieser Hinsicht wohl prominentesten Theorieansätze von Habermas, Luhmann, der Semiotik und der soziologischen Phänomenologie, die allesamt das kommunikative Paradigma ins Zentrum stellen und Kommunikation als soziales Handeln und umgekehrt begreifen. Um das kommunikative Paradigma als Ausgangspunkt

---

[55] Vgl. auch Srubar (2005), S. 599 und Srubar (1994), insbesondere S. 95 – 99.

[56] Baudrillard (1996), S. 162, weist zu Recht darauf hin: »Die Sprache ist nur unfreiwilliger Komplize der Kommunikation […].« Es geht in der vorliegenden Arbeit wohlweislich um Kommunikation, nicht um Sprache (im linguistischen Sinne)!

[57] Luhmann (1998), S. 81.

[58] Vgl. dazu auch Knoblauch (1995).

für die Interpretation des Schenkens zu legitimieren, wird die Bedeutung der Kommunikation in der Soziologie in ihren relevanten Zügen nachgezeichnet. Vom systematischen Standpunkt aus betrachtet erfährt hier jenes besondere Phänomen der Kommunikation Berücksichtigung, dass sie nämlich gleichermaßen als Faktor der Produktion wie auch der Reproduktion sozialer Wirklichkeit gelten kann. Kommunikation als Determinante des Sozialen ist sowohl das durch das Individuum vorfindliche Medium sozialen Handelns, dessen es sich bedienen muss, um Handlung im sozialen Kontext vollziehen zu können, als auch Ergebnis des jeweiligen Handelns, das so den Kontext für jegliche potenzielle und aktuelle (Folge-)Handlungen bzw. (Folge-)Kommunikationen bildet. Kommunikation hat jenen doppelten Charakter, zugleich Medium wie auch Intention, zugleich vorfindliche Ressource wie auch Ergebnis, zugleich Produkt wie auch reproduktiver Gegenstand sozialer Handlung zu sein. Kurz: Kommunikation bildet für soziales Handeln jene objektiven Strukturen, die sich die handelnden Individuen subjektiv anzueignen haben, um an der sozialen Wirklichkeit teilhaben zu können.

Wenngleich diese komparative Analyse kommunikationstheoretischer Ansätze den Schwerpunkt auf den deutschen Kontext legt, so kann hier freilich nur die Rede der jüngeren deutschen Forschung aus diesem Kontext sein: die deutschen Klassiker der Soziologie, allen voran Max Weber, aber auch Simmel, schenkten dem Phänomen der Kommunikation wenig Interesse im heutigen Sinne der Forschung. Das Verstehen der Sinnhaftigkeit des Handelns eines Subjekts war zwar für Weber der Schlüssel zum Verständnis der Sozialwelt, doch verlief Webers Ansatz zur Rekonstruktion dieses Verstehensprozesses, ohne sich intensiv mit kommunikativen »Begleitstrukturen« zu beschäftigen. Auch Simmel lässt in seinen soziologischen und philosophischen Studien die Kommunikation unberührt: Gerade in seinem Essay *Dankbarkeit: Ein soziologischer Versuch*[59] bringt er das Paradigma der Wechselwirksamkeit zwischen Menschen ins Spiel, wenn er sie als die Sachwerdung durch den Tausch bestimmt. Der Tausch oder auch das Geschenk, jene persönliche, aber an Sachen ausgeübte Aktion von Mensch zu Mensch, stellt für Simmel eben lediglich eine Aktion dar und wird nicht als Kommunikation gedeutet.

Nicht zuletzt zeigt auch der Blick auf die Richtung der mit Durkheim aufkeimenden französischen Soziologie, dass die Soziologie ihr Begriffsinventar noch nicht mit dem Terminus der Kommunikation angereichert hatte. Durkheim beschreibt die Sozialwelt anhand von Begrifflichkeiten wie Kommunion und Kollektiv. Bei seinen ethnologischen Forschungen vernachlässigt er zwar nicht die Funktion der Sprache als Klassifizierungsform zum Verständnis der Sozialwelt. Doch Kommunikation selbst rückt bei Durkheims Soziologie kaum ins Blickfeld zur Erklärung des Sozialen.

---

[59] Simmel (1993), S. 308 – 316; hier insbesondere S. 308.

Damit soll nicht gesagt sein, es habe zu keiner Zeit in der frühen Geschichte der Soziologie Versuche gegeben, eine Sozialtheorie auf dem Paradigma der Kommunikation aufzubauen. Die frühen amerikanischen Sozialtheorien im Fahrwasser des Pragmatismus, allen voran Mead, aber auch Robert E. Park und Charles Cooley, beschäftigte der Versuch, soziale Ordnung auf Basis von kommunikativen Prozessen zu begründen: Meads Werk in seiner Gesamtheit zielte darauf ab, »die Spannung zwischen der Kreativität des Handelns und dem kommunikativen Charakter menschlicher Sozialität als zentral zu erfassen.«[60] Bekanntlich nimmt auch der um die Mitte des 20. Jahrhunderts in der amerikanischen Soziologie dominierende Strukturfunktionalismus Talcott Parsons' Kommunikation als einen fundamentalen Baustein seiner Sozialtheorie an. Von dort führt theoriegenetisch mit Luhmann eine starke Linie in die deutsche Soziologie. Nach Luhmanns autopoietischer Wende sind es im Wesentlichen nicht mehr die Handlungen, sondern Kommunikationen, die Gesellschaft ausmachen. Für das Sozialsystem Familie pointiert dies Luhmann so: »Das Sozialsystem Familie besteht aus Kommunikationen und nur aus Kommunikationen, nicht aus Menschen und auch nicht aus ›Beziehungen‹«.[61] Auch Habermas verlagert in seiner Theorie des kommunikativen Handelns den Akzent von einer herkömmlichen Handlungstheorie hin zu einer dezidiert kommunikativ verfassten Sozialtheorie, indem er sich von der Handlungslogik der Ökonomie und des Rechts abkehrt und das kommunikative Handeln als Kernpunkt des Sozialen begreift.

Die großen Theorieansätze der deutschen Soziologie wussten bis in die 1980er kaum etwas mit dem Thema Kommunikation anzufangen. Sie nahmen auch nur zögerlich zur Kenntnis, dass die angewandte und empirische Sozialforschung sich eigentlich fast ausschließlich auf dem Terrain der Kommunikation bewegt. Wie anders können sozialwissenschaftliche Erhebungen durchgeführt werden, wenn nicht die Analyse von Kommunikationen, sei es sprachlicher oder nicht-sprachlicher Art, in den Mittelpunkt gerückt wird? Möglicherweise liegen solche Mutmaßungen richtig, dass die Disziplingrenzen eine Zeitlang die Aufnahme der Kommunikation in den engeren Kontext der sozialwissenschaftlichen Analysetermini verhindert hatte: die Untersuchung von Kommunikation bzw. Sprache war lange auf den Bereich der Linguistik und – wenn die Auswirkungen von Sprache auf das Entstehen des Sozialen untersucht werden sollten – auf die Anthropologie beschränkt. Die Sprachsoziologie untersuchte hauptsächlich die sozialen Folgen des Sprechens und der Sprache, weniger aber die Rolle von Kommunikation für die Genese von sozialer Ordnung. Analyseansätze, die sich der Ethnographie der Kommunikation widmeten,[62] blieben lange Zeit auf ungehörtem Posten in der westlichen *mainstream*-Soziologie.

---

[60] Joas (1989), S. IX.

[61] Luhmann (1990), S. 197.

[62] Vgl. hierzu Hymes (1979).

Nicht zu unterschätzen ist in diesem Kontext allerdings die Rolle, die die soziologische Phänomenologie einnahm. Nachdem sie in den USA erstmalig in der Debatte gegen Parsons als Alternative zur damaligen mainstream-Soziologie auf sich aufmerksam gemacht hatte, konnte sie – hauptsächlich mit dem Werk Schütz verbunden – vor allem in der deutschen soziologischen Theorie der letzten Dekaden eine führende Rolle beanspruchen. Daraus entsprangen zahlreiche Impulse für die soziologische Theoriebildung, die das Thema Kommunikation im heutigen Maß berücksichtigten. Neben den zwei großen Ansätzen von Luhmann und Habermas war es vor allem auch der Phänomenologie zu verdanken, dass die Kommunikation die Disziplingrenzen überspringen und als forschungsleitendes Thema aus soziologischer Perspektive Raum greifen konnte. Zwar wuchsen die gegensätzlichen Ansätze parallel heran, doch ein grundsätzlich unterschiedlicher Ansatzpunkt gerade zwischen Luhmanns und Habermas' Theorie ist nicht zu leugnen. Husserlsches Erbe lässt sich im frühen Luhmann nur unschwer übersehen: Neuere Untersuchungen kehren auch bestimmte Strukturanalogien zwischen der Phänomenologie und dem späten Luhmann deutlich heraus, insbesondere wenn es um den zentralen Begriff der Kommunikation geht.[63] Aber auch Habermas' Theorie des kommunikativen Handelns beruft sich in bestimmenden Teilen auf Husserl und gewinnt aus seiner Auseinandersetzung mit dem Schütz'schen Werk. Habermas erkennt bekanntlich in der Kommunikation das Musterbeispiel sozialen Handelns in modernen Gesellschaften. Moderne Gesellschaften, die sich durch eine zunehmende Fragmentisierung der Teilsysteme auszeichnen und demgemäß einen zunehmenden Integrationsbedarf aufweisen, müssen auf die Kommunikation vertrauen, da sie allein in der Lage ist, die Integration des Sozialen zu bewerkstelligen.[64] Auch wenn sich der Begriff des kommunikativen Handelns nicht vornehmlich aus der soziologischen Phänomenologie speist, so zieht Habermas zumindest die erforderlichen Konsequenzen aus deren pragmatischem Anteil bei der Theoriebildung und beim Zugang des Forschers zum Forschungsgegenstand, nämlich zur alltäglichen Wirklichkeit.[65]

Dieser knappe Überblick über die großen, relevanten (westlichen) Sozialtheorien zeigt, dass das kommunikative Paradigma zu einer prominenten Determinante für die soziologische Forschung geworden ist. Doch nicht allein aus wissenschaftstheoretischer Perspektive lässt sich eine wachsende Bedeutung der Kommunikation beobachten. Auch im alltäglichen Leben des Individuums nimmt die Kommunikation vermehrt eine strukturierende Funktion wahr. In der Medizin hat sich die Therapie um den Baustein der Kommunikation bereichert (*talking cure*), nicht mehr allein das schulmedizinische Heilen, sondern das Sprechen zwischen Arzt und Patienten hat sich als Baustein

---

[63] Vgl. z. B. Srubar (2005) oder auch Habermas (1995), Bd. 2, S. 197.

[64] Habermas (1994), S. 43 f. Die strukturelle Nähe zu Luhmanns diesbezüglichen Überzeugungen lässt sich kaum leugnen.

[65] Habermas (1995), Bd. 1, S. 176 ff.

der Heilung von der Anamnese bis zur Nachsorge durchgesetzt. In Assessment-Centern, in denen heutzutage z. T. Bewerber/innen für Berufspositionen selektiert werden, stützt man sich auf deren kommunikative Fähigkeiten als Beurteilungs- und Entscheidungskriterium: die Anerkenntnis kommunikativer Kompetenzen drängt in den Vordergrund und scheint gleichberechtigt neben den spezifischen fachlichen Anforderungen zu stehen. Kommunikation gewinnt zwischen den Teilsystemen oder dem System und der Lebenswelt oder den unterschiedlichen Lebensformen eine Funktion der Strukturierung der alltäglichen Lebenswelt, und leistet eine Brückenfunktion in einer sich stetig strukturell differenzierenden Sozialwelt in der Moderne. Akzeptiert man diese kontinuierlich voranschreitende, strukturelle Differenzierung moderner westlicher Gesellschaften als eines ihrer wichtigsten Strukturmerkmale, so versucht die Beschreibung der Kommunikation die Schenkkommunikation morphologisch zu erfassen und so einen Beitrag zum Verständnis der kommunikativen Bindekraft im Schenken zu leisten.

3. 1. Zeichen, Semiotik, Kommunikation

Im Alltag ist Kommunikation allgegenwärtig, keiner kann sich ihr entziehen, sie ist ontologisch unausweichlich. Auch in den Kulturwissenschaften hat das kommunikative Paradigma – wie bereits gezeigt – eine wachsende Bedeutung entfaltet. In den Wissenschaften liegt eine übergroße Anzahl verschiedener Ansätze vor, um die Wirkungsweise und das Wesen von Kommunikation zu beschreiben. Wenn auch all die Ansätze mit dem Konzept Kommunikation unterschiedlich operieren, so ist ihnen doch gemeinsam, dass sie das Grundphänomen der Kommunikation als konstitutiv für menschliches Dasein in seiner sozialen Verfasstheit ansehen[66]: Kommunikation ist untrennbar mit dem Sozialleben verbunden, ein Leben ohne Kommunikation existiert nicht. Vom Standpunkt der Soziologie aus kann signifikative Kommunikation sogar als das Grundprinzip der gesellschaftlichen Organisation des Menschen betrachtet werden.[67]

Die Vorstellung all dieser Ansätze liegt nicht im Zielbereich dieser Arbeit. Es ist vielmehr zu untersuchen, in welcher Weise sich ein kommunikativer Ansatz – im Gegensatz zu den Schenktheorien (anderer Wissenschaftsdisziplinen) – eignet, Schenken in modernen Gesellschaften zu begreifen. Daher werden die (in der Soziologie) prominenten Ansätze zur Kommunikation erörtert und auf eine neuartige Weise zusammengedacht, um damit ein Instrument zu gewinnen, *Schenken* mit seinen soziologischen Implikationen tat-

---

[66] Rombach (1977), S. 20.

[67] Mead (1995), S. 299. Unter signifikativer Kommunikation grenzt Mead jene dem Menschen eigene Art der Kommunikation, die die Anteilnahme an den anderen voraussetzt, von der Kommunikationsform der Tiere und Pflanzen ab.

sächlich *als vielgeübte Kommunikation* in modernen Gesellschaften zu verstehen.

Vor Jahrzehnten konnte noch behauptet werden, dass das Phänomen der Kommunikation im *Allgemeinen* in seiner Mehrdimensionalität und Vielschichtigkeit – beispielsweise Abhebung der Phänomenschichten, Sichtbarmachung der fundamentalen Phänomenstrukturen, Darstellung des Begründungsverhältnisses, exakte Einzelanalysen auf Grundlage des Wissens um die Vielschichtigkeit, Aufhellen der im Phänomen selbst liegenden Verleitungen zu Fehlinterpretationen – noch nicht hinreichend erforscht wurde.[68] Zwar wurde dieses Defizit mittlerweile weitgehend behoben, doch kann heutzutage festgestellt werden, dass diese Leistungen für die Kommunikation *des Schenkens im Besonderen* noch nicht erbracht wurden.[69]

Kommunikation wird hier verstanden als die allgemeinste Form sozialen Handelns. Wie George Meggle richtig feststellt, bedeutet kommunizieren handeln und Kommunikationstheorien sind spezielle Handlungstheorien.[70] Damit greift der hier verwendete Kommunikationsbegriff verschiedene in der Soziologie prominent gewordene (und scheinbar konkurrierende, oder besser: nebeneinander stehende) Theorieansätze zum Wesen der Kommunikation auf. Wenn diese im ersten Teil dieses Kapitels skizziert werden, wird damit nicht eine erschöpfende Diskussion relevanter Forschungsansätze zur Kommunikationsstruktur verfolgt. Insofern ist vom Folgenden also nicht eine Synopse des kommunikativen Paradigmas zu erwarten. Vielmehr liegt der Fokus – mit dem zweiten Teil des Kapitels – im Aufweis der Strukturgleichheiten der vorgestellten Theorien zur Kommunikation und dem Schenken, wie sie für die Betrachtung des *Schenkens als Kommunikation* Bedeutung haben. Nach Luhmann kann ein Neuheitsgewinn aus der Kombination der unterschiedlichen Ansätze erwartet werden – vom Verfahren her nicht uninteressant und nicht unfruchtbar.[71] Zunächst sollen jedoch die zwei im Bereich der Kommunikation zentralen Begrifflichkeiten des polysemen Zeichens und des monosemen Signals voneinander unterschieden werden, die einen wesentlichen Gegensatz zwischen Information und Kommunikation markieren.

Wenn Umberto Eco Recht hat mit seiner Forderung, dass die ganze Kultur als Kommunikationsphänomen zu untersuchen sei und alle Aspekte einer Kultur als Inhalte der Kommunikation untersucht werden können,[72] dann gilt dies freilich auch für das Phänomen des Schenkens. Wenn mit einer vorläufigen, ganz allgemeinen Definition ein Zeichen ein Ereignis ist, das für ein anderes steht, dann trifft dies für das Schenken in ganz besonderer Weise zu.

---

[68] Rombach (1977), S. 21.

[69] Auch der »Phänomenologie des Geschenks: Einige philosophische Fragen zum Sinn von Schenken« betitelte Aufsatz von Fasching/Woschnak aus dem Jahr 1978 konnte dem nicht gerecht werden.

[70] Meggle (1981), S. 5.

[71] Luhmann (1994), S. 8.

[72] Eco (1994), S. 33.

Denn Schenken ist weit mehr als nur »ökonomischer Gewinn«, d. h. mehr als das bloße Übergeben eines stofflichen Gutes von einer Person an eine zweite Person. Vielmehr werden – wie sich im Verlauf der Arbeit zeigen wird – beim Schenken eine Vielzahl von Botschaften und Werten mittransportiert, wodurch sich die Polysemie dieses Zeichens offenbart. Die Gabe bzw. das Geschenk fungieren als Vehikel und sind Zeichen für etwas anderes.

Die großen semiotischen Strömungen der Moderne liefern eine Überzahl von – z. T. nur in bestimmten Nuancen – voneinander abweichenden, aber auch sich überlappenden Definitionen des Zeichens. Die Zahl der von ihnen verwendeten, unterschiedlichen Begrifflichkeiten steht dem nicht nach. Anhand der Geschichte des Zeichenbegriffs und seines wechselhaften Gebrauchs durch die unterschiedlichen Strömungen – von Gottlob Frege über Ludwig Wittgenstein zu Charles S. Peirce, von Gottfried W. Leibniz über Husserl bis Jean Piaget und von Ferdinand de Saussure über Morris bis Lévi-Strauss und Roland Barthes – lieferte seinerzeit Eco[73] eine zum Klassiker gewordene Gesamtschau der bedeutendsten semiotischen Theorien der Moderne. Im Rückgriff darauf kann auf eine umfängliche Analyse verzichtet werden. Lediglich auf die wohl revolutionärste Entwicklung zum Zeichenbegriff muss an dieser Stelle eingegangen werden, da sie für das Geschenk als Kommunikation relevant ist; andere Charakteristika von Zeichen wie seine Arbitrarität oder Linearität bleiben daher ausgespart.

Die von Charles Ogden und Ivor Richards schematisierte dreiwertige Zeichentheorie, die in der westlichen Tradition lang dominierte, definiert ein Zeichen als eine Einheit von Symbol, Gedanken (auch: Bezeichnetes oder Signifikat) und dem Referenten (auch: Bezeichnendes oder Signifikant).

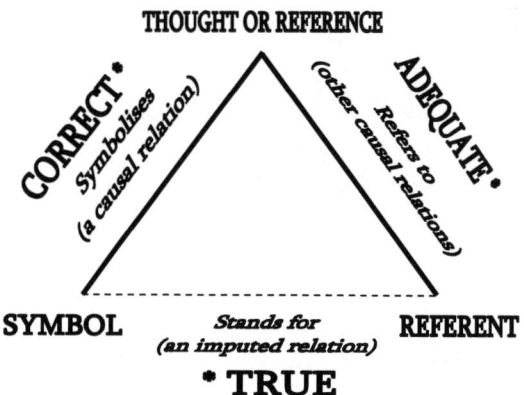

Dreiwertige Zeichentheorie nach Ogden/Richards

---

[73] Eco (1988).

Der dreiwertigen Zeichentheorie liegt die Hypothese zugrunde, dass es keine unmittelbare Beziehung zwischen dem tatsächlich in der Natur vorkommenden Objekt (dem Referenten) und dem sprachlichen Ausdruck (Symbol) gibt. Vielmehr wird diese Beziehung konstruiert, gewissermaßen als *wahr* angenommen. Denn einerseits besteht eine als richtig gewertete kausale Beziehung zwischen dem Symbol und dem Gedanken, wobei das Symbol den Gedanken symbolisiert. Andererseits existiert eine zweite kausale Beziehung zwischen dem Referenten und dem Gedanken, wobei der Verweisungscharakter zwischen Gedanken und dem Referenten als zulänglich beurteilt wird. Da das Symbol den Gedanken zutreffend symbolisiert und eine zulängliche Bezugnahme zwischen dem Referenten und dem Gedanken existiert, lässt sich die als wahr einstufbare Aussage treffen: das Symbol steht für den Referenten. Beispielsweise steht »Hase« nicht nur für das auf unseren Fluren lebende, vierbeinige und langohrige Nagetier mit Fell, sondern *bedeutet* Fruchtbarkeit, eine weiße Taube steht nicht nur für Frieden, sondern *bedeutet* Frieden und ebenso steht ein fünfzackiger Stern nicht nur für Freiheit, sondern der Stern *meint* Freiheit. Demzufolge ist das Geschenk als die Einheit aus der gedanklichen Vorstellung, dem lautlichen Symbol »Geschenk« und seinem Referenten, also dem üblicherweise in Geschenkpapier verpackten Gegenstand, zu begreifen.

Im Gegensatz dazu stellt sich de Saussure die zeichengebundene Kommunikation auf Grundlage einer zweiwertigen Zeichentheorie vor, die auf den Referenten verzichtet.[74] Ein Zeichen ist die Einheit von Signifikat und Signifikant.[75] Die beiden das sprachliche Zeichen bildenden Seiten – die Vorstellung (Signifikat) und das Lautbild (Signifikant) – sind psychischer Natur.[76]

Zweiwertige Zeichentheorie nach de Saussure

Mit dem Verzicht auf den Referenten ermöglicht de Saussure das Ende der Auffassung, dass die Bedeutung eines Ausdrucks etwas mit der Sache zu tun

---

[74] de Saussure (1967), S. 78. De Saussures zweiwertige Zeichentheorie wird z. B. von Lacan oder auch von Lévi-Strauss origineller Weiterentwicklungen unterzogen, die aber für den hier vorliegenden Zusammenhang ohne Bedeutung sind.

[75] Luhmann formuliert dies systemtheoretisch: »Das Zeichen ist […] die Differenz zwischen Bezeichnendem und Bezeichnetem […].«; vgl. Luhmann (2008), S. 76.

[76] de Saussure (1967), S. 18.

habe, auf die sich der Ausdruck bezieht. Dieser Verzicht spielt in der Kommunikation des Schenkens eine wichtige Rolle: Die Kommunikation materialisiert sich lediglich am Geschenk, doch die transportierten Botschaften bedürfen *eigentlich* nicht des Referenten Geschenk.

Husserls Definition des Zeichens greift die oben vorläufig gemachte Definition des Zeichens auf und geht in der Erläuterung weiter, womit er den Ansatzpunkt für die Unterscheidung von Zeichen und Signal liefert:»Jedes Zeichen ist Zeichen für etwas, aber nicht jedes hat eine ›Bedeutung‹, einen ›Sinn‹, der mit dem Zeichen ›ausgedrückt‹ ist.«[77]

Von den sozialen Modellen der Zeichentheorie sind kybernetische Informationsprozesse zu unterscheiden. Die Kybernetik verwendet keinen Zeichenbegriff. Sie operiert lediglich mit monosemen Signalen, denen jeweils genau eine Bedeutung entspricht. Die vom Signal übermittelte Information besteht in der Anwesenheit oder Abwesenheit des Signals selbst (z. B. Schalter oder Lämpchen entweder an oder aus). Bei nicht-komplexen, auf künstlicher Sprache beruhenden Informationsprozessen (z. B. zwischen zwei Maschinen oder Computern) wählt ein Sender aus einer Informationsquelle Signale zur Übertragung aus, die ein Empfangsgerät nach dem Schema Reiz-Reaktion verarbeitet. Aus dieser Perspektive evoziert die Geschenkübergabe als Reiz – und nur die Übergabe, denn Vorlaufendes gehört informationstheoretisch gesprochen nicht dazu – nichts weiter als die Reaktion der Annahme des Geschenks. Analog zum Beispiel des Schalters (an oder aus) oder des Lämpchens (brennt oder brennt nicht), heißt dies beim Schenken, dass entweder ein Geschenk da ist oder nicht. Wurde also die Information übertragen, dass ein Geschenk da ist, dann wird es angenommen. Zumindest die Auslösung der Reaktion durch den Reiz ist informationstheoretisch (»mathematisch«) bestimmbar. Liegt hingegen als Reiz die Information vor, dass kein Geschenk da ist, dann wird in logischer Folge auch keines angenommen.

Finden Kommunikationsprozesse nicht mehr unter kybernetischen Voraussetzungen zwischen Maschinen statt, sondern unter sozialen Gegebenheiten, in denen Menschen als soziale Wesen in die Kommunikation verwickelt sind, dann befindet sich die Kommunikation am Übergang von der Welt des Signals zur Welt des Sinnes.[78] Die soziologisch orientierten Kommunikationsmodelle müssen sich im Gegensatz zur Monosemie der kybernetischen Übermittlung eines Signals mit der wesentlich komplexeren Polysemie sozialer Zeichen befassen. Während monoseme Signale lediglich eine Information transportieren, tragen Zeichen eine Bedeutung. Das sinntransportierende Zeichen macht im Gegensatz zum Signal nicht nur Interpretation möglich, sondern auch erforderlich. Wie die zeichenbasierte Kommunikation eröffnet auch die medienbasierte Schenkkommunikation einen Interpretationsraum, in dem ihr Sinn bzw. ihre Bedeutung erfasst werden muss: Dies kann ebenso glücken wie missglücken. Insofern ist erfolgreiche bzw. geglückte zeichen-

---

[77] Husserl (1984) [HUA XIX], S. 30.

[78] Eco (1988), S. 167 und Eco (1994), S. 67.

und auch mediengebundene Kommunikation nicht garantiert, sondern bleibt immer eine Imponderabilität. Auf dieses Phänomen wird mit Luhmann noch zurückzukommen sein.

Mit der Unterscheidung von Zeichen und Signal anhand des Sinns und der Bestimmung des Zeichens als ein Ereignis, das für ein anderes steht, ist der für den weiteren Verlauf notwendige Rahmen abgesteckt, um Kommunikationsprozesse mit Hinblick auf das Schenken zu untersuchen. Auf diese Weise kann sichergestellt werden, dass Schenken nicht auf (eine besondere Form von) Sprache[79] reduziert oder wie von Strukturalisten oder Semiotikern gewohnt interpretiert wird, sondern im innovativen Kontext von Kommunikation.

3. 2. Charakteristik der Kommunikation I

Das Medium der Kommunikation

Im Folgenden wird verdeutlicht, dass sich keine herkömmliche Kommunikationstheorie – weder im technisch-kybernetischen, noch im linguistischen oder sozialen Verständnis – finden lässt, in der das Medium der Kommunikation nicht die Sprache ist.[80] Die Anzahl der Definitionen für Sprache aus den unterschiedlichen Disziplinen ist vielfältig[81] und der weiteren Argumentation nicht unbedingt dienlich, weswegen hier auf eine Diskussion der Definitionen von Sprache verzichtet wird. Nur so viel: In seiner allgemeinsten Form muss Sprache verstanden werden als ein auf kognitiven Vorgängen beruhendes, sozial bedingtes und historischen Wandlungen unterliegendes System zum Ausdruck und zur Übermittlung von Informationen mit dem Zweck beim Rezipienten einen Kommunikationserfolg zu erzielen. Natürlich geht Sprache weit über die bloße verlautbarte Verbalsprache hinaus, also auch Mimik, Gestik, aber auch Zeichen und Signale und nicht zuletzt auch das Schweigen bzw. Nicht-Sprechen gehören zum Inventar der Sprache.

---

[79] Caplow (1984), p. 1320: »Gift exchange, in effect, is a language that employs objects instead of words as its lexical elements. [...] The language of prestation, like the verbal language, begins to be learned in early childhood [...]."

[80] Demgegenüber ist das Medium der Sprache stets ein physikalischer Stoff, z. B. die Luft als Übermittler physikalischer Schwingungen. Um diese Differenzierung geht es hier allerdings nicht.

[81] Einen ersten Überblick über das Verständnis von Sprache bietet z. B. Lyons (1992) aus linguistischer Perspektive oder Luckmann (1979) bzw. Schütze (1975) für den soziologischen Bereich.

Übermittlung von Information

Auf der einen Seite gibt es die tradierte Vorstellung von Kommunikation, in der sie als Informationsübertragung im Sinne eines Austauschs zwischen sozialen Akteuren praktiziert wird. Es gibt in der Entwicklung der Wissenschaften, die sich mit Sprache und/oder Kommunikation befassen, zahlreiche unterschiedliche Varianten dieses Modells, doch im Kern stellt es sich typischerweise wie folgt dar: Das tradierte Modell der Kommunikation beschränkt Kommunikation zumeist auf (Verbal-)Sprache, und setzt ein intentional inspiriertes Modell von Sprache und Sprechen sozialer Akteure voraus, wie es eben im Gespräch zwischen zwei Gesprächspartnern stattfindet[82]. Im Sprachgebrauch der soziologischen Phänomenologie – zur systematischen Stellung der Kommunikation in Schütz' soziologischer Phänomenologie zeigt dies Ilja Srubar[83] – lässt sich dies so ausdrücken: *ego* und *alter ego* überwinden im intersubjektiven Raum ihre jeweiligen Transzendenzen mittels Kommunikation.

Beim herkömmlichen Sender-Empfänger-Modell der Kommunikation, dessen moderne Begründung allgemein der Entwicklung der Nachrichtentechnik zugeschrieben wird[84], gibt eine Person mittels eines kodierten Zeichens einer anderen Person eine Information weiter.

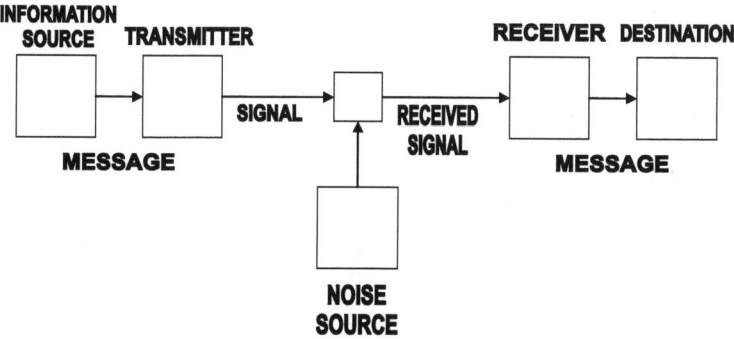

Sender-Empfänger-Modell der Kommunikation nach Shannon/Weaver

Übertragen auf das Schenken bedeutet dies: Eine Person gibt einer anderen Person ein Geschenk (Handschenkung). Dabei ist es vom Prinzip her unerheblich, ob man mit dem Sprecher/Sender oder Hörer/Empfänger jeweils eine einzelne Person oder ein Kollektiv meint. Die Einschränkung auf die indivi-

---

[82] Gadamer (1990), vor allem S. 364 ff, insbesondere S. 384.

[83] Srubar (1988), S. 229 ff.

[84] Shannon/Weaver (1972), p. 7 ff et passim.

duelle Kommunikationskomponente erscheint zwar auf den ersten Blick der Wirklichkeit nicht gerecht zu werden, doch die

»für zwei-Personen-Situationen sich ergebenden Explikationen von Kommunikationsbegriffen lassen sich auf mehr-als-zwei-Personen-Situationen leicht übertragen, so dass eine Beschränkung auf den zwei-Personen-Fall keine wesentliche Beschränkung der Allgemeinheit der so gewonnenen Resultate darstellt.«[85]

Dieses Modell also beschränkt Kommunikation auf die dreiteilige Struktur ähnlich wie die behavioristische Auffassung von Morris, für den Kommunikation im weiten Sinne all das beinhaltet, was eine »commonage« bewerkstelligen kann. Mit diesem Neologismus bezeichnet Morris alles, was geeignet ist, eine bestimmte Eigenschaft einer ganzen Anzahl von Dingen zum allgemein vertrauten und gemeinsamen Wissensgut zu machen. In engerem Sinne ist Kommunikation als der Zeichengebrauch zu verstehen, der mit der Absicht geschieht, eine »commonage« der Signifikation zu erzielen, also einen gemeinsam geteilten Bedeutungsraum. Kommunikation dient dazu, beim Kommunikationspartner jenes Zeichenverhalten zu stimulieren, welches dem des Zeichensenders gleicht oder ähnelt. Je nach dem Signifikationsmodus des Kommunikationsmodus' unterscheidet Morris designative, beurteilende, präskriptive oder formative Kommunikation. Bisweilen kann aber auch der einzige Zweck eines Zeichenaustauschs darin bestehen, Kommunikation zu betreiben, also phatische Kommunikation zu betreiben, wie Malinowski[86] schon vor ihm diese Kommunikationsform bezeichnete. Das tatsächliche Austauschen ist unter soziologischer Perspektive oftmals wichtiger als die Inhalte der Kommunikation. Übertragen auf das Schenken bedeutet dies, dass das Schenken selbst als Kommunikation bedeutsamer ist als ihr Medium das Geschenk.[87] Mittels seiner Bestimmung von Kommunikation setzt also auch Morris auf der dreigliedrigen Kommunikationsstruktur auf und identifiziert solche Zeichenbenutzer, die Kommunikation bewirken, als »communicators« und jene Organismen, in denen der Zeichenprozess durch die vom Kommunikator ausgesendeten Zeichen erregt wird, als »communicatee«. Mittels der zur Verfügung stehenden Kommunikationsmittel wird ein Kommunikationsinhalt bekannt gemacht und im Normalfall verfolgt Kommunikation einen weiteren Zweck, sei dieser informationeller, beurteilender, stimulativer oder systemischer Natur.[88]

---

[85] Meggle (1981), S. 11.

[86] Malinowski (1989).

[87] Caws (1991), p. 132 f. Für Caws wirkt die Analogie zwischen Gabentausch und persönlicher Konversation nicht gänzlich befriedigend. Er betrachtet den Gabentausch nicht als eine Form der Sprache. Caws geht weiter – und damit befindet er sich im Duktus der vorliegenden Argumentation: Das Schenken ist keine Form der Sprache, sondern der sozialen Interaktion; in der Terminologie der vorliegenden Arbeit eine Form der Kommunikation, deren Struktur mit Bedeutung ausgestattet werden kann.

[88] Morris (1946), p. 118 ff.

Betrachtet man das Kommunikationsmodell an der Grenze zwischen Linguistik und Ethnologie etwas genauer, so findet sich auch bei Whorf – der mit der sog. Sapir-Whorf-Hypothese einerseits den linguistischen Determinismus (die Hypothese, dass Sprache das Denken bestimmt) und andererseits das Prinzip der linguistischen Relativität (die Tatsache, dass die in einer Sprache kodierten Unterscheidungen allein ihr eigen sind und nicht in einer anderen Sprache vorzufinden sind) zu beweisen suchte – eben jenes Grundprinzip der Kommunikation, das zwei Kommunikationspartner, einen Sprecher (Sender) und einen Hörer (Empfänger), sowie einen Kommunikationsinhalt voraussetzt.[89] Eine Ausnahme zu dem Grundmodell der Kommunikation zwischen sozialen Akteuren bildet das von Eco beschriebene *minimale Kommunikationsmodell*, mit dem er die Hypothese untersucht, dass jedes Kulturphänomen ein Kommunikationsphänomen ist und nach diesem Schema erklärt werden kann. Dieses minimale Kommunikationsmodell setzt die Übermittlung von Information voraus, die zwischen zwei mechanischen Apparaten stattfindet. Freilich führt auch Eco das *animal interpretans* dann ein, wenn es darum geht, nicht nur Information zu empfangen, sondern auch zu Bedeutungen zu gelangen. Schließlich weiß auch er, dass erst jener Signifikationsprozess das *Universum des Sinnes* eröffnet.[90]

Grice betont in der Kommunikation ein weiteres Zentralmoment der Phänomenologie, wenn er auf den *reflexiven Charakter der Intention* der kommunizierenden Personen hinweist, der zwangsweise mit der Prozessstruktur der Kommunikation aufs engste verbunden ist: der Kommunizierende beabsichtigt beim Kommunikationspartner eine bestimmte Wirkung, nämlich Verstehen, zu erzielen und zwar zu einem bestimmten Teil auch dadurch, dass die Kommunikationspartner die Intention der Wirkenserzielung erkennen und wahrnehmen.[91] Die solchermaßen in die Kommunikation eingebauten Schleifen der Reflexivität, die unabdingbar mit der im Kommunikationsprozess inhärenten Perspektive der Zeitlichkeit verbunden sind, bilden zentrale Themen der Phänomenologie, die bedeutenden Einfluss auf die soziologische Theoriebildung im 20. Jahrhundert hatten. Es bleibt zu erinnern, dass die in der Kommunikation so wichtigen Aspekte der Reflexivität und der Zeitlichkeit auch beim Schenken ihre besondere Bedeutung entfalten: die Ausführungen über das Schenken mit Bezug auf Bourdieu und Jacques Derrida belegen diese Tatsache. Aus dieser Strukturgleichheit ergibt sich der nicht unbedeutende Ansatzpunkt, Schenken als Kommunikation zu charakterisieren. Was in diesem Zusammenhang jedoch eine viel wichtigere Rolle spielt, ist, dass auch Grice implizit das Sprecher-Hörer-Modell als Kommunikationsmodus voraussetzt und annimmt.

Mit einem seiner wesentlichsten Elemente, der Intentionalität, bezieht sich dieses Kommunikationsmodell also unzweifelhaft auf die bewusstseinsphilo-

---

[89] Whorf (1994), S. 16.

[90] Vgl. hierzu Eco (1994) und Eco (1973).

[91] Grice (1993), insbesondere S. 9 ff.

sophische Tradition der Sprachphilosophie und -wissenschaft, allen voran freilich auf eine ihrer prominentesten Formulierungen Anfang des 20. Jahrhunderts durch Husserl. Denn für die Phänomenologie und die phänomenologische Anthropologie lag es schon immer auf der Hand, dass Kommunikation ein Grundphänomen menschlichen Daseins ist.[92] Die platonische Idee, dass das absolute Sein der Ideen nur in einer Art »reinen Wesensschau« beschrieben werden kann, findet in Husserls Phänomenologie ihre fruchtbare Fortsetzung. Voraussetzung hierfür ist die Bewusstmachung der originär gegebenen Akte; erst dann lässt sich das in den intentionalen Bewusstseinsakten gegebene Objektive adäquat erfassen. Daher zielt Husserl auf eine exakte Analyse der Bedeutungsakte ab. Und gerade das ist es, was seine Theorie für die Sprachphilosophie und -wissenschaft so bedeutend macht. Den (empirischen) Bedeutungsakten stehen gänzlich unabhängig das apriorische Reich der objektiven Bedeutungen gegenüber, d. h. Husserl betrachtet sie in seiner Analyse losgelöst von ihrem »Ausgedrücktwerden«. Es wird aber erkennbar, dass damit ein ganz wesentlicher Teil der Kommunikation in Husserls Untersuchung nicht ausreichend berücksichtigt wird: Was geschieht denn durch das eigentliche Kundgeben, das tatsächliche Ausdrücken des Kommunizierten in der ganz konkreten Sprechsituation? Man kann dies Husserl jedoch nicht zum Vorwurf machen, denn sein Anliegen ist die Begründung einer *allgemeinen Grammatik*[93] im Sinne einer reinen Lehre. Als notwendige Konsequenz, bleibt ihm nichts weiter übrig, als in seinem Versuch der Begründung einer reinen Logik die gesprochene Lebendigkeit der Sprache zu opfern zugunsten einer abstrakten, allgemein gültigen Beschreibung.

Nach Husserl besagt nicht nur jeder Ausdruck etwas, sondern er bezieht sich auch auf irgendwelche Gegenstände. Hier wird also eine deutliche Trennlinie zwischen Bedeutung (Inhalt) und Gegenstand gezogen. Beide zusammen, die *Bedeutung* und der (gemeinte) *Gegenstand* bilden gemeinsam mit dem für die Soziologie noch viel wesentlicheren Akt der *Kundgabe* den Ausdruck.[94] So interessant die semiotischen Aspekte der Kommunikation auch sein mögen, so liegt es nicht in der Absicht der vorliegenden Arbeit im Zuge einer Diskussion von Zeichentheorien und ihrer Elementarteile auf diese Aspekte näher einzugehen. Denn schließlich gilt das Wort Ecos, dass nicht alle Kommunikationsphänomene mit den Kategorien der Linguistik erklärt werden können.[95] Interessant wird Husserls Sichtweise also dann, wenn man die Kommunikationsstruktur nicht mehr allein aus semiotischer Perspektive betrachtet, sondern ihr den Rang einer genuinen Kommunikationstheorie zu-

---

[92] Rombach (1977), S. 21.

[93] Husserl (1984) [HUA XIX/1], S. 302. Husserl verwendet auch den Begriff der *reinlogischen Grammatik*, da mit diesem Begriff (im Gegensatz zur *reinen Grammatik*) die reine Formenlehre der Bedeutungen das *gesamte* allgemein-grammatische Apriori umspannt sei; vgl. Husserl (1984) [HUA, XIX/1], S. 348 f.

[94] Husserl (1984) [HUA XIX/1], S. 56.

[95] Eco (1994), S. 197.

kommen lässt. Verweigert man sich also der »Selbstverkürzung«[96], die sowohl die Tiefenaspekte wie die Grunddimension der Kommunikation verkennt, indem man ausschließlich in semiotischer Manier im Kommunikationsakt einen Austausch von zweiwertigen Zeichen erkennt, (dessen beide Komponenten 1. Gegenstand – *Referent* in der Terminologie der modernen Linguistik – und 2. Bedeutung – Gedanke oder Bezug so die in diesem Zusammenhang eher schwierig zu verwendenden Termini aus der modernen Sprachwissenschaft – durch den für die Soziologie relevanten Teil, die Kundgabe, ergänzt wird), verweigert man sich also der Selbstverkürzung, Kommunikation nur auf Sprache zu reduzieren, dann rückt der von Husserl so unmissverständlich in den Vordergrund gestellte Aspekt der Kundgabe bzw. die von de Saussure so bezeichnete *parole* in den Blick. Damit wird ein ganz wesentlicher Aspekt der Kommunikation für die Untersuchung geöffnet, nämlich der Handlungsaspekt der Kommunikation. Denn – so die Begründung mit Strökers Worten – »[...] Sprechen ist durchaus nicht nur ›Ausdrücken‹ des Vorhandenen und Vorgefundenen; es ist vielmehr auch eine Form menschlichen Handelns.«[97] Zur Bedeutung der Kundgabe selbst und ihrer Wirkung (Sprechhandlung, Sprechakt) wurden schließlich während des 20. Jahrhunderts vermehrt von Sprachphilosophen und Soziologen Untersuchungen angestellt, die es weiter unten unter neuer Perspektive zu untersuchen gilt.

Der in der Phänomenologie so bedeutungsvoll gewordene Akt der Kundgabe gewann noch stärker Gewicht in der Kommunikationsanalyse durch die einflussreichen Arbeiten Jakobsons. Auch Jakobsons umfassende Theorie der Sprache stützt sich auf das einfache Sender-Empfänger-Modell der Kommunikation, wobei er dieses durch die von ihm vorgenommene Unterscheidung zwischen der Sprache des Alltags und der Sprache der Poesie verfeinert. Jakobson nimmt zuerst Bezug auf Bühlers bekanntes Organonmodell. Dieses stellt eine stärker differenzierte Version des einfachen Sender-Empfänger-Modells dar, bei dem allerdings die konkrete Sprechsituation der Kommunikation zentrales Element der Untersuchung bildet. Der Bezug auf den Sprechakt, den schon Husserl verstärkt beachtet wissen wollte, stellt in Bühlers Sprachtheorie den entscheidenden Schritt des Fortkommens des einfachen Modells dar. Denn wenn auch die ganze Strukturforschung der Linguisten abgelöst von den übrigen Konstituenten der Kommunikation als »in der Luft schwebende, deskriptive Grammatik« untersucht werden kann, so lassen sich genuine Erklärungen nur mittels einer Analyse des Sprechaktes gewinnen. In der Konsequenz sind sich Bühler und Husserl über den Charakter des Kommunizierens also einig: menschliches Sprechen *ist* eine Art, ein Modus des Handelns.[98] Bühlers Theorie ist im Rahmen der vorliegenden Arbeit auch deshalb interessant, da sie sich z. B. von den anderen seinerzeitigen Ansätzen

---

[96] Rombach (1977), S. 39.

[97] Ströker (1969), S. 121.

[98] Bühler (1933), S. 48.

Cassirers und Weisgerbers in einer soziologisch relevanten Weise unterscheidet. Während Cassirer das Sprachvermögen des Menschen überhaupt in seinem Wesen und seiner Leistung untersucht, spielt bei Weisgerber die Sprache als objektives Gebilde die zentrale Rolle. Demgegenüber konzentriert sich Bühler auf die Sprechhandlung, d. h. er geht von der konkreten mündlichen Äußerung aus. Bühler betrachtet die konkrete Sprechsituation nun aber nicht genetisch, sondern er stellt die Frage, was die kommunikative Äußerung in der konkreten Situation ihrer Objektivierung leistet. Indem er das Zeigfeld vom Symbolfeld unterscheidet[99], kann er zwei kontextbildende Dimensionen der Sprache für die Kommunikationssituation herausstellen. Unter dem Zeigfeld versteht Bühler die Aktualität der Sprechsituation: Ganz in cartesianischer Manier begreift er Sprecher wie Hörer eingebettet in den Dreiklang von »Ich-Hier-Jetzt«. Wenn eine Äußerung verstanden werden soll, muss sie in dreierlei Hinsichten – personal, räumlich, zeitlich – in die Situation eingebettet werden. Dies erfolgt durch die Bezugnahme mit Hilfe indexikalischer Ausdrücke, die ein Zeigfeld eröffnen. Diese indexikalische Ebene der Kommunikationssituation wird durch den sprachimmanenten Bedeutungskontext des Symbolfeldes ergänzt. Während das Zeigfeld auf einer gemeinsamen Sprechsituation beruht, beruht das Symbolfeld auf der gemeinsam geteilten Sprache und in der Folge davon auch auf einem intersubjektiven Wissen und einem lebensweltlichen Erfahrungshintergrund der Kommunikationsgemeinschaft. Die Sprache wird als symbolisches Medium zur Darstellung von lebensweltlich relevanten Sachverhalten benutzt, das in der Kommunikation als symbolisches Netz von kontextuellen Verknüpfungen eingesetzt wird.

Auf diese Weise stellt Bühlers Ansatz eine ideale Synthese der strukturalen und funktionalen Linguistik dar, mit dem er seiner Theorie des Sprach*systems* eine nicht minder grundlegende und notwendige Theorie der Sprach*kommunikation* an die Seite stellte.[100]

Bühlers an Plato[101] orientierter Entwurf stellt den dreifach instrumentalen Charakter der Sprache in den Vordergrund. Darin basiert eine konkrete Sprechsituation auf einem Dreifundamentenschema: zuerst ist da »der Sender als Täter der Tat des Sprechens, der Sender als *Subjekt* der Sprechhandlung, [… dann] der Empfänger als Angesprochener, der Empfänger als Adressat der Sprechhandlung« und drittens die Dinge als »Gegenstände und Sachverhalt« der Kommunikation.[102]

---

[99] Bühler (1933). Zum Zeigfeld vgl. dort Kapitel II sowie §26; zum Symbolfeld vgl. dort Kap III und VI (dort v. a. §§ 22 f. und 26).

[100] Doležel (1984), S. 206.

[101] Bühler (1933), S. 37 und 74, vgl. dazu Platos Kratylos, insbesondere 388 a ff.

[102] Bühler (1933), S. 80.

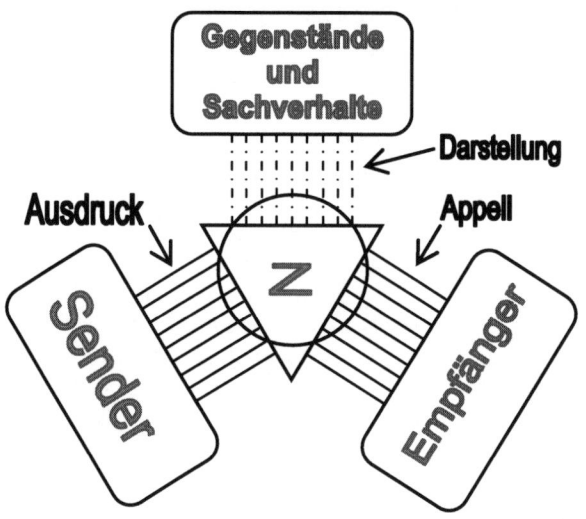

Organonmodell der Sprache nach Bühler

Bühlers Organonmodell unterscheidet analytisch drei Funktionen der Zeichenverwendung in einer konkreten Kommunikationssituation: erstens die deskriptive Funktion der Darstellung von Sachverhalten, zweitens die expressive Funktion des Kundgebens und drittens die appellative Funktion, mit der Aufforderungen an den Kommunikationspartner gerichtet werden. Von einer ähnlichen Dreiheit war schon bei Husserls Verständnis des Ausdrucks die Rede. Hinzukommt der offenkundig intentionale Charakter von Kommunikation zwischen zwei Subjekten zur Übertragung von Information in diesem Kommunikationsmodell. Die drei Funktionen treten nie isoliert und unabhängig voneinander auf, sondern wirken in ihrem Zusammenspiel. Doch ob die eine oder die andere Funktion in der konkreten Kommunikationssituation den Hauptakzent trägt, hängt davon ab, welches der drei variablen Momente – entweder Sender oder Empfänger oder die Dinge – gerade im Zentrum steht.

Auf Bühlers Idee von Kommunikation fußt also Jakobsons Modell.[103] Jakobson erweitert es dahingehend, dass er das sich in der Poesie verselbständigende Medium der Sprache integriert und noch weiteren Elementen der Kommunikation Profil gibt. Während Bühler den Akzent auf die Funktions-

---

[103] Doležel (1984), S. 208.

45

betrachtung der Kommunikation legt und damit eigentlich nur außersprachliche Funktionen betrachtet, bringt Jakobsons Erweiterung auch innersprachliche Funktionen zur Geltung, die an konstitutive Elemente der Kommunikation gebunden sind und so die Möglichkeit zur stofflichen Analyse von Kommunikation eröffnen. Jakobson gliedert den kommunikativen Akt in sechs Elemente, denen je eine besondere Funktion der Sprache korrespondiert:[104]
»Der *Sender* schickt eine *Nachricht* an den *Empfänger*. Um wirksam zu werden, bedarf die *Nachricht* eines *Kontextes*, auf den sie bezogen ist [...], der vom Empfänger erfasst werden kann, der wirklich oder zumindest der Möglichkeit nach in Sprache umsetzbar sein muss; dann bedarf es eines *Kode* [sic!], der ganz oder zumindest teilweise Sender und Empfänger gemein ist (oder mit anderen Worten dem Kodierer und dem Dekodierer der *Nachricht*), und endlich eines *Kontaktmediums*, eines physischen Kanals oder einer psychologischen Verbindung zwischen Sender und Empfänger, die es beiden ermöglicht, in Kommunikation zu treten und zu bleiben.«[105]

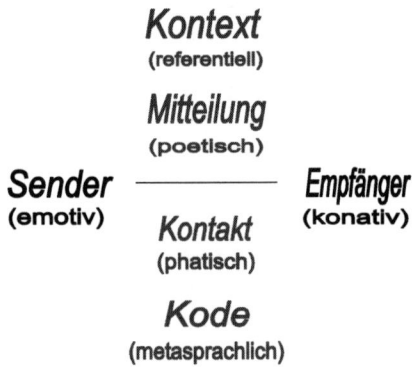

Jakobsons Kommunikationsmodell

Diese von Jakobson entworfenen sechs notwendigen Elemente der Kommunikation entsprechen den sechs Funktionen, wie sie im obigen Schema verzeichnet sind. Normalerweise treten sie wie in Bühlers Modell nicht singulär auf, sondern im Zusammenspiel. Ebenso wird die Struktur der Kommunikation durch die jeweils dominierende Funktion bestimmt.

Bezieht man die Untersuchung außereuropäischer Sprache mit ein, wie dies zum Beispiel Hymes in seiner Ethnographie der Kommunikation unternimmt, so fällt ebenfalls das aus dem einfachen Kommunikationsmodell bekannte, typische Muster ins Auge. Auch Hymes' Analyse außereuropäischer Kommunikationssituationen verlässt sich auf die Existenz eines Senders bzw. eines Anredenden, eines Empfängers bzw. eines Angesprochenen und einer

---

[104] Holenstein (1975), S. 158.
[105] Jakobson (1972), S. 121.

Mitteilung in einer bestimmten Form. Hymes ergänzt noch die Notwendigkeit der Einbeziehung des Übertragungskanals für die Mitteilung, den benutzten Kode, den Gegenstand der Mitteilung sowie die gesamte Szene oder Situation, in der die Kommunikation stattfindet. Die Analyse dieser sieben Komponenten ist nach Hymes die Aufgabe der Ethnographie der Kommunikation.[106]

Ganz gleich also, welche Elemente von den prominenten (hier aufgeführten) Autoren Bühlers Kommunikationsmodell hinzugefügt wurden – eines wird klar: der Primat des triadischen Prinzips blieb in der Regel unangetastet. Von der Antike bis in die Moderne wurde zur Strukturbeschreibung von Kommunikation nie auf diese *conditio sine qua non* verzichtet: Kommunikation bedarf ihrem Wesen nach eines Kommunikationspartners, der mit »kommunikativer Absicht«[107] eine Information an einen anderen weitergibt.

Interpretation von Gesten und fremdgesetzten Zeichen

Die Kommunikationstheorie von Mead erlangte im Rahmen der Interpretation von Gesten und Zeichen besondere Aufmerksamkeit, da mit ihr die Evolution eines sozialpsychologisch inspirierten Gesellschaftsmodells verbunden war. Wenngleich auch diese eigentliche Leistung des Meadschen Ansatzes profunde Rezeption in Philosophie, Psychologie und Soziologie ausgelöst hatte[108], legt die vorliegende Arbeit ihr Interesse auf die Analyse seiner Kommunikationstheorie und der Sprache. Damit soll allerdings nicht einer Reduktion von Meads Gesellschaftsbegriff auf Kommunikationsprozesse das Wort geredet werden. Schließlich ist der *social act* für Meads Denken von fundamentaler Bedeutung und dient ihm als Begründung seiner Sozialphilosophie bzw. seiner Sozialpsychologie: »Der Mechanismus der menschlichen Gesellschaft besteht darin, dass leibliche Individuen sich [...] bei ihren kooperativen Handlungen gegenseitig unterstützen oder stören.«[109] Nicht der

---

[106] Hymes (1979), S. 49.

[107] Giddens (1984), S. 105.

[108] Eine Synopse der unterschiedlichen Rezeptionen im Behaviorismus, Symbolischen Interaktionismus, der Phänomenologie, der Theologie, der Metaphysik und des Pragmatismus liefert Joas (1989), S. 11 ff.

[109] Mead (1987), Bd. 2, S. 218. Noch deutlicher findet sich dies in seinem *eigentlichen* Hauptwerk Geist, Identität und Gesellschaft, vgl. Mead (1995), S. 45: »Die Sozialpsychologie untersucht Tätigkeiten oder das Verhalten des Individuums, so wie es in den gesellschaftlichen Prozess eingebettet ist; das Verhalten eines Individuums kann nur in Verbindung mit dem Verhalten der ganzen gesellschaftlichen Gruppe verstanden werden, dessen Mitglied es ist, [...]. In der Sozialpsychologie konstruieren wir nicht das Verhalten der gesellschaftlichen Gruppe im Hinblick auf das Verhalten der einzelnen Wesen, die diese Gruppe bilden. Vielmehr gehen wir von einem gesellschaftlichen Ganzen, einer komplexen Gruppenaktivität aus, innerhalb derer wir (als einzelne Elemente) das Verhalten jedes einzelnen Individuums analysieren. [...] Für die Sozialpsychologie ist das Ganze (die Gesellschaft) wichtiger als der Teil (das Individuum), nicht der Teil wichtiger als das Ganze; der Teil wird im Hinblick auf das Ganze, nicht das Ganze im Hinblick auf den Teil oder die Teile erklärt.«

singuläre Organismus, nicht also das monadische Individuum, das soziale Beziehungen eingeht und erst gemeinsam geteilte Normen konstituiert, bildet für Mead den Ausgangspunkt seiner Theorien, sondern das – ganz in Webers Sinne – aufeinander bezogene Handeln, das soziale Handeln von vergesellschafteten Individuen. Für die Kommunikationstheorie Meads folgt daraus, dass im kommunikativen Prozess dem Ich immer ein Anderer gegenübersteht: ohne den Anderen kann Bedeutung nicht entstehen, ohne den Anderen kann der Austausch signifikanter Gesten nicht erfolgen, ohne den Anderen kann Kommunikation nicht geschehen.

Mead legt mittels einer anthropologisch fundierten Theorie des Ursprungs menschlicher Kommunikation den Mechanismus offen, der zeigt, wie individuelles, aber nicht von der Natur fixiertes Verhalten ausdifferenziert und über wechselseitige Verhaltenserwartungen zu einer Gruppenaktivität integriert werden kann. Meads Kommunikationstheorie bezieht sich nicht auf Akte der Verständigung allein, sondern auch auf kommunikatives Handeln. Insofern sind für Mead sprachliche Symbole dann von Interesse, wenn sie Interaktionen, Verhaltensweisen und Handlungen mehrerer Individuen vermitteln und die Sprache in diesem Zusammenhang über ihre Funktion der Verständigung hinaus einen koordinierenden Einfluss ausübt. Mead spricht hier von einer notwendigen »perfekten Abstimmung« oder von »wechselseitiger bzw. gegenseitiger Anpassung«[110] des Auslösereizes einer Handlung eines Individuums an die Reaktion eines anderen Individuums.[111] Man könnte sogar behaupten, dass Mead sprachliche Kommunikation fast nur aus dem Blickwinkel sozialer Integration und Sozialisation behandelt zu Lasten der Verständigungsleistung und der internen Struktur der Sprache.[112] Am deutlichsten tritt die für die Koordination notwendige Abstimmungs- oder Anpassungsleistung in der Sinnkonstitution der vokalen Geste zwischen zwei Individuen hervor. Mead weist unentwegt darauf hin, dass im Gegensatz zu nichtverbalen Gesten wie etwa Winken oder Augenzwinkern das Individuum bei der vokalen Geste den von ihm selbst ausgelösten Reiz in der gleichen Art hört wie der Adressat. Noch mehr: Vokale Gesten bzw. Sprache muss man selbst verstehen, sie muss einen selbst ebenso beeinflussen wie andere. Ein entscheidender Faktor für das Glücken dieser Operation liegt in dem, was Mead unter der Fähigkeit des Menschen zur Rollenübernahme des anderen versteht.

Verantwortlich für das Verstehen vokaler Gesten ist das Sinnverstehen. Zugrundeliegt dem Verstehen eine gegenseitige Anpassung der Handlungen zweier Individuen innerhalb des menschlich-gesellschaftlichen Prozesses, sie wird durch Kommunikation bewerkstelligt. Der zentrale Faktor Sinn dieser kommunikativen Anpassungsprozesse liegt im Bereich der Relation zwischen

---

[110] Mead (1987), S. 210 ff. oder Mead (1995), S. 114 f.

[111] Ähnlich auch Merleau-Ponty (1974), S. 219: »Die Kommunikation, das Verstehen von Gesten, gründet sich auf die wechselseitige Entsprechung meiner Intentionen und der Gebärden des Anderen, meiner Gebärden und der im Verhalten des Anderen sich bekundenden Intentionen.«

[112] Habermas (1995), Bd. 2, S. 14.

der Geste des aussendenden Individuums und dem darauf folgenden Verhalten des empfangenden Individuums. Wenn eine Geste einem anderen Individuum das anschließende (oder daraus resultierende) Verhalten des jeweiligen Individuums anzeigt, hat sie einen Sinn, so Mead. Die Beziehung zwischen einem gegebenen Reiz – als einer Geste – und den späteren Phasen der sozialen Handlung ist der Bereich, in dem Sinn oder Bedeutung entsteht und existiert. Die dreiseitige Beziehung zwischen Geste und dem sie aussendenden Individuum, Geste und dem empfangenden Individuum sowie Geste und den sich anschließenden Phasen der jeweiligen sozialen Handlungen macht die Substanz aus, aus der sich Sinn entwickelt. Auf der Stufe des Bewusstseins wird eine solche Geste zum Symbol, zum signifikanten Symbol. Sinn kann durch Symbole oder Sprache beschreiben werden, doch greift die Sprache aus dem sozialen Koordinierungsprozess nur eine bereits implizit vorhandene Situation heraus. Bei der Sinnbildung handelt es sich also um einen hochgradig sozialen Prozess wechselseitiger Abstimmung und Koordination ausgetauschter Gesten, »in dem die Kommunikation die Hauptrolle spielt«.[113]

Die koordinierende Funktion der Sprache beschränkt sich jedoch nicht allein auf die Sinnkonstitution und Sinnbildung. Aus dem erfolgreichen Sinnbildungsprozess leitet sich die Orientierung für darauf folgendes Handeln ab. Denn erst mit der durch symbolverwendende Sprache vermittelten Sinnhaftigkeit der Sozialwelt und dem symbolbasierten Denken ist Handeln projektierbar, ist das »Individuum [...] in der Lage, sein späteres Verhalten zu lenken.«[114] Damit wird aus der symbolisch vermittelten Sinnbildung ein Kommunikationsprozess, der eine wesentliche Rolle für die Autopoiesis des Sozialen spielt. Im Rahmen dieses Prozesses entstehen Erwartungsstrukturen auf überindividueller Ebene, die für das soziale Handeln auf individueller Ebene einen Orientierungsrahmen bilden und das Handeln und das daraus emergierende soziale Dritte auf diese Weise (vor-)strukturieren.

Im Zuge dieser exponierten Stellung der koordinierenden Funktion der Sprache für das Handeln wie für die Kommunikation kann nicht übersehen werden, dass aufgrund der sozialen Gebundenheit der Sinnkonstitution für den Abstimmungsprozess wesentlich zwei miteinander kommunizierende Individuen, die intentional miteinander Informationen austauschen, notwendig sind.[115]

Nicht weniger bedeutend für den Mechanismus der Interpretation von fremdgesetzten Zeichen ist die von Schütz begründete soziologische Phänomenologie. Schütz geht davon aus, dass der subjektive Sinn eines Anderen, der sich beispielsweise in von ihm gesetzten Zeichen verbalsprachlicher oder nicht-verbalsprachlicher Art manifestiert, für einen selbst nicht direkt zugänglich ist: Die bewusstseinsphilosophische Tradition geht davon aus, dass die Bewusstseinsströme der Individuen originär voneinander getrennt sind.

---

[113] Mead (1995), S. 119.

[114] Mead (1995), S. 113. Ähnlich auch Mead (1987), S. 217.

[115] Mead (1995), S. 300, et passim.

Eine Verbindung zwischen einem Augenblick meiner inneren Zeit und einem Augenblick der inneren Zeit des Bewusstseins eines Anderen ist weder in Gleichzeitigkeit noch in zeitlicher Folge denkbar, so Schütz.[116] Dennoch gibt es Wege zwei Bewusstseinsströme aufeinander abzustimmen, sie gewissermaßen zu synchronisieren – nämlich durch Kommunikation.

Jede Theorie des Fremdverstehens[117] geht unweigerlich von zwei Bewusstseinen aus, die je eigene, für den anderen zunächst nicht zugängliche Bewusstseinserlebnisse besitzen: Dasjenige Bewusstsein, das z. B. mittels Zeichen oder Sprache subjektiven Sinn setzt und dasjenige Bewusstsein, das diesen für ihn fremden Sinn zu verstehen sucht. Genauso setzt jede Kommunikation zuerst Sprecher und Hörer voraus, einen Kommunikator und einen Adressaten.[118] Im Beispiel der Musik spielt sich der Kommunikationsprozess zwischen Komponist und Zuhörer vermittelt über das Medium der Aufführung des vom Komponisten erzeugten Werks.[119] Zudem ist jede sprachliche Kommunikation in die Struktur der physikalischen Zeit eingebettet, Kommunikation stellt einen zeitlichen Vorgang dar. Der Redefluss setzt sich zusammen aus nacheinander verlautbarten Worten, die Stück für Stück zu einem Satz zusammenwachsen, im Lauf der Zeit zu mehreren Sätzen zusammengefügt werden und so die Rede (im Sinne von Saussures *parole*) ergeben. Dabei treten die verlautbarten Bewusstseinserlebnisse (*cogitationes*) des Sprechenden mit der Erzeugung der Laute, als einem Ereignis in der Außenwelt, gleichzeitig auf. Auch das Hören der vom Sprecher geäußerten Laute ist mit den Bewusstseinserlebnissen (*cogitationes*), in denen der Hörer den Sinn der Rede erfasst, gleichzeitig. Die in der Rede ablaufende Kommunikation ist daher als intersubjektiver Zeitvorgang zu werten, denn »zwei Abläufe der inneren Zeit, nämlich der des Sprechenden und der des Zuhörenden, werden aufeinander und zugleich auf ein Ereignis in der Weltzeit abgestimmt.«[120] Dieser Vorgang des »wechselseitigen Sich-aufeinander-einstimmens«, auf dem allein alle Kommunikation gründet, macht für das »Ich« und das »Du«, die an einer solchen Beziehung teilhaben, das »Wir« in lebendiger Gegenwart erlebbar und betont gerade die soziale Komponente von Kommunikati-

---

[116] Schütz (1971b), S. 209.

[117] Schütz (1993), Dritter Abschnitt: *Grundzüge einer Theorie des Fremdverstehens*, S. 137 ff.

[118] Schütz (1971b), S. 371 f. bzw. Schütz (1972), S. 149.

[119] Schütz (1972), S. 129.

[120] Schütz (1971b), S. 374. Schütz nennt als weitere Beispiele dieser Art von Synchronisation zweier Bewusstseinsströme die gemeinsame Teilhabe am Fluss des musikalischen Inhalts (vgl. Schütz 1972, S. 145), den gemeinsamen Tanz, den Liebesakt oder aber auch das gemeinsame Betrachten eines vorbeifliegenden Vogels oder eines vor zwei Betrachtern stehenden Tischs (Schütz 1993, S. 228 bzw. 237); vgl. ebenso Schütz' Aufzeichnungen in seinen *Notizbüchern*, S. 3064, in: Schütz/Luckmann (1994), Bd. II, S. 328).
In gleicher Weise beschreibt Schütz das Phänomen des Zugangs zu fremdem Bewusstsein mittels Kommunikation in seiner Beantwortung der Diskussionsbemerkungen in der Tagung in Royaumont vom 28. April 1957. Nach (gewiss mehr als) »fünfundzwanzigjährigem Studium« können diese Äußerungen Schütz' als gefestigte Argumentation seiner Theorie gewertet werden; vgl. Schütz (1971b), S. 121 ff, insbesondere S. 123.

on.[121] Diese Synchronisation zweier Bewusstseinsströme, das wechselseitige Sich-aufeinander-Einstimmen zwischen Kommunikator und Adressaten der Kommunikation wird in besonders guter Weise durch verbale Kommunikation hergestellt: Der Gebrauch von Zeichen im Kommunikationsprozess ermöglicht einen Zugang zu den Bewusstseinserlebnissen des Anderen und – unter Umständen – sogar das Erleben seines Bewusstseinsstroms in Gleichzeitigkeit, in strenger Simultaneität mit dem eigenen: »[...] jeder teilt unmittelbar in lebendiger Gegenwart den Bewusstseinsstrom des anderen.«[122] Nichtsdestotrotz: ein Teil der Bewusstseinserlebnisse des Anderen bleibt mir ein Geheimnis, d. h. eine Region des fremden Privatlebens bleibt unzugänglich, so dass das Gelingen von Kommunikation kein erwartbarer Automatismus ist.[123]

Kommunikation allerdings ist auch in der Lage, Orientierungslinien für künftiges Handeln bereitzustellen:

»Die Sprache leistet [...], durch die Objektivierungen von Subjektivem und durch die Vergegenwärtigung von Nichtvorhandenem und Zukünftigem, einen [...] Beitrag zur Wahl zwischen Entwürfen [von Handlungen].«[124]

So wie dies für die Sprache gilt, hat dies auch Geltung für die Kommunikation *per se*: Kommunikation leistet einen wesentlichen Beitrag zur Selbstorganisation des Sozialen, denn die sich herausbildenden Erwartungsstrukturen schaffen Orientierungsleitlinien für nachfolgende Anschlusshandlungen.

Aus der sozialphänomenologischen Kommunikationsanalyse leiten sich wesentliche Implikationen für die Betrachtung des Schenkens ab, die weiter unten herausgearbeitet werden; vorab kann bereits als ihr wichtigstes Element die dreigliedrige Grundstruktur von intentionaler Mitteilung, Sprecher als sinnsetzendem Bewusstsein und Hörer als fremdverstehendem Bewusstsein festgehalten werden.

Kommunikation als Handeln

Zu Beginn wurde für die Bestimmung des Begriffs Kommunikation schon Meggles Anschauung zitiert, dass kommunizieren handeln bedeutet[125]: auch Bühler war der Überzeugung, dass der Kommunikationsprozess als Form des sprachlichen Handelns in der gemeinsamen Sprechsituation des Zeigfelds verstanden werden kann. Auch die soziologische Phänomenologie des frühen

---

[121] Schütz (1972), S. 132.

[122] Schütz (1972), S. 148.

[123] Vgl. Schütz' Aufzeichnungen in seinen *Notizbüchern*, S. 3068, in: Schütz/Luckmann (1994), Bd. II, S. 330.

[124] Schütz/Luckmann (1994), Bd. II, S. 68.

[125] Stärker auf Sprache als auf Kommunikation bezogen formuliert Searle, »dass eine Sprache sprechen eine regelgeleitete Form des Verhaltens darstellt. [...] Sprechen bedeutet, in Übereinstimmung mit Regeln Akte zu vollziehen.«; vgl. Searle (1994), S. 38.

Schütz geht davon aus, dass Sprechen in gewisser Beziehung auch Handeln sein kann. Denn die Sprache ist in der Lebensform des redenden Ich »[...] nicht nur ein intersubjektives Symbolisierungssystem, sondern auch ein Bestandteil des Motivations- und Handlungszusammenhanges der in der Du-Einstellung Involvierten.«[126] Schließlich soll durch Mitteilungen des einen nicht nur bloßes Verstehen beim anderen bewirkt, sondern bei diesem auch eine bestimmte Wirkung bzw. Reaktion ausgelöst werden.[127] Sprechen wird vom späten Schütz als Wirken bezeichnet, durch das man sich in die Außenwelt einschalten kann.[128] Da auch in diesem Fall soziales Handeln dem Wirken gleichzusetzen ist, kann eine im Sprechen verfasste Handlung als Wirken gelten. Prominent geworden ist die Erkenntnis, dass verbales Kommunizieren dem Handeln gleichzusetzen ist, allerdings durch die traditionelle Sprechakttheorie von Austin und Searle.

Die kleinste Einheit des sprachlichen Handelns stellt für die Sprechakttheorie, wie sie von Austin und Searle entwickelt wurde, der einzelne Sprechakt selbst dar, also eine in kommunikativen Zusammenhängen von einem Sprecher gegenüber einem Hörer vorgebrachte Äußerung: der Fokus verschiebt sich damit von einzelnen Wörtern oder Sätzen[129] als den Grundelementen menschlicher Kommunikation hin zu bestimmten Sprechhandlungen, die durch ihre Äußerung vollzogen werden, so genannte illokutive Akte oder Sprechakte im engeren Sinne. In dieser Hinsicht ist es durchaus gerechtfertigt, die Sprechakttheorie als Teil einer umfassenden pragmatischen Handlungstheorie zu bezeichnen.

Searle unterscheidet Referenz und Prädikation von vollständigen Sprechakten wie Behaupten, Fragen, Befehlen. Die Rechtfertigung für diese Unterscheidung zieht Searle aus der Tatsache, dass die gleiche Referenz und die gleiche Prädikation beim Vollzug verschiedener vollständiger Sprechakte vorkommen können.[130] Auch wenn Searle die Unterscheidung von Austin zwischen lokutionären und illokutionären Akten nicht akzeptiert, so übernimmt er dennoch den Terminus »illokutionäre Akte« zur Bezeichnung dieser Art der Sprechakte. Bei der Charakterisierung der Äußerung eines Sprechers vollzieht dieser in der Regel mindestens drei verschiedene Arten von Akten, die Searle unter dem Oberbegriff des Sprechaktes zusammenfasst. Entscheidend ist, dass dies keine isolierten Akte sind, sondern dass es für den Vollzug eines illokutionären Aktes charakteristisch ist, dass man *gleichzeitig* auch propositionale und Äußerungsakte vollzieht. Zuerst kommt es zu einer Äußerung von Wörtern (Morphemen, Sätzen), womit der Vollzug von Äuße-

---

[126] Srubar (1988), S. 77.

[127] Schütz (1981), S. 261.

[128] Vgl. dazu Schütz (1993), S. 115 ff., Schütz (1971b), S. 77 ff., insbes. S. 80 ff.

[129] »Für die meisten Ziele, die in der Sprachwissenschaft verfolgt werden, ist es natürlich gar nicht notwendig, überhaupt von Akten zu sprechen. Man braucht nur Phoneme, Morpheme, Sätze usw. zu untersuchen.«; vgl. Searle (1994), S. 42.

[130] Searle (1994), S. 39.

rungsakten vonstattengeht. Solche Äußerungsakte bestehen einfach in der Äußerung von Wortreihen. Der nächste Akt ist der Akt der Referenz und Prädikation, womit eine Bezugnahme auf die Welt gemacht und eine Aussage über die Welt getroffen wird. Dieser Akt heißt der Vollzug propositionaler Akte. Schließlich kommt es zum Behaupten, Fragen, Befehlen usw., wodurch illokutionäre Akte vollzogen werden. Illokutionäre und propositionale Akte zeichnen sich dadurch aus, dass Wörter im Satzzusammenhang in bestimmten Kontexten, unter bestimmten Bedingungen und mit bestimmten Intentionen geäußert werden. Searle fügt dem Dreiklang der Akte, die er unter Sprechakten zusammenfasst, Austins Begriff des perlokutionären Aktes hinzu. Denn mit dem illokutionären Akt sind schließlich die Konsequenzen oder Wirkungen verbunden, die solche Akte auf die Handlungen, Gedanken, Anschauungen usw. des Hörers haben. Der perlokutionäre Akt mit performativen Verben wie »ich taufe«, »ich vermache« oder »ich wette« bildet für Austin den Ausgangspunkt für die Sprechaktanalyse, denn:

»Jeder würde sagen, dass ich mit diesen Äußerungen etwas Bestimmtes tue (natürlich nur unter passenden Umständen); dabei ist klar, dass ich mit ihnen nicht beschreibe, was ich tue, oder feststelle, dass ich es tue; den Satz äußern heißt: es tun.«[131]

Der Zusammenhang zwischen dem kommunikativen Akt und dem menschlichen Handeln geht aus dieser kurzen Darstellung klar hervor: in der sozialen Welt bedeutet kommunizieren handeln.

Was aber im vorliegenden Zusammenhang mindestens genauso wichtig ist, ist die Tatsache, dass auch die Sprechakttheorie ganz fundamental auf dem Sprecher-Hörer-Modell der Kommunikation aufbaut.[132] Damit ein Sprechakt glückt, oder in der Formulierung Austins, damit eine performative Äußerung glatt und »glücklich« läuft,[133] muss – neben einer bestimmten akzeptablen Situation, einem geregelten Verfahrensablauf und weiteren Regeln – zusätzlich zum Sprecher im Sprechakt auch ein Hörer vorhanden sein, dem man z. B. ein Versprechen geben, dem gegenüber man eine Namensgebung vollziehen, eine Vererbung oder eine Wette machen kann. Wenngleich auch Austin in dieser Hinsicht nicht so ausdrücklich wie Searle ist, so zählt doch auch bei seinem Entwurf der Sprechakttheorie das Sprecher-Hörer-Modell zur unabdingbaren Voraussetzung seiner Theorie.

Ein weiterer hier relevanter Ansatz zum Verhältnis von Kommunikation und Handeln stammt von Habermas, der sich kritisch auf Erkenntnisse der Sprechakttheorie beruft, um seine soziologische Handlungstheorie unter dem Titel »Theorie des kommunikativen Handelns« zu entwerfen. Austins Theorieentwurf klassifiziert Sprechakte, indem die illokutionären Akte anhand performativer Verben geordnet und fünf Typen (*verdictives, exercitives,*

---

[131] Austin (1994), S. 29.
Bolz (1998), S. 117 geht noch weiter: Auch »Lügen ist ein Sprechakt«.
[132] Searle (1994), S. 38.
[133] Austin (1994), S. 37.

commissives, behabitives und *expositives*) unterschieden werden. Searle unternimmt diesbezüglich eine Profilschärfung, indem er sich auf die illokutionären Absichten und Ziele konzentriert, die der Sprecher mit den unterschiedlichen Typen von Sprechhandlungen verfolgt: Searle unterscheidet demnach zwischen konstativen, kommissiven, direktiven, deklarativen und expressiven Sprechhandlungen. Demgegenüber unterscheidet Habermas in seiner Theorie des kommunikativen Handelns Sprechakte nach ihrem regulativen, expressiven und konstativen (und operativen) Gehalt.[134] Generell versteht Habermas unter kommunikativem Handeln eine eigene Form sozialen Handelns: es ist von seiner immanenten Rationalitätslogik her strikt vom teleologischen, strategischen, normenregulierten und dramaturgischen Handeln zu unterscheiden. Beim kommunikativen Handeln geht es Habermas um die Interaktion von *mindestens zwei sprach- und handlungsfähigen Subjekten* mittels kommunikativer Medien[135]. In der Terminologie der bisher vorgestellten Kommunikationstheorien handelt es sich also um Sprecher und Hörer, zwischen denen es zu einer kommunikativen Interaktion kommt. Die eingangs gestellte Frage nach der Herkunft der sozialen Bindekraft, nach dem Mechanismus der Sozialität, würden Austin/Searle und Habermas ganz im Sinne des kommunikativen Paradigmas, wonach das Wesen des Sozialen in der Kommunikation liegt, wohl gleich beantworten: sie ist in der illokutionären Bindekraft der Sprechakte zu verorten.

Zusammenfassung zum herkömmlichen Wesen von Kommunikation

Traditionelle Kommunikationstheorien gehen prinzipiell vom Sprecher-Hörer-Modell der Kommunikation aus, wobei intentional eine Information von einer Person an die andere weitergegeben wird. Diese Struktur der Kommunikation als Handeln findet sich im Schenken (Handschenkung) wieder: eine Person gibt einer anderen Person ein Geschenk.

Eine Abkehr von dieser traditionellen Struktur der Kommunikation findet sich bei einem anderen Theorieansatz der Kommunikation, nämlich in Luhmanns systemtheoretischer Gesellschaftstheorie. Sicher bestehen daneben noch weitere Ansätze, die sich vom simplen Sender-Empfänger-Modell bzw. Sprecher-Hörer-Modell lösen. Watzlawick wählt von den drei Komponenten Syntaktik, Semantik und Pragmatik als sein Hauptinteresse bei der Beobachtung der menschlichen Kommunikation den pragmatischen Aspekt heraus. Er will so nicht nur Worte, ihre Konfigurationen und ihre Bedeutungen (also die Daten der Syntaktik und Semantik) analysieren, sondern auch alle nichtverbalen Begleiterscheinungen der menschlichen Kommunikation und die Umwelt jeder Kommunikation als die die kommunikativen Abläufe mitbestimmende Rolle des Kontexts. Da er sich ganz im Sinne der Pragmatik nicht nur

---

[134] Habermas (1995), Bd. 1, S. 427 ff.
[135] Habermas (1995), Bd. 1, S. 126 ff.

mit der Wirkung einer Kommunikationshandlung auf den Empfänger dieser Handlung beschäftigen möchte, sondern die damit untrennbar verbundene Wirkung der Reaktion des Empfängers auf den Sender berücksichtigen will, nimmt er eine Akzentverschiebung vor, indem er der traditionellen Sender-Empfänger-Relation weniger Bedeutung zumisst, »sondern vielmehr die zwischenmenschliche *Sender-Empfänger-Beziehung auf der Basis der Kommunikation*« zu seinem Anliegen macht.[136] Ganz ähnlich wie sich Watzlawick auf das Zwischenfeld zwischen Sender und Empfänger konzentrieren möchte, das er als kommunikativ konstituiert betrachtet,[137] unternimmt auch Bernhard Waldenfels eine Abkehr vom tradierten Sprecher-Hörer-Modell der Kommunikation. Schließlich ist (gerade) die (soziologische) Phänomenologie der Überzeugung, dass Kommunikation mehr bedeutet als die Weitergabe und den Austausch von Vorstellungen, Informationen, Absichten usw. zwischen Sprecher und Hörer: nämlich gemeinsame Sinnbildung. Gemeinsame Sinnbildung findet nach Waldenfels »zwischen den Zeilen« statt. Dazu ist es notwendig, dass nicht nur kommunikative Einzelakte durch Zeichen *hindurchgehen*. Da Kommunikation notwendig an Zeichen gebunden ist, ist es vielmehr erforderlich, dass sich Kommunikation als ein Geflecht von Akten in der Sphäre der Zeichen *aufhält*, und eben darin ihre Produktivität entfaltet.[138]

Im Folgenden muss jedoch von einer weiteren Diskussion jener alternativen Kommunikationsansätze abgesehen und soll vielmehr auf jenen Kommunikationsbegriff eingegangen werden, der dem herkömmlichen Kommunikationsmodell an die Seite gestellt wird.[139] Gemeint ist hier Luhmanns Kommunikationsverständnis, welches nicht mit dem Aspekt der Reduplizierung des Sinns im anderen Bewusstsein operiert, sondern Kommunikation als autopoietisches, sinnerzeugendes System begreift, das die Gesellschaft reproduziert, indem es permanent Anschlüsse für weitere Kommunikation produziert. In dieser Hinsicht unterscheidet sich Luhmanns Verständnis nicht allzu sehr von »alteuropäischen« Konzepten der Sprachsoziologie und -philosophie.[140] Allerdings weist sein Kommunikationskonzept auch in wesentlichen Aspekten innovatives Potenzial auf.

---

[136] Watzlawick, et. al. (1990), S. 23.

[137] Vgl. Watzlawick, et. al. (1990), S. 239: »In diesem Buch haben wir Individuen in ihrem gesellschaftlichen Nexus – in ihren zwischenpersönlichen Beziehungen – betrachtet und gesehen, dass das Medium dieser Beziehungen die Kommunikation ist«.

[138] Waldenfels (1980), S. 163.

[139] Luhmann (1995), S. 113.

[140] Srubar (2005), S. 604 f.

3. 3. Charakteristik der Kommunikation II: Luhmanns Alternative

»Mit Kommunikation ist [...] ein jeweils historisch-konkret ablaufendes, also kontextabhängiges Geschehen gemeint – und nicht eine bloße Anwendung von Regeln richtigen Sprechens.«[141] Dieses einleitende Zitat belegt Luhmanns gänzlich anderes Verständnis von Kommunikation gegenüber dem herkömmlichen. Sein Kommunikationsverständnis herauszustellen begegnet der Schwierigkeit, dass der Begriff Kommunikation so tief in sein systemtheoretisches Terminologieinventar eingewoben ist, dass eine analytische Begriffsuntersuchung einiger Bereiche der Theorie ausgeblendet bleiben muss oder nur angedeutet werden kann. Angestrebt wird von Vornherein nicht eine Rekonstruktion von Luhmanns Theorie, sondern die Klärung des Begriffs der Kommunikation zur Rechtfertigung, Schenken auch mit seinem Kommunikationsverständnis als Kommunikation zu betrachten. Dennoch erfordert Luhmanns Theorieansatz gerade wegen seines hohen Komplexitäts- und Abstraktionsgrads einige einleitende Erläuterungen gewissermaßen zur Ortsbestimmung seines Kommunikationsbegriffs. Luhmann selbst bezeichnet genau dieses Dilemma als ein »Problem beim Schreiben von Büchern und eine Zumutung für den Leser«[142].

Bekanntlich bildet die allgemeine Systemtheorie den Ausgangspunkt für Luhmanns Theorie der Gesellschaft, mithilfe er das zu beschreiben sucht, was man gemeinhin als »das Soziale« bezeichnet. Im sozialen System wiederum unterscheidet Luhmann drei Bereiche, nämlich Interaktion, Organisation und Gesellschaft. Alle drei Bereiche bilden für ihn soziale Systeme.[143] Allein, die drei sozialen Systeme bestehen nicht nebeneinander, sondern das System Gesellschaft stellt dasjenige System dar, das alle anderen sozialen Systeme in sich einschließt.[144] Zur Klärung des Begriffs System bringt Luhmann drei Bestimmungselemente ins Spiel: Selbstreferenzialität, Autopoiesis und operative Schließung. Selbstreferenzialität meint, dass sich die Elemente eines Systems auch auf die (temporal) vorangegangenen Elemente beziehen und auf mögliche weitere Elemente verweisen. Jedes Element muss diese basale Selbstreferenz mitführen, indem es permanent auf den Zusammenhang seines eigenen Vorkommens Bezug nimmt.[145] Im Falle verbaler Kommunikation beispielsweise bezieht sich das Gesprochene stets auf das in der Konversation vorausgegangene Gesprochene und eröffnet einen Horizont für potentiell weiteres Gesprochenes. Ein Konversationsakt knüpft an den anderen an; fremde Konversationsakte von außen lassen sich nicht einbinden. Dies heißt

---

[141] Luhmann (1998), S. 70.
[142] Luhmann (1994), S. 13.
[143] Luhmann (1994), S. 16.
[144] Luhmann (1998), S. 78.
[145] Luhmann (1994), S. 199.

allerdings nicht, dass man nur über sich selbst redet, denn schließlich kann die Umwelt des Systems durchaus thematisiert werden. In anderen Worten: Einzelne Konversationsakte müssen selbstreferenziell aufeinander bezogen sein und können fremdreferenziell die Umwelt zum Thema machen. Der Begriff Autopoiesis bezeichnet die Fähigkeit eines Systems, sich mittels der Produktion seiner Elemente aus seinen Elementen reproduzieren zu können. Die Elemente, aus denen autopoietische Systeme bestehen, haben keine unabhängige Existenz; sie werden nicht einfach verbunden. Vielmehr werden sie im System erst erzeugt. Anhand des naheliegenden Beispiels der Menschen in einer Gesellschaft lässt sich dies veranschaulichen: In Gesellschaften werden Menschen durch Menschen gezeugt und reproduzieren dadurch die Gesellschaft. Eng mit dem Konzept der Autopoiesis hängt die operative Schließung zusammen. Da Systeme nur aus autopoietisch reproduzierten Elementen bestehen, folgt im Falle der Betrachtung des Gesellschaftssystems, dass es nicht zu einem Durchgriff in die Umwelt kommen kann: es handelt sich um operativ geschlossene Systeme.[146] Aufgrund der operativen Schließung reproduziert das System sich selbst und gleichzeitig damit produziert es auch immer wieder seine Differenz zur Umwelt. Nur dadurch, dass sich ein System von seiner Umwelt unterscheidet als etwas von ihr Verschiedenes, lässt es sich überhaupt erkennen. Die Identität eines Systems resultiert also sehr stark aus der Differenz zu dem, was nicht zum System gehört: System und Umwelt sind demnach zentrale Paradigmata von Luhmanns Systemtheorie.[147] Hinzukommt, dass jedes Element eines Systems durch seine basale Selbstreferenz, also dass es immer auf den Zusammenhang seiner Entstehung und das mögliche folgende Element verweist, seine Differenz zu allem anderen und damit die Differenz System/Umwelt konstituiert.

Nach diesen allgemeinen Bestimmungen zum Systembegriff sollen nun die sozialen Systeme im Besonderen betrachtet werden. Was implizit schon für die basale Selbstreferenz angedeutet wurde, nämlich dass die Elemente von Systemen eine befristete Dauer besitzen – sie entstehen nur zeitpunktbezogen und zerfallen gleich wieder – gilt auch für soziale Systeme: sie sind wesentlich temporalisierte Systeme. Aus diesem Grund muss das System vergehende Elemente laufend durch neue, andere Elemente ersetzen und seine Strukturen darauf einstellen, sofern es seine Stabilität – seine dynamische Stabilität – wahren will.[148] Die operative Schließung erzeugt also jene Differenz zur Umwelt, die perpetuiert werden muss, um die Stabilität des Systems zu gewährleisten. Im Gegensatz zu »echten« lebendigen Systemen, die dies durch die materiellen Grenzen des Organismus im Raum erreichen, haben soziale Systeme aufgrund ihrer fehlenden materiellen Grenzen nur die Möglichkeit, das, was sie selbst je sind, also ihre zu einem bestimmten Zeitpunkt existierenden Elemente, als Unterscheidungsfolie für ihre Umwelt zu ver-

---

[146] Luhmann (1998), S. 92 ff.
[147] Luhmann (1994), S. 242 ff.
[148] Luhmann (1998), S. 52.

wenden: so produzieren sie permanent die Differenz System/Umwelt. Zu diesem Zweck müssen sie im Sinne der Selbstreferenz laufend sich selbst – das System – und gleichzeitig im Sinne der Fremdreferenz auch das, was nicht System ist – also Umwelt – beobachten. Dabei handelt es sich um ein »reentry« einer Unterscheidung in das durch das soziale System selbst Unterschiedene. Die Differenz System/Umwelt taucht also zweimal auf, nämlich einmal als der Unterschied, der *durch* das System selbst produziert wird, und noch einmal als der Unterschied, der *im* System zu beobachten ist.[149] Soziale Systeme sind demnach also beobachtende Systeme, die sowohl sich selbst als auch ihre Umwelt beobachten. Um diese zweifache Beobachtungsleistung erbringen zu können, muss das System stets selbst für die Differenz System/Umwelt sorgen. Dafür verwendet das soziale System Sinn. Indem soziale Systeme mit Sinn operieren, um ihre Elemente zu produzieren, schaffen sie intern Welt und damit ihre Umwelt. Nicht alle Systeme unterliegen dem Sinnzwang, müssen also mit Sinn operieren, um Komplexität und Selbstreferenz zu verarbeiten; aber für solche Systeme, die dies tun, gibt es *nur* diese Möglichkeit. Sinn wird für sie zur Weltform und übergreift damit die Differenz von System und Umwelt. Sinn stellt für Luhmann eine evolutionäre Universalie dar, die sich in der Ko-evolution der sozialen und psychischen Systeme gebildet hat. Unter Sinn versteht Luhmann ganz in phänomenologischer Tradition die Differenz von aktuell ergriffenen Möglichkeiten und dem Verweis auf den doppelten Horizont potentiell weiterer Möglichkeiten. Mit jedem produzierten Element aktualisiert sich ein bestimmter Sinn und verweist auf einen Horizont von weiterem, aktualisierbaren Sinn.[150] So produzieren die Systeme mit jedem Element auch die Differenz von Selbst- und Fremdreferenz und machen sie für das System intern verfügbar.[151] Die Verweisungsstruktur von Sinn zeichnet sich durch eine weitere Besonderheit aus: Es wird zwar viel im Anschluss möglich, aber längst nicht absolut alles, denn wenn beliebige Anschlussmöglichkeiten möglich wären, wäre die Wahl unmöglich. Sinn zwingt also zur Selektion, denn von einem aktuellen Sinn gehen so viele potentielle Verweisungen aus, dass nicht alle gleichzeitig im nächsten Schritt aktualisiert werden können. Deshalb muss vor dem nächsten Schritt aus einer Anzahl von Anschlussmöglichkeiten selektiert werden: Selektionszwang durch Sinn.[152]

Damit ist grob der Kontext umrissen, innerhalb dessen sich Luhmanns Kommunikationsbegriff entfaltet und seine Wirkmacht aufbaut. Es wurde verdeutlicht, wie soziale Systeme über die Umwelt kommunizieren können, obwohl sie diese operativ, also auf Basis ihrer Elemente nicht erreichen kön-

---

[149] Luhmann (1998), S. 45.

[150] Luhmann (1994), S. 92 ff.

[151] Luhmann (1998), S. 77.

[152] Lyotard (1987) hält eine solche Selektion stets für bedenklich, denn schließlich wird mit der Wahl einer Anschlussmöglichkeit allen anderen potentiellen Anschlussmöglichkeiten ihr Recht auf Verwirklichung geraubt, so dass man diesen »notwendigerweise ein Unrecht« zufügt.

nen. Dies wird dadurch bewerkstelligt, dass sie Sinn benutzen, um Welt als Verweisungshorizont aufzubauen. Aus dieser Perspektive betrachtet gibt es nur systeminterne Umwelt. Außerdem wurde dargelegt, warum soziale Systeme mittels Kommunikation immer die vom System konstituierte Umwelt beobachten. Sie tun dies, weil sie nur über Selbstreferenz ihre eigene Differenz zur Umwelt aufrechterhalten können und produzieren damit immer auch Fremdreferenz.

Kommunikationen sind nun jene Elemente, die soziale Systeme produzieren und sich damit gleichzeitig laufend reproduzieren. Kommunikation begreift Luhmann als Synthese dreier Selektionen, als Einheit aus Information, Mitteilung und Verstehen. Mit der Unterscheidung dieser drei Selektionen gleicht Luhmanns Kommunikationsbegriff der Theorie von Bühler oder auch der amerikanischen Sprechakttheorie. Auch Habermas' Theorie des kommunikativen Handelns baut auf einer solchen Unterscheidung des Kommunikationsaktes auf. Allerdings sind diese Theorieansätze stets handlungstheoretisch orientiert, das heißt der Vorgang der Kommunikation wird als Übertragung von Informationen verstanden. Der wesentliche Unterschied allerdings liegt in Luhmanns Terminus Selektionen, die im Zusammenspiel erst Kommunikation ausmachen: Information, Mitteilung und Verstehen sind keine Funktionen, keine Akte oder Horizonte für Geltungsansprüche. Es handelt sich demnach nicht um Elemente von Kommunikation, die unabhängig existieren könnten und durch ein Subjekt zusammengesetzt werden müssen.[153]

Luhmann betont die Emergenz der Kommunikation und distanziert sich vom Modell der Informationsübertragung: »Es wird nichts übertragen. Es wird Redundanz erzeugt in dem Sinne, dass die Kommunikation ein Gedächtnis erzeugt, das von vielen auf sehr verschiedene Weise in Anspruch genommen werden kann.«[154] Oder auch:
»Mit diesem […] Begriff der Kommunikation korrigieren wir zugleich einen populären Begriff der Information. Information ist eine überraschende Selektion aus mehreren Möglichkeiten. Sie kann als Überraschung weder Bestand haben noch transportiert werden […].«[155]
Schärfer noch formuliert und in Abgrenzung zu ökonomischen Denkschemata und damit auf der Linie der hier verfolgten Argumentation zum Schenken:
»Man hatte immer schon gesehen, dass bei der Kommunikation nichts weggegeben wird. Derjenige, der etwas mitteilt, verliert sein Wissen nicht aus dem Kopf. Es ist nicht so wie bei einem ökonomischen Vorgang, bei dem man, wenn man gezahlt hat, das Geld hinterher nicht mehr besitzt, oder das Ding, dessen Eigentum man überträgt, hinterher nicht mehr besitzt, sondern man hat es mit einem Vorgang zu tun, der offenbar multiplikativ wirkt.«[156]

---

[153] Luhmann (1995), S. 117 f.
[154] Luhmann (1995), S. 117.
[155] Luhmann (1998), S. 71.
[156] Luhmann (2008), S. 289.

In der Kommunikation wird also keine Information übertragen, sondern Kommunikation kommt zustande durch eine Synthese dreier Selektionen – nämlich der Selektion einer Information, der Selektion der Mitteilung dieser Information und selektives Verstehen dieser Mitteilung mitsamt ihrer Information. Diese drei sich wechselseitig voraussetzenden und zirkulär miteinander verknüpften Komponenten bilden eine Einheit, die Kommunikation erst erzeugt. Kommunikation bezeichnet Luhmann als emergente Realität, als einen Sachverhalt *sui generis*. Kommunikation kommt nur zustande, wenn zunächst eine Differenz von Mitteilung und Information verstanden wird. Mit dem Verstehen erst vermerkt die Kommunikation den Unterschied zwischen dem Informationswert ihres Inhalts und den Gründen für dessen Inhalt. Wird die Differenz zwischen Information, Mitteilung und Verstehen nicht erkannt, dann liegt lediglich ein Wahrnehmen vor.

Da die drei Selektionen eine Einheit bilden, kann keine dieser Komponenten einen ontologischen Primat beanspruchen. Weder ist es so, dass zuerst eine Welt der Dinge existiert, über die dann kommuniziert werden kann, noch lässt sich der Ursprung der Kommunikation in der »subjektiv« sinnstiftenden Handlung des Mitteilens finden, noch gibt es zuerst eine Gesellschaft, die über (das Wesen von) Kommunikation befindet. Da also die Einheit der Kommunikation weder objektiv noch subjektiv noch ein soziales Derivat ist, benutzt die Kommunikation das Medium Sinn.

Luhmann bezieht sich in seiner Theorie explizit auf Kommunikationen und nicht auf Handlungen. Dennoch lässt auch er die Handlung nicht gänzlich unberücksichtigt, selbst wenn er meint, die Handlungstheorie begnüge sich mit der Feststellung einer Intention bzw. eines gemeinten Sinns einer Handlung. Luhmann sieht eine der Schwierigkeiten bei der Bestimmung von Handlung in der Möglichkeit ihrer Eingrenzbarkeit. Wo fängt eine Handlung an und wo hört sie auf? Handlung stellt in seiner Theorie nichts weiter dar als die Verkörperung einer subjektiven Intention.[157] Beim Schenken sieht Luhmann also – anderes als die traditionellen Diskurse über die Gabe in Soziologie oder Ethnologie, die eine eindeutige Eingrenzung vornehmen – das Problem mit der Bestimmung, wann das Schenken beginnt (z. B. mit der Geschenkübergabe oder bereits dem Aussuchen eines Geschenks) und wann das Schenken abgeschlossen ist (beispielsweise mit der Annahme des Geschenks, mit dem Dank des Beschenkten oder mit dessen Gegengeschenk). Trotz dieser Problemlage ist Luhmann der Auffassung, dass Kommunikation und Handlung nicht zu trennen, wohl aber zu unterscheiden sind. Handlung wird in sozialen Systemen über Kommunikation und Attribution bzw. Zurechnung konstituiert.[158] Entweder liegt der Akzent der Zurechnung auf der Selektion der Information, dann spricht Luhmann von Erleben, oder er liegt auf der Selektion der Mitteilung, dann spricht Luhmann von Handlung. Sofern aus diesen Selektionen Verstehen resultiert, ist Kommunikation erfolgt. Die Hand-

---

[157] Luhmann (1998), S. 302 sowie S. 608 oder Luhmann (2008), S. 253.
[158] Luhmann (1994), S. 191 ff.

lung (des Mitteilens) stellt einen Baustein von Kommunikation dar und ist – wie oben gesagt – in dieser Hinsicht nicht von Kommunikation zu trennen, wohl aber zu unterscheiden. Es gilt in Luhmanns Theorie stets die Unterscheidung zu machen zwischen der Handlung, die in sozialen Systemen durch Kommunikation konstituiert wird, und der Kommunikation (als Prozessieren von Selektionen): Handlung und Kommunikation dürfen aber nicht gleichgesetzt werden.

Luhmann kommt auch nicht umhin festzustellen, dass ein prägender Aspekt der Kommunikation ihre immanente Unwahrscheinlichkeit ist: sie kann gelingen oder misslingen. Dies wird besonders bei Kommunikation verbaler Art deutlich (Missverstehen), gilt aber auch für Kommunikationen nonverbaler Art. Hinzukommt, dass »jede Kommunikation auch einen Zumutungsgehalt hat«[159], denn damit ist immer eine Erweiterung von Systemgrenzen verbunden. In anderen Worten weniger positiv ausgedrückt und somit eine bekannte Figur im Schenken nachvollziehend: Mit der Zumutung ist immer ein Übergriff in eine (Privat-)Sphäre verbunden, die die Beziehung auf eine höhere Ebene zu heben vermag. Wie Luhmann als Beispiel anführt: »Wer seine Liebe erklärt, nimmt fast schon das Recht in Anspruch, geliebt zu werden.«[160] Zudem ist mit jeder Mitteilung auch eine Annahmeerwartung – verstanden im Sinne des Erfolgs bzw. Gelingens von Kommunikation – verbunden. Solche Erfolgserwartungen können mittels symbolisch generalisierter Kommunikationsmedien verstärkt werden[161]. Mit symbolisch ist gemeint, dass diese Medien eine Differenz überbrücken und Kommunikation mit Annahmechancen ausstatten, die mit Sprache allein nicht zu erreichen sind. Generalisiert meint, dass diese Medien unabhängig von Person, Zweck und Situation funktionieren. Wenngleich symbolisch generalisierte Kommunikationsmedien nicht primär der Absicherung von Erwartungen gegen Enttäuschungen dienen[162], so eignen sie sich dennoch dazu, die Unwahrscheinlichkeit der Kommunikation wahrscheinlicher zu machen: sie »transformieren […] Nein-Wahrscheinlichkeiten in Ja-Wahrscheinlichkeiten«[163]. Gerade diese Eigenschaft der Kommunikation wird in ihrer Bedeutung auch für das Schenken wichtig und daher weiter unten wieder aufgegriffen, um den Charakter des Schenkens als Kommunikation auch in Luhmanns Sinne zu verdeutlichen.

---

[159] Luhmann (1994), S. 267.
[160] Luhmann (1994), S. 267.
[161] Luhmann (1994), S. 267; Luhmann nennt als Beispiele für symbolisch generalisierte Medien Geld, Liebe und Macht.
[162] Luhmann (1998), S. 316.
[163] Luhmann (1998), S. 320.

3. 4. Die kommunikationstheoretischen Ansätze im Vergleich

Wenngleich Gemeinsamkeiten zweier Positionen von Interesse sind, so können sich tiefergehende Einsichten auch aus einem Vergleich der Unterschiede ergeben. Daher schließt sich ein Kurzüberblick über die Hauptunterscheidungsmerkmale von Luhmanns Kommunikationsverständnis und den traditionellen Kommunikationstheorien an.

Herkömmliche Theorien begreifen Kommunikation als eine Mitteilungshandlung zwischen zwei Subjekten. Luhmann hingegen hält den Prozess der Kommunikation nicht für eine Übertragung von Informationen. Er versteht Kommunikation als eine dreifache Selektion von Information, Mitteilung und Verstehen. In Luhmanns Denken nimmt Kommunikation mittels Beobachtung selbst die entsprechende Selektion vor, was für sie Information und Mitteilung darstellt und auch wie sie mit dieser Differenz weiter umgeht. Außerdem gilt für ihn nicht, dass Menschen miteinander kommunizieren, sondern allein die Kommunikation kommuniziert, während der Mensch als Umwelt der Gesellschaft an der Kommunikation mittels struktureller Kopplung zwischen Bewusstsein und Kommunikation beteiligt ist.

Die Traditionalisten sehen den Kommunikationsprozess in einen temporalen Prozess eingebettet, wohingegen für Luhmann sich die Kommunikation selbst vollzieht und zwar durch den Verstehensanschluss an ein zuvor aufgetretenes kommunikatives Ereignis. Zur (Re-)Produktion ihrer Einheit bedarf Kommunikation sozialen Verstehens, das offenbart, wie eine mitgeteilte Information beobachtet wurde; dabei ist bezüglich der jeweilig psychischen Intention gleichermaßen Missverstehen und Verstehen bzw. die Annahme oder Ablehnung einer Information möglich. Demgegenüber sind die Traditionalisten der Auffassung, dass mittels einer Kommunikation spezifische Intentionen übermittelt werden, denen von den Kommunikationspartnern aufgrund Verstehens Folge geleistet wird. Kommunikation ist diesem Verständnis nach eine face-to-face-Situation und gleicht daher sozialer Interaktion. Demgegenüber versteht Luhmann Kommunikation als nur einen von vielen verschiedenen sozialen Prozessen. Interaktion wird als Vollzug von Gesellschaft unter reflexiver, wechselseitiger Wahrnehmung von zwei oder mehr psychischen Systemen realisiert; simultan dazu findet eine Vielzahl anderer Kommunikationen statt.

Unterschiedlich ist auch die Sichtweise auf Kommunikation: Sie gilt für die herkömmlichen Theorien vom Prinzip her als eher unproblematisches Phänomen der Lebenswelt mit überwindbaren Hindernissen. Luhmann nimmt demgegenüber eine eher pessimistische Position ein, da für ihn Kommunikation zunächst höchst problembehaftet ist. Denn ihr Gelingen ist vom Prinzip her eher unwahrscheinlich aufgrund des nicht gesicherten Zustandekommens von Verstehen, aufgrund ihres ungesicherten Ankommens bei anderen Teilsystemen und aufgrund ihres nicht garantierten Erfolgs bzw. ihrer Weiterführung durch andere Teilsysteme bzw. mit anderen Teilsystemen.

Und ein letzter wesentlicher Unterschied tritt zutage: Während die herkömmlichen Kommunikationstheoretiker davon ausgehen, dass Kommunikation von einem Subjekt bzw. einem Bewusstsein erzeugt wird und daher ihr Sinn seinen Ursprung in diesem Bewusstsein hat, vertritt Luhmann die Auffassung von der autopoietischen Emergenz der Kommunikation: Kommunikation schafft sich autopoietisch selbst und produziert permanent sozialen Sinn auf einer emergenten Ebene. Daher ist der Sinn von Kommunikation nicht auf ein individuelles Bewusstsein oder auf die an der Kommunikation beteiligten Teilsysteme bzw. psychischen Systeme und deren mentalen Operationen bzw. psychischen Sinnaktualisierungen zurückzuführen. Aus all diesen Unterschieden gehen die Aspekte hervor, die es erlauben, vom Schenken als Kommunikation zu sprechen – und zwar in dem Sinne, dass Schenken in der Tat als Kommunikation zu verstehen ist. Denn unabhängig davon, wie man Kommunikation versteht – ob mit traditionellen Begriffen oder in systemtheoretischer Weise –, sind die wesentlichen Ansprüche von Kommunikation erfüllt.

Bevor nunmehr die den kommunikationstheoretischen Ansätzen gemeinsamen Konstituenten der Kommunikation in den Blick genommen werden, gilt es, eine bedeutende Folgerung aus alldem zu ziehen, da sie für die Interpretation von Schenken als Kommunikation im Folgenden relevant ist: Kommunikation generiert ein soziales Drittes, das nicht auf die kommunikative Absicht der Kommunikationspartner reduziert werden kann. Mit jeder Kommunikation entsteht eine Struktur von Erwartungen, die vor der Kommunikation noch nicht existiert hat. Die Kommunikation ist unausweichlich, da sie stets präsent ist. Mit ihr verbunden ist stets ein gewisser Zumutungsgehalt, der letztlich in die Erweiterung von Systemgrenzen mündet. Oder nicht in Luhmanns Terminologie und pragmatisch am Schenken orientiert ausgedrückt: Die Beziehung wird durch Schenken auf eine andere Ebene gehoben, sie bekommt eine neue Qualität. Es geht nur darum, wie ein Adressat mit dieser Zumutung der Kommunikation umgeht, welchen Anschlussakt der Adressat wählt: entweder Annehmen oder Ablehnen. Luhmann wertet dies nicht mehr als Teil der Kommunikation, sondern bezeichnet es als Anschlussakte. Jeder kommunikative Akt evoziert solche Anschlussakte, bei jeder Kommunikation, bei jedem Handeln, bei jedem Sprechen erhofft man oder erwartet gar die positive Annahme beim Adressaten und in der Folge eine irgendwie geartete Reaktion darauf. Grundlage für das Hoffen auf eine Annahme auf Seiten des Adressaten ist die gegenseitige Anerkennung der Kommunikationspartner sowie ein angenommenes Minimum der Reziprozität der Perspektiven: Jeder Mensch unterstellt seinen Mitmenschen aufgrund gleicher Sinnzuschreibungen und ähnlicher Wissensvorräte eine Alltagserlebnismöglichkeit, die der eigenen zumindest ähnelt. Diese Unterstellung ist reflexiv, d. h. selbst Teil der Unterstellung, indem einer dem anderen ähnliche Erlebnismöglichkeiten unterstellt und gleichzeitig weiß, dass er sie mir und allen anderen ebenfalls unterstellt. Diese Reziprozität der Perspektiven bildet die Grundlage für die Erwartungshaltung der Kommunikationspartner aneinander, die erst mit der Kommunikation ins Leben gerufen wurde. Weiter unten wird gezeigt, wie dieser soziale Mechanismus auf die Schenkkommunikation transponiert werden kann.

4. Morphologeme der Gabe: der sozialwissenschaftliche Diskurs

Im Jahre 1925 veröffentlichte Mauss seinen selbst nach mehreren Jahrzehnten in humanwissenschaftlichen Disziplinen noch kontrovers diskutierten *Essai* über den Gabentausch in archaischen Gesellschaften. Mauss versucht der Frage nach dem Grund zur Einhaltung von Verträgen nachzugehen, um so letztlich zu der Antwort auf die soziologische Urfrage vorzudringen: Was hält die Gesellschaft zusammen bzw. wie entsteht Sozialität? Die Grundsätze der Methode des präzisen Vergleichs im Rahmen einer strukturellfunktionalen Analyse im Hinterkopf[164] formuliert Mauss mit Bezug auf das Geben:

>*Welches ist der Grundsatz des Rechts und Interesses, der bewirkt, dass in den rückständigen oder archaischen Gesellschaften das empfangene Geschenk obligatorisch erwidert wird? Was liegt in der gegebenen Sache für eine Kraft, die bewirkt, dass der Empfänger sie erwidert?*«[165]

In dieser Fragestellung deutet sich bereits die metaphysische Richtung an, in der nach Mauss der Grund der Verpflichtung zur Gegengabe liegt: *in den Sa-*

---

[164] Man muss darauf hinweisen, dass mit strukturell-funktionaler Analyse keineswegs eine funktionalistische Methode gemeint sein kann, wie Lévi-Strauss' Interpretation dies nahezulegen versucht. Die Spur des strukturell-funktionalen Ansatzes lässt sich –nach König (1995), S. 26 – in der Soziologie bis zum frühen Durkheim zurückverfolgen, der in der Frühphase seiner wissenschaftlichen Ausrichtung die methodologische Bedeutung der Beziehung zwischen Strukturen und dem Ganzen kurz andeutet, um für sich jene Forschungsmethode grob zu umreißen, welche nach gegenwärtigem Verständnis die Zielsetzung hat, die Relationen einzelner (sozialer) Phänomene untereinander zu einem gegebenen Zeitpunkt zu beobachten.
Mauss selbst liefert im *Essai* keine durchgängig systematisch Darstellung seiner Methode; vielmehr ließe sie sich rekonstruieren aus seiner kurzen Stellungnahme zu seiner Methodik (vgl. Mauss (1989), S. 14 und S. 137 ff.) und der Theorietradition, in der sich Mauss zweifelsohne befand: Indem sich Mauss strikt an die Methode des präzisen Vergleichs hält und er seine Untersuchungen auf die je *gleiche* Erscheinung in *verschiedenen System* richtet, ist ihm – aus der Beobachtung der auftretenden *Korrelationen* ein und desselben Phänomens in unterschiedlichen Gesellschafts*systemen* – eine Beschreibungsmatrix für die *Struktur* moderner Gesellschaftstypen an die Hand gegeben. Dass Mauss die prinzipiellen Glaubenssätze der Theorie einer sozialen Evolution teilt, veranschaulicht seine Beschreibung einer Abfolge von typischen Gesellschaftsformen; vgl. Mauss (1989), S. 93 und S. 94.
Wie viel sich die methodischen Ansätze Durkheims und Mauss' gegenseitig schulden, lässt sich in dieser Arbeit nicht weiter verfolgen; vgl. dazu z. B. Lévi-Strauss (1992), S. 13 ff. oder Durkheim/Mauss (1993). Ebenso wenig kann hier auf die von Lévi-Strauss eröffnete und höchstinteressante Perspektive eingegangen werden, wonach einerseits Mauss' Methode gleichermaßen eine neue Ära bedeutete wie die Einführung der Phonologie in die Linguistik durch Trubetzkoy; andererseits weist Lévi-Strauss darauf hin, dass Mauss mit der »Gabe« bereits die Fäden eines »novum organum der Sozialwissenschaften des 20. Jahrhunderts« in der Hand hielt, aber das Knüpfen dieser Theorie nicht vollbrachte; vgl. dazu Lévi-Strauss (1974), S. 28 ff.
[165] Mauss (1989), S. 13.

chen selbst. Mauss versucht seine Problemstellung durch die der mythischen Weltauslegung archaischer Völker eigene Logik und der ihnen eigenen Gesellschaftsform, die er als *System der totalen Leistung* bezeichnet, zu erklären. Damit bringt Mauss auf ganz unnachahmliche Weise »das Gesellschaftliche« des Gebens ins Spiel, ohne sich allerdings in einer verhängnisvollen Verdinglichung von Soziologismus oder Psychologismus zu verlieren.[166] Er geht so in Durkheimscher Tradition der soziologischen Spur des Schenkens nach, führt aber gleichzeitig Durkheims Lehre konsequent fort, indem er nicht beim Gesellschaftlichen[167] aufhört zu fragen, sondern sich dafür interessiert, was es am Gesellschaftlichen denn genau ist, das den gegenseitig verpflichtenden Charakter zur Wirkung bringt.

4. 1. Das System der totalen Leistungen

Im Folgenden werden aus Mauss' *Essai* gleichermaßen Morphologeme der archaischen Gabe als Vergleichsfolie für die soziale Morphologie des modernen Schenkens herausgearbeitet wie auch bislang noch nicht so rezipierte Momente zur Bestätigung des kommunikativen Charakters des Schenkens.

Mauss hat mehr Interesse an Gabentauschbeziehungen von Kollektiven als von Individuen und auch methodisch gilt sein Augenmerk weniger der Handschenkung »Person A verschenkt Gegenstand B an Person C«. Obwohl Mauss' explizite Erläuterungen zu seiner Methode im *Essai* äußerst knapp gehalten sind, manifestiert sich sein methodischer Standpunkt doch in der Idee vom System der totalen Leistungen, womit sein methodisches Postulat der Untersuchung gesellschaftlicher Ganzheiten verbunden ist[168]. Die Analyse totaler gesellschaftlicher Tatsachen ermöglicht die Untersuchung der Gesellschaft *in actu,* oder in Mauss' eigenen Worten: von Tatsachen, die sowohl Gesellschaft und ihre Institutionen in ihrer Totalität in Gang halten als auch jenen, die eine große Zahl von Institutionen in Gang halten, die mehr das Individuum angehen.[169] Mit dem System der totalen Leistungen bezeichnet Mauss jenen Gesellschaftstyp, der – hinsichtlich des (Gaben-)Tauschverkehrs – weder das Entwicklungsstadium der durch das Prinzip des Gabentauschs geformten Gesellschaften noch das des reinen Individualvertrags, des Geld-

---

[166] Vgl. Berger/Luckmann (1994), S. 199.

[167] Vgl. dazu allgemein Durkheim (1996b), Erstes Buch, Siebtes Kapitel, S. 256 – 286, Drittes Buch, Zweites Kapitel, vor allem S. 451 - 455 sowie im besonderen S. 165: »Jeder Vertrag setzt also voraus, dass hinter den vertragsschließenden Parteien *die Gesellschaft* steht, die einzugreifen bereit ist, um den von diesen Parteien eingegangenen Verpflichtungen Respekt zu verschaffen.« (meine Hervorhebung).

[168] Unter dieser Perspektive geht Evans-Pritchards Aussage (vgl. Evans-Pritchard (1967), p. vii.), dass der Begriff der Totalität das Schlüsselkonzept von Mauss' *Essai* ist, gar nicht weit genug: Mauss' Konzept der Totalität erweist sich als das Kernstück seines kompletten soziologischen (und methodischen) Systems.

[169] Mauss (1989), S. 137 f.

marktes, des eigentlichen Verkaufs noch längst nicht erreicht hat oder die Konzepte des festen Preises und des gewogenen und gemünzten Geldes noch nicht institutionalisiert hat:[170]

>In den Wirtschafts- und Rechtsordnungen, die den unseren vorausgegangen sind, begegnet man fast niemals dem einfachen Austausch von Gütern, Reichtümern und Produkten im Rahmen eines zwischen Individuen abgeschlossenen Handels. Zunächst einmal sind es nicht Individuen, sondern Kollektive, die sich gegenseitig verpflichten, die austauschen und kontrahieren[...]; die am Vertrag beteiligten Personen sind moralische Personen: Clans, Stämme und Familien treten einander gegenüber und beziehen Stellung gegeneinander, seis als Gruppen auf dem Terrain selbst, seis durch die Vermittlung ihrer Häuptlinge, oder auch auf beide Weisen zugleich. [...] Zum anderen handelt es sich bei dem, was ausgetauscht wird, nicht ausschließlich um Güter und Reichtümer, bewegliche und unbewegliche Habe, wirtschaftlich nützliche Dinge. Es sind vor allem Höflichkeiten, Festessen, Rituale, Militärdienste, Frauen, Kinder, Tanz, Feste, Märkte, bei denen der Handel nur ein Moment und der Umlauf der Reichtümer nur eine Seite eines weit allgemeineren und weit beständigeren Vertrags ist. Schließlich vollziehen sich diese Leistungen und Gegenleistungen in einer eher freiwilligen Form, durch Geschenke und Gaben, obwohl sie im Grunde streng obligatorisch sind, bei Strafe des privaten oder öffentlichen Kriegs. Wir haben vorgeschlagen, all dies das *System der totalen Leistungen* zu nennen.<[171]

Diese eigentümliche Form der Freiwilligkeit und Unmotiviertheit nimmt Mauss zum Anlass, das Phänomen des Gabentauschs und des Potlatschs zu untersuchen.[172]

Im sozialen Leben solcher Gesellschaftssysteme totaler Leistungen sind all die vielschichtigen sozialkonstitutiven Tatsachen zu einem komplexen System von Institutionen untrennbar miteinander verwoben, das nicht konsekutiv, sondern simultan zum Ausdruck kommt: die in modernen Gesellschaften vorzufindende funktionale Ausdifferenzierung einzelner Subsysteme (das Religiöse, das Magische, das Rechtliche, das Ökonomische usw.) sind in einem System der totalen Leistungen kaum oder nicht konturiert. Vielmehr sind solche Institutionen und Aspekte wie der Religion, Mythologie, Moral, Politik, Geschichte, der verwandtschaftlichen Verhältnisse und Verbindungen, der Ästhetik, der Ehre und der Ökonomie nicht voneinander getrennt.[173]

---

[170] Mauss (1989), S. 93. Andere Formulierungen für das prinzipiell gleiche Konzept sind bei Mauss *totales soziales Phänomen* und *totale Leistung*.

[171] Mauss (1989), S. 15 f. (Hervorhebung im Original). Ein prominenter Kritiker des Ansatzes der totalen Leistungen ist Derrida, der Mauss überspitzt vorwirft, er habe keine konkrete Vorstellung seines Forschungsgegenstandes und er spräche über alles mögliche, nur nicht von der Gabe; vgl. Derrida (1993), S. 37.

[172] Caws (1991), p. 130.

[173] Mauss (1989), S. 12, et passim.

Von Mauss' Argumentationsperspektive des Systems der totalen Leistungen ist es daher falsch, die Gabe auf ihre ökonomische Größe zu reduzieren, wie es bisweilen einige Autoren tun. Neben den herkömmlichen ökonomischen und utilitaristischen Ansätzen ist es im philosophisch-soziologischen Kontext Derrida, der die Gabe aus ökonomischer Perspektive als den Mechanismus definiert, der die Logik der reinen Gabe durchbricht. Zugrundeliegt seiner Kritik an Mauss' *Essai* das romantische Verständnis der selbstlosen oder reinen Gabe, die ihn vor dem Hintergrund seines ökonomisch basierten Ansatzes zu der überspitzten Frage bringt, ob es *die Gabe* eigentlich überhaupt gibt.

4. 2. Gabe oder Tausch?

Im soziologischen Kontext liefert Derrida die Antwort auf die Frage, ob die Gabe existiert oder nicht, selbst: Derrida sagt, dass es das Phänomen des Gabentauschs gibt und dass es sich nicht leugnen lässt.[174] Um das Wesen der Gabe zu bestimmen, setzt Derrida semantisch an Mauss' Formulierung des Gabentauschs an: Der »[…] offenkundige und sichtliche semantische Widerspruch zwischen Gabe und dem Tausch muss problematisiert werden.«[175] Derrida stützt sich dabei auf seine These, wonach eine reine, selbstlose Gabe unmöglich ist, da sie den *logos* der Ökonomie hintertreibt. Derrida bricht den in der Anthropologie/Ethnologie gebräuchlichen Ausdruck des Gabentauschs in seine beiden Morpheme auf, um auf den semantischen Widerspruch der beiden Titel hinzuweisen, der allen Lesern in seiner Offensichtlichkeit geradezu ins Auge springen müsse, wenn man von ihrer alltagssprachlichen Bedeutung ausgeht. Genau gesagt gilt Derridas Kritik der Verschmelzung dieser beiden einander ausschließenden Gruppen (im Sinne der strukturalistischen Mathematik[176]) bzw. ihrem gleichzeitigem Vorkommen in der herkömmlichen Bedeutung des Begriffs. Trotz der Unvereinbarkeit der beiden Bedeutungen von Gabe und von Tausch, der Mauss scheinbar keinerlei Bedeutung zumisst, bestreitet Derrida die Existenz des Phänomens »Gabentausch« nicht. Derridas Haupteinwand gegen Mauss, er würde in der fehlenden Trennung von Gabe und Tausch das eigentliche Wesen der Gabe verkennen, fußt allerdings selbst im Wesentlichen in ökonomistischen Denkstrukturen. Die alltagssprachliche Vorstellung der Gabe als etwas, das keine Nachteile mit sich bringt, als etwas Gutes oder sogar Nützliches resultiert erkennbar aus ökonomischem Denken.

---

[174] Derrida (1993), S. 54.

[175] Derrida (1993), S. 54.

[176] Vgl. dazu z. B. Piaget (1973), Kapitel »Die mathematischen und logischen Strukturen« oder auch Gandy (1973), S. 144 f., die beide u. a. die kategoriale Inkommensurabilität als Wesen der Gruppe betonen.

Ökonomistische Stasis

Die Gabe bezieht sich »ohne Zweifel« auf die Ökonomie, so Derrida zu Beginn seiner Untersuchung; für ihn steht fest, dass bei der Betrachtung der Gabe »[...] die Ökonomie [...] das Thema ist«[177]. Der grundlegende Unterschied zwischen der traditionellen Ethnologie und Soziologie und Derridas Argumentation liegt in der strukturellen Verortung der Ökonomie innerhalb des Gabensystems: Die anthropologische Soziologie bestimmt sowohl den Zirkel der Gabe als auch den Zirkel der Ökonomie als Teilströme des gesamten Flusses sozialer Kommunikation; beide sind jeweils voneinander wie auch von den anderen Teilströmen wie z. B. Religion, Wissen, Technik abhängig, sie durchdringen sich gegenseitig, beeinflussen einander und bilden in ihrer Gesamtheit miteinander das, was man als das Gesellschaftliche menschlichen Zusammenlebens kennt. Die Philosophie Derridas hingegen trennt die Ökonomie und die Gabe in zwei sich entgegenstehende Kreisläufe. Diesen kontroversen Anschauungen liegt implizit der Hintergrund des Gegensatzes von modernen und archaischen Gesellschaftssystemen zugrunde. Mauss' Soziologie untersucht am Beispiel der Gabe die Gesellschaftsstrukturen von totalen sozialen Systemen, wohingegen Derridas Philosophie die Gabe in modernen Gesellschaftstypen im Visier hat. Derrida führt mit seiner Gegenüberstellung von Ökonomie und Gabe eine strukturelle Trennung beider Elemente ein, aufgrund der er seine Analyse weitertreibt. Seine Argumentation gegen die Existenz von Gabe innerhalb eines modernen ökonomischen Gesellschaftssystems, in der bekanntlich die Gabe den Kreislauf der Ökonomie sprengt, ja sie sich in diesem System gar selbst annulliert, zeigt überdies, dass er beide Systeme als zwei völlig inkompatible, sich gegenseitig ausschließende Ordnungen begreift. Der Hinweis, dass Gabentausch im Gegenteil Teil der täglich erlebbaren Praxis modernen Gesellschaftslebens ist, wirkt fast überflüssig. Das Schenken hat sich seit der zunehmenden Ausdifferenzierung der Gesellschaft mitnichten als separates System mit einer Eigenlogik etabliert. Vielmehr besitzt Schenken bis zu einem gewissen Grad noch eine Verbindung zu anderen Ordnungen sozialer Kommunikation, d. h. seine Wirkung und sein Einfluss ist auch in der Moderne in den ausdifferenzierten Teilsystemen wahrnehmbar.

Allein die Einführung der Trennung von Gabe und Ökonomie erlaubt Derrida die Fortführung seiner Dekonstruktion der Gabe. Was er allerdings bei dieser Dekonstruktion übersieht, ist die unterschiedliche Ausgangsbasis seiner Konzeption und der soziologischen Vorstellung von Gabe. Auf dieser mit dem soziologischen Konzept (von Mauss) nicht kompatiblen Basis konstruiert Derrida die Logik der Selbstauslöschung der Gabe qua ihrer eigenen Existenz. Angesichts der stetig fortschreitenden Komplexität von Sozialstrukturen bedeutet dies nicht, dass die Einführung einer solchen Trennung logisch

---

[177] Derrida (1993), S. 16.

nicht an sich rechtens wäre. Allerdings werden mit dieser Trennung Voraussetzungen geschaffen, die keine Grundlage für eine dekonstruktivistische Kritik bieten. Anschaulich wird dies am Ansatz von Derridas Kritik, wenn er aus der Perspektive der Ökonomie die Gabe logisch korrekt als anökonomisch bezeichnet, weil sie den Zirkel der Ökonomie unterbricht.[178] Logisch korrekt ist dieser Schritt allerdings nur, weil er zuerst die Gabe von der Ökonomie abtrennt, dann beide Kreisläufe mit je eigener, aus dem Alltagsverständnis abgeleiteten Logik versieht, und sie anschließend wieder miteinander konfrontiert mit dem Ergebnis, dass der beschworene Widersinn »tatsächlich« existiert.

Derridas dekonstruktivistische Kritik an der Gabe verliert nicht nur aufgrund des oben genannten pragmatischen Zugeständnisses von Derrida an die Existenz des Gabentauschs an Relevanz. Aus kommunikationstheoretischer Perspektive erkennt man auch, dass sich die Frage nach der reinen Gabe gar nicht stellt: In der Schenkkommunikation werden Geschenke kommuniziert, die Medien mit verschiedenerlei Beilegung sind, z. B. materiellem, emotionalem, symbolischen Wert und somit alle Teilsysteme der Gesellschaft betreffen. Insofern herrscht hierbei Einklang mit Mauss' Auffassung der totalen sozialen Leistung. Worauf es demgegenüber in der Schenkkommunikation aus kommunikationstheoretischer Sichtweise vorrangig ankommt, ist die Tatsache, dass Geschenke als verdinglichtes Medium der Kommunikation zwischen den »Menschen als Kommunikationswesen« kommuniziert werden. Insofern die Kommunikation in jedem Fall abläuft und beispielsweise keine metaphysische Kraft, keine ökonomische Verschuldung, kein Kredit oder gewährter Aufschub zur Erwiderung als »ursächlicher sozialer Impuls« zur Erklärung herangezogen werden muss, sind dabei die übertragenen Beilegungen von nebensächlicher Bedeutung.

Was folgt zunächst allgemein und dann spezifisch für das Schenken aus der untrennbaren Einheit der Subsysteme, die Mauss für archaische Gesellschaften als typisch postuliert? Zunächst ergibt sich daraus die Fragestellung, ob darin ein Unterschied zu modernen Gesellschaftstypen zu erkennen ist. Als unmittelbare Konsequenz für die (Untersuchung der) Sozialordnung archaischer Gesellschaften zeigt sich, dass soziale Phänomene immer in ihrem gesellschaftlichen Gesamtzusammenhang zu interpretieren sind – damit schließt sich der Kreis wiederum zu Mauss methodischem Ansatz. Rechtsprechung in archaischen Gesellschaften darf nie in Ablösung anderer Komponenten z. B. der Magie oder verwandtschaftlichen Umstände usw. untersucht werden. Bei der Untersuchung der Mythen, Gesänge und der Kunst archaischer Völker dürfen beispielsweise die Technik, die religiösen Überzeugungen und die Sprache etc. nicht unberücksichtigt bleiben. Beim Gabentausch – und hiermit kehrt dieser vermeintliche Exkurs über Mauss' Methode zum eigentlichen Thema dieses Abschnitts zurück – müssen die Aspekte der

---

[178] Derrida (1993), S. 17.

Ökonomie, der Religion, der künstlerischen Fertigkeiten usw. in die Untersuchung mit einfließen: die Gabe kann nicht isoliert betrachtet werden. Diese Erkenntnis, nämlich dass der Gabentausch und Mauss' Methode sowie sein Postulat des Systems der totalen Leistungen unmittelbar in Zusammenhang stehen, ist aus den vorangegangenen Abschnitten zu ziehen; darin ist schließlich der Sinn der eingehenden Darstellung von Mauss' methodischen Überzeugungen zu sehen, die auf den ersten Blick mit dem archaischen Gabentausch selbst nur indirekt zusammenzuhängen scheint.[179]

Totale Leistung und totale Zerstörung

Weiterhin seiner Hauptproblemstellung nachgehend, wie die Einhaltung von Verträgen durchgesetzt wird, vergleicht Mauss im *Essai* den Kula mit einem ähnlichen System vertraglicher Geschenke, dessen Hauptverbreitungsgebiet an der Westküste und den vorgelagerten Inseln des nordamerikanischen Kontinents liegt: dem Potlatsch. Aufgrund eigener Untersuchungen[180] ist Mauss die prinzipielle Parallele zwischen Potlatsch und Kula als Basis einer vergleichenden Methode bekannt, nämlich der Gabentausch in einem System der totalen Leistungen. Durch den Vergleich beider, auf dem gleichen Prinzip der totalen Leistung beruhenden Phänomene in verschiedenen Gesellschaften möchte er schließlich zu einer Klärung seiner primären Fragestellung gelangen. Die nachstehende Benennung der zentralen Charakteristika des Potlatsch, welche die Funktionsmechanismen für Mauss' vergleichende Methode darstellen, trägt gleichzeitig zur substanziellen Erklärung der Natur des Potlatsch bei.

Das Wort Potlatsch selbst wurde ursprünglich aus der Sprache der nordamerikanischen Chinook unübersetzt in den wissenschaftlichen Diskurs übernommen: ursprünglich bedeutete es wohl so viel wie ernähren, verbrauchen.[181] Beim Potlatsch handelt es sich um eine typische, doch relativ seltene Form von totaler sozialer Leistung, der eine stark antagonistische Neigung zugrundeliegt. Der Potlatsch ist ein kaum enden wollendes Fest mit Ausstel-

---

[179] Diesbezüglich sind auch Lévi-Strauss' Veranschaulichungen lehrreich, der zu Recht erstens dazu aufruft, Mauss' *Essai* nicht isoliert von seinem Œuvre zu beurteilen und zweitens in seiner entschieden strukturalistisch geprägten Einleitung zu Mauss' *Essai* der Gabe quasi eine Art Platzhalterrolle zuspricht, die sie im System der soziologischen Analyse einnimmt. So will er veranschaulichen, dass anhand der Platzhalterrolle das Konzept der totalen sozialen Tatsache in den wissenschaftlichen Diskurs eingeführt und durchgesetzt wird; vgl. dazu Lévi-Strauss (1974), S. 19 f. und S. 32.

[180] Mauss (1989), S. 20 und S. 54 ff.

[181] Zahlreiche weitere Bedeutungen des Wortes Potlatsch (z. T. aus anderen Sprachen der Ureinwohner an der nordamerikanischen Westküste erschlossen) schließen die Konnotation *Ernährer, Gabe, Nahrungsmittel* oder *Ort, wo man gesättigt wird* ein: siehe Mauss (1989), S. 17, Fußnote 11.
Zeitgenössische Wörterbücher des Chinook am Ende des 19. Jahrhunderts geben für »Pot-latch« in der Regel die Bedeutung »gift; to give« an und verzichten auf jegliche etymologische Angaben.

lungen und Märkten der dort ansässigen Stämme, die sich jeden Winter versammeln:

»Man weiß, dass das Potlatch zum Beispiel die Zerstörung gewaltiger Mengen von Waren umfasst. Diese Zerstörungen sind Herausforderungen des anderen, sie binden ihn. Auf dieser Ebene ist es gleichgültig, ob der Gegenstand zerstört oder dem andern geschenkt wird: das Potlatch ist in der einen und anderen Weise Zerstörung und Bindung des andern.«[182]

Totale Leistung liegt nach Mauss in der Hinsicht vor, dass der Potlatschgebende Häuptling stellvertretend für seinen gesamten Stamm steht, der mit seinem Häuptling siegt oder untergeht. Sämtliche Stammesstrukturen der sich scharenden Stämme fügen sich zu einem unentwirrbaren Netz von Riten, rechtlichen, magischen, schamanistischen und wirtschaftlichen Leistungen zusammen, die vom Prinzip der Rivalität und des Antagonismus dominiert sind. Offener Kampf bis hin zur Tötung der sich im Fest bekriegenden Häuptlinge und Adligen sind keine Seltenheit, denn im Krieg des Festes zählt oft allein das Vermögen der verschwenderischen Zerstörung[183] der angehäuften Reichtümer mit dem Ziel, seinem Rivalen den Rang abzulaufen. Es ist gerade die Rivalität, die unerbittlich den grenzenlosen Wucher, die wahnhafte Zerstörung und den fast unerschöpflichen Luxus fordert. Der Sinn des Potlatsch scheint also weniger im festlichen Gelage zu liegen, »[…] sondern in dem, was zunächst unsinnig zu sein scheint, nämlich in der Zerstörung von Gütern«[184]. Wenn von der Zerstörung von Gütern gesprochen wird, offenbart sich eine ungerechtfertigte Akzentuierung des ökonomischen Werts von Gegenständen – auch wenn diese Akzentuierung nur eine symbolische Ökonomie genannt wird. Es zeigt sich immer wieder, wie Mauss oder andere Autoren (etwa Jean Baudrillard, Klaus Eder, Karl Polanyi oder Marshall Sahlins) bei der Analyse der Gabe, wenn sie nicht aus Perspektive der Kommunikation betrieben wird, von der Logik der Ökonomie eingeholt werden.

---

[182] Sartre (1995), S. 1017.

[183] Im Gegensatz zum Kula werden im Potlatsch die Dinge in der Regel nicht fortgegeben, sondern zerstört. Der Grund dafür liegt gemäß der ethnologischen Forschung darin, nicht den Verdacht aufkommen lassen zu wollen, man lege Wert auf Rückgabe (wie beispielsweise im Kula); aus dieser zur Schau getragenen Gleichgültigkeit zieht der Potlatschgeber hohes Prestige für sich und seinen Stamm.
Drei weitere Gründe zeigt Mauss auf (vgl. dazu: Mauss (1989), S. 66 f., Fußnote 132):
1. Die Zerstörung scheint eine höhere Form der Ausgabe zu bilden,
2. Das Motiv des Krieges scheint ursächlich für die Zerstörung zu sein: wie man im Krieg die Gegner tötet, so tötet man im Potlatsch das Eigentum – entweder das eigene, um zu verhindern, dass der Gegner davon Besitz ergreift, oder fremdes Eigentum, indem man ihnen Güter schenkt, die sie später zurückerstatten müssen. Damit werden die Gegner schon in der Gegenwart ihres zukünftigen Besitzes/ihrer zukünftigen Erzeugnisse beraubt.
3. Das Motiv des Opfers spielt insofern eine Rolle, als dass die Güter durch die Auslöschung im Diesseits z. B. im Feueropfer den Geistern und Göttern im Jenseits als Opfer dargebracht werden.

[184] Eder (1988), S. 189.

4. 3. Prinzipien der Gabe im System der totalen Leistungen

Im Vergleich nordamerikanischer und polynesischer Systeme totaler sozialer Leistung, des Potlatsch mit z. B. dem Tausch von Heiratsmatten und Talismane auf Samoa, oder dem Austausch von Nahrungsmitteln und Matten der Maori u. a. m. kommt Mauss zu dem Schluss, dass alle Gabentauschsysteme, die unter dem Begriff der totalen Leistung zusammengefasst werden können, den gleichen Prinzipien und Strukturen folgen:
Gaben werden zu entsprechenden Anlässen gegeben, das Geben wird von der Komponente des damit gewonnenen Prestiges begleitet, die Gabe stellt einen Teil der Persönlichkeit des Gebers dar und erlaubt ihm dadurch eine Art Selbstinszenierung. Durch das Geben treten neue Beziehungskonstellationen hinsichtlich von Macht, Ansehen, Bindung und Abhängigkeiten der Personen untereinander auf oder bisher bestehende werden erneuert. Mit der Gabe sind Sozialität stiftende Effekte verbunden, da sie im System der totalen Leistungen stets in strukturellem Zusammenhang mit den übrigen Elementen des Soziallebens steht. Zu guter Letzt unterliegt dem Gabentausch die Verpflichtung zu geben, anzunehmen und zu erwidern.[185] Was den Potlatsch von den übrigen Gabentauschsystemen unterscheidet, ist sein stark antagonistische Charakter. Die allerdings wichtigste Eigenschaft des Potlatsch ist der auch im Kula auftretende Zwang zur Erwiderung einer Leistung z. B. in Form eines Folgefestes, einer Gegeneinladung oder einer Gegengabe. Durch die Analyse des Potlatsch hat sich Mauss eine solide Vergleichsgrundlage geschaffen, auf der er seine Kernfragestellung weiterverfolgen kann.

4. 4. Quell der Sozialität I: Der mystische Grund im *hau*

Die Untersuchung des Gabentauschsystems der Maori und die verfügbare schriftliche Quelle eines übersetzten Maoritextes zum Geben führen Mauss auf die Spur dessen, was den Tauschpartner unumgänglich zur Erwiderung einer Gabe veranlasst. Der Übersetzung dieses Textes[186] liegt die mündliche Information des Maori-Juristen Tamai Ranaipiri vom Stamm der Ngati-Raukawa zugrunde. Dieser Text beschreibt scheinbar eine typische Gabentauschaktion der Maori: Person A gibt einer Person B ohne Übereinkunft einer Bezahlung einen bestimmten Wertgegenstand, welchen Person B wiederum an eine dritte Person C weitergibt. Person C entschließt sich nach gewisser Zeit eine Rückzahlung zu machen, die er an Person B gibt. Da diese Rückzahlung der *hau* der Sache ist, die Person A anfangs an Person B gab, muss nun Person B diese Rückzahlung an Person A weitergeben. Würde Per-

---

[185] Mauss (1989), S. 36.

[186] Eine Übersetzung des Maoritextes findet sich z. B. bei Mauss (1989), S. 24 oder auch bei Sahlins (1972), p. 151 f. bzw. p. 162.

son B diese Gegengabe für sich selbst behalten, so würde großes Übel über sie kommen, unter Umständen sogar der Tod.[187]

Mauss erkennt in dieser rein zufällig auf seine Fragestellung zugeschnittenen Aussage, die der Maori »völlig unvoreingenommen« macht, den Schlüssel zu seiner Problemstellung und gibt diesem auf ihn absolut authentisch wirkenden Textstück die folgende Interpretation: Jedes Geschenk ist nach den rechtlichen und religiösen Vorstellungen der Maori Träger seiner magischen, religiösen und geistigen Kraft. Jedem Gegenstand des streng persönlichen Eigentums wohnt ein *hau*, eine geistige Macht, inne. Diese geistige Macht zwingt das Individuum Gegengeschenke für empfangene Gaben zu machen. Kurz: Der Zwang zur Erwiderung von Geschenken geht vom *hau* aus, dessen Produkt dieser Zwang letztlich ist. Mit anderen Worten: Im empfangenen oder ausgetauschten Geschenk ist bereits etwas Verpflichtendes enthalten.[188] Dieses Verständnis kommt durch die Sichtweise zustande, dass die Gaben (oder allgemein alle Gegenstände, da sie nicht als leblos betrachtet werden), ein Stück des Gebers bleiben, selbst nachdem sie fortgegeben wurden. Durch diese (konstruierte) geistige Verbindung des Menschen mit seinen Besitzgegenständen besitzt der Geber Macht über den Empfänger. Mauss gesteht dem *hau* der Dinge Bewusstsein zu, dessen Willen es obliegt, zum Ort seines Ursprungs zurückkehren zu wollen. Da der *hau* den Dingen anhaftet, bleibt bei jeder Weitergabe eines Dinges der ursprüngliche Besitzer mit dem Ding in geistiger Weise verbunden. So nötigt der *hau* den aktuellen Besitzer zur Erwiderung in Form einer gleich- oder höherwertigen Gegengabe[189], wodurch ihm schließlich die Rückkehr zum Ort seines Ursprungs gelingt.

Diese Interpretation fügt sich nahezu nahtlos in Mauss' methodologische Überzeugungen ein, da sie jene besondere Form des Besitzes in Systemen totaler sozialer Leistung voraussetzt, in der Teilen alles ist und Besitzen teilen heißt. Die Parallele zu Malinowskis Ergebnissen zum Eigentumsverständnis in den Kulagesellschaften ist unübersehbar, zumal Mauss die Existenz dieses archaischen Besitzverständnisses auch in polynesischen Gesellschaften überprüft. Nach Mauss bekommt man in Polynesiens Gesellschaftssystemen in der Tat mit der Übergabe eines Geschenks das tatsächliche Besitzrecht an dem empfangenen Geschenk, doch das spezifische Verständnis von Eigentum impliziert die Obligation der Weitergabe bzw. Rückgabe. Im polynesischen Eigentumsrecht bestehen sämtliche Rechtsprinzipien wie in modernen Gesellschaftsordnungen auch, nur sind die einzelnen Rechtsgrundsätze dort

---

[187] Vgl. Sahlins (1972), p. 162. Zur Kritik siehe weiter unten in diesem Kapitel.

[188] Vgl. dazu auch Mauss' Bemerkungen: »Verpflichtung durch die Sachen selbst.« (Mauss (1989), S. 43) oder »[...], dass den beim Potlatsch ausgetauschten Sachen eine bestimmte Kraft innewohnt, die sie zwingt, zu zirkulieren, gegeben und erwidert zu werden.« (Mauss (1989), S. 80) oder »[...] wobei die ›Garantie‹ dieser Rückgabe in der gegebenen Sache selbst liegt: sie *ist* diese ›Garantie‹.« (Mauss (1989), S. 63).

[189] N. B.: Eher nebensächlich bringt Mauss an dieser Stelle seiner Interpretation das Konzept der gleichwertigen oder höherwertigen Gegengabe – ein Morphologem auch des modernen Schenkens - ein; vgl. Mauss (1989), S. 26.

nicht voneinander getrennt: Eigentum ist sowohl Eigentum und Besitz, als auch Pfand und Leihgabe, eine gekaufte und verkaufte Sache, ein Mandat und Fideikomiß.[190] Indem er schließlich seine vom Diktum der Ganzheiten getragenen Methode mitsamt der darin implizierten Konzeption von Gesellschaft(-sanalyse) in Zusammenhang mit seiner Überzeugung setzt, dass es in Systemen totaler sozialer Leistung »vollkommen logisch«[191] ist, dass man dem anderen zurückgeben muss, was in Wirklichkeit ein Teil seiner Natur und Substanz ist, identifiziert Mauss die im Schenken ablaufende Handlungsform der Kommunikation als Antriebskraft des ewigen Umlaufs und Austauschs zwischen den sozialen Akteuren – seien es nun Individuen oder Kollektive.[192]

Mauss' Argumentation im *Essai* scheint darauf zuzulaufen, dass sich die komplex und heterogen erscheinenden Handlungsstrukturen in der Sozialwelt der Gabentauschgesellschaften auf den Austausch verdichten lassen. Ihre zugrundeliegenden Strukturen – die Verpflichtung des Gebens, des Annehmens und des Erwiderns von Geschenken – hatte Mauss ja selbst freigelegt, jedoch sind diese durch Beobachtung und sorgfältige Analyse zugänglichen Phänomene lediglich das Gerüst einer komplexen Theorie. Insofern konnte er es gemäß seines methodischen Ansatzes, Gesellschaften in ihrer jeweiligen Ganzheit zu untersuchen, bei der bloßen Erfassung der sozialen Tatsachen nicht bewenden lassen: er benötigte noch eine Energiequelle, die die Notwendigkeit des Austauschs plausibilisieren sollte. Nach Mauss liegt der »Schlüssel zu diesem Problem«[193] im *hau* einer Sache: Im *hau*, dem einer Sache innewohnenden Geist, der immer wieder zu seinem Ursprungsort zurückstrebt, glaubt er die geheimnisvolle Energie, die den Gabentausch immer wieder von Neuem antreibt und in Gang hält, gefunden zu haben.

---

[190] Mauss (1989), S. 43 ff, besonders S. 46. Malinowski brachte bezüglich des trobriandischen Eigentumsverständnisses die gleichen Ergebnisse hervor, doch zu seinem eigenen Bedauern stellt Mauss fest, dass Malinowski keine »mythischen oder sonstigen Gründe« (wie z. B. den *hau*) als Triebfeder des permanenten Umlaufs der Tauschgaben identifizieren konnte; vgl. hierzu Mauss (1989), S. 45, Fußnote 31.

[191] Mauss (1989), S. 26.

[192] Mauss ist gewiss nicht der Überzeugung, dass das Schenken die *einzige* Triebfeder des sozialen Kreislaufs ist, sondern dass die Kommunikation, die sich letztlich als Oberbegriff dieses Konzepts allgemein herausschält, diesen Kreislauf in Gang hält. Die Gabe repräsentiert hierbei nur eine der Beziehungen des ganzen Systems, die das soziale Leben bestimmen. Für diese Sichtweise lassen sich abermals Lévi-Strauss' Ausführungen heranziehen, die darauf hinweisen, dass die Argumentation im *Essai* (zumindest in ihrem Anfang) in einem Abstand von zwanzig Jahren die der Theorie der Magie tatsächlich wiederholt. Lévi-Strauss bringt hier mit seiner strukturalistischen Sichtweise zum Ausdruck, dass die Argumentation im Prinzip unabhängig vom vordergründigen Untersuchungsgegenstand (sei es Gabe, sei es Magie) zum gleichen Ergebnis führt, nämlich der Triebfeder oder der Antriebskraft der Sozialität oder, wenn man so will, des Zements der Gesellschaft; vgl. Lévi-Strauss (1974), S. 32 f.

[193] Mauss (1989), S. 24.

Kritik an Mauss' zentralem Argumentationspunkt des *hau*

Mauss' Interpretation des *hau* wurde seitens namhafter Gelehrter mehrfach der Kritik unterzogen, die hier zumindest in ihren Hauptgedankengängen nicht unterschlagen werden soll, da sich ja die Bedeutung des *hau* in Mauss' Argumentation als Kernpunkt erwiesen hat. Die Kritik lässt sich in zwei Kategorien aufspalten, nämlich erstens jene, die sich auf Mauss' Textverständnis und dessen Interpretation bezog und zweitens jene Kritik, die prinzipielle Bedenken gegen Mauss' Ergebnisse vorträgt.

Auf der einen Seite wurde von Raymond Firth vorgebracht, dass Mauss das zugegebenermaßen amorphe und schwierig zu verstehende Konzept des *hau* scheinbar falsch verstanden habe, wenn er dem Maori-Konzept des *hau* »fundamentale Wesenszüge« zuschreibt, die jener in Wirklichkeit gar nicht trägt. Firth macht deutlich, dass sich im Original des Textes keinerlei Hinweis darauf finden lässt, dass der *hau* zu seinem Ursprungsort bzw. zu seinem Besitzer zurückzukehren versucht. Genau so wenig lässt sich dem Text entnehmen, dass der *hau* allein zur Bestrafung eines Schuldners benutzt wird: Zur Bestrafung einer säumigen Rückzahlung würde eher schwarze Magie (*makutu*) hinzugezogen, denn der *hau* alleine bewirke nichts. Vielmehr präsentiere sich der *hau* als ein passives, geistiges Prinzip, weswegen die Maori im Alltag auf dessen Vergeltungskraft weniger vertrauten. Einen weiteren Fehler, so Firth, begehe Mauss aufgrund seines unphilologischen Textverständnis: Dies resultiert darin, dass Mauss die verschiedenen Typen des *hau* fälschlicherweise miteinander identifiziert. Mauss folgere nämlich, dass der *hau* des Gebers – und nicht wie der Text eigentlich sagt: der *hau* der Gabe – die Grundlage der Verpflichtung des Gabenerwiderung bzw. der Rückzahlung ist. Kurz: Wenn Mauss im Gabentausch eine Verbindung der Seelen sieht, dann gibt er nicht den Maori-Glauben wider, sondern nur seine eigene, intellektualisierte Interpretation dessen.[194]

Aus gleicher Richtung kritisiert J. Prytz Johansen Mauss' Textauslegung: Johansen bezweifelt zunächst generell die sich in der übergroßen semantischen Wortwolke zusammenballende, geistige Konnotation des Wortes *hau* in der alten Maori-Sprache, die Mauss' dem *hau* zuzuschreiben scheint. Weiter entgeht Mauss scheinbar der Kontext der erfassten Kommunikation, woraus sich nach Johansen ergibt, dass im vorliegenden Falle mit *hau* ganz einfach *Gegengeschenk* gemeint ist.[195]

Sahlins steht mit seiner Kritik in der Mitte beider Positionen, denn er nimmt seinen Ausgangspunkt in philologischen Vernachlässigungen Mauss' und fügt dem eine Kritik der dabei resultierenden theoretischen Unschärfe des Mauss'schen Konzepts an. Er argumentiert ebenfalls, dass Mauss' mysti-

---

[194] Firth (1959), p. 419 f.

[195] Zitiert in: Sahlins (1972), p. 156 f. Ähnlich argumentiert Godelier, dass Mauss zu irrigen Annahmen gekommen ist, da er dem Kontext des Maoritextes keine Beachtung schenkte; vgl. Godelier (1996), S. 72 ff.

sche Verblendung ihren Ursprung in dessen Vernachlässigung des Kontexts hat: unter Einbeziehung des Gesamtzusammenhangs des Maoritextes wird deutlich, dass der Informant Ranaipiri ein religiöses Konzept mit ökonomischen Prinzipien erklärt hat. Das Opfern des erstgeschossenen Vogels einer Jagdsaison an den *hau* des Waldes erfolgt in der Hoffnung, dass der *hau* des Waldes in der kommenden Saison wiederum genügend Beute abgeben möge. Gleichzeitig wird dem *hau* des Waldes symbolisch ein Teil der insgesamt gewährten Beute zurückgegeben.

Mauss hat, so Sahlins, dies gerade verkehrt herum verstanden und untermauerte in der Folge auf verhängnisvolle Weise, das ökonomische Prinzip des Austauschs, für das er in seiner Theoriekonzeption ja dringend eine Art *unbewegten Bewegers* benötigte, durch ein religiöses-mystisches Ideensystem. Im gleichen Zusammenhang versucht auch der dekonstruktivistisch inspirierte Ansatz von Rodolphe Gasché den Ansatz des *Essai* in Bezug auf die anthropologische Entstehung der Gabe zu kritisieren. Mauss sieht sich hier dem Vorwurf ausgesetzt, dass seine Konzeption nur in der Lage ist, die Gegengabe, nicht jedoch die erste Gabe an sich zu erklären: das Geben an sich erscheint Gasché kontingent oder zumindest der individuellen Entscheidung des einzelnen überlassen.[196] Wenn auch Gaschés Kritik für das Geben im soziologischen Kontext zunächst nicht ganz von der Hand zu weisen ist, so trifft sie im von Mauss entwickelten, anthropologischen Kontext nicht zu. Wie Sahlins verdeutlicht, ist die erste Gabe immer schon da, da der *hau* des Waldes den Jägern grundsätzlich gibt: die Erzeugnisse des Waldes stehen den Menschen ja prinzipiell zur Verfügung. Allein die Deutung von Mauss, der mythischen Sichtweise der Maori die westliche Rationalität der soziologischen Wissenschaftlichkeit überzustülpen, verdient die oben angeführte Kritik.

Auf der anderen Seite begegnet Mauss Kritik seitens Lévi-Strauss, der mehr die prinzipiellen Prämissen von Mauss methodischem Vorgehen analysiert. Lévi-Strauss sieht in Mauss' Methode der Untersuchung der Ganzheiten der Gesellschaft bereits eine neue Ära der sozialwissenschaftlichen Forschungsmethodik dämmern, die seiner Zeit weit voraus gewesen wäre. Er schätzt Mauss' zweigliedriges Vorgehen der Bestimmung der einzelnen Strukturelemente und des Zusammenfügens der Elemente zu einer Ganzheit, doch erscheint der *hau* – dieser *deus ex machina*, der in der Art eines soziologischen *clinamens* funktioniert, wie Lévi-Strauss an anderer Stelle formuliert[197] – aufgrund seiner Affektivität und seines Mystizismus als Zement zur Verbindung der Strukturelemente zu einer Einheit nicht geeignet: Hieraus entwickelt Lévi-Strauss seinerseits einen Gegenvorschlag zu Mauss' Defizit,

---

[196] Gasché (1997), p. 111.
[197] Lévi-Strauss (1993), S. 636.

indem er als Triebfeder des sozialen Austauschs die Syntheseleistung des symbolischen Denkens identifiziert.[198]

Mauss' Interpretation des *hau* hat mit der ursprünglichen Bedeutung des *hau* in der Maori-Kultur nur wenig gemein. Insbesondere genügt sein Verständnis des *hau* nicht zur Erklärung sozialer Emergenz, um darauf eine ganze Sozialtheorie aufzubauen. Insgesamt gesehen gelingt es Mauss nicht, die metaphysischen Hintergründe der Gabe aufzuklären oder diese gänzlich loszuwerden.[199] Aber auch ohne den metaphysischen Ballast des *haus* der Gabe hält Mauss einen in seiner Fülle und Wertigkeit kaum mehr erreichten Apparat von Elementen des archaischen Gebens bereit, die als Vergleichsfolie für eine soziale Morphologie modernen Schenkens dienen.

4. 5. Soziale Implikationen der archaischen Gabe

Die Triade der Verpflichtungen des Schenkens als regulatives Prinzip, das nach Mauss den sich im Schenken objektivierenden Austausch beherrscht, ist die Verpflichtung erstens Geschenke zu geben, zweitens Geschenke anzunehmen und drittens Geschenke zu erwidern.[200] Alle drei Verpflichtungen des Schenkens zusammen bilden einen *einzigen* Komplex, der *die* basale Grundannahme in Mauss' Konzeption der Gabe ist. Mauss hält fest, dass es für das von ihm beschriebene Konzept einfach keine anderen Ausdrücke gibt als die vagen Begriffe »Geschenk« oder »Gabe«[201]. Der semantische Widerspruch, den Derrida im Ausdruck Gabentausch wahrnimmt, beruht letztlich auf dem traditionellen Verständnis beider Morpheme in ihrem isolierten Auftreten. Daher diskutiert Derrida in seinen Analysen nicht das Phänomen, dem Mauss den *Essai* widmet. Derrida greift in seiner Diskussion auf die ternäre Struktur von Geber, Empfänger und Gabe zurück, die »unerlässlich zu sein [scheint], damit eine Gabe möglich ist, damit es ein Gabenereignis gibt«, und weiter »[...] damit es Gabe, ein Gabenereignis gibt, muss irgend ›einer‹ irgend ›etwas‹ [...] irgendeinem anderen geben, ansonsten bleibt ›geben‹ be-

---

[198] Lévi-Strauss (1974), S. 37 f. Inwiefern Lévi-Strauss' Argumentation – da er das mystische Element bei Mauss durch ein nicht minder metaphysisches Element, nämlich Mentalismus ersetzt – überzeugend ist, muss hier freilich offen bleiben.

[199] Nach Evans-Pritchard ist dies nicht das einzige Mal, dass sich Mauss' in soziologischer Metaphysik verliert; vgl. Evans-Pritchard (1981), S. 112.

[200] Dies ist bei Mauss materialreich empirisch unterlegt; vgl. Mauss (1989), S. 27 ff. und S. 71 ff.

[201] Mauss (1989), S. 131; im Orig.: »présent, cadeau, don«; vgl. Mauss (1950), p. 267. Vgl. dazu auch Malinowski (1979), S. 550, der explizit betont, dass der Kula (zumindest für die eurozentrische Wissenschaft) einen gänzlich neuartigen Typus des Austauschs darstellt. Dass die eurozentrisch geprägte Sprache dafür kein sprachliches Äquivalent bietet, und daher vom Kula gesprochen wird oder ersatzweise das Kunstwort »Gabentausch« geschaffen wird, ist nicht der traditionellen Anthropologie anzulasten, wie Derrida dies tut, sondern vielmehr der *Tradition der Sprache*, gegen die niemand ankommt, wie Derrida selbst betont (persönliche Information, 13. Oktober 1999).

deutungslos, sagt nichts.«[202] Diese Aussage ist in ihrer Eindeutigkeit und Wahrhaftigkeit nicht zu übertreffen, sie trägt fast den Charakter der Tautologie. Geben ist die *conditio sine qua non* der Gabe – auch hierin stimmen die Anthropologie/Ethnologie und Derridas Philosophie überein. Der folgenreiche Unterschied besteht jedoch in der Wesenskonzeption der Gabe: Mauss definiert *das* Wesen der Gabe bzw. des Gabentauschsystems anhand seiner kulturübergreifenden Studie unmissverständlich als untrennbare Einheit eines Prozesses, der sich aus Geben *und* aus Nehmen *und* aus Erwidern von Gaben zusammensetzt. Anders ausgedrückt: der unreduzierbare Kern von dem, was gemeinhin mit »Geben« gemeint ist, ist das unlösliche Zusammengehören von Geben, Nehmen und Erwidern. Gerade in dieser Erkenntnis und den daraus resultierenden Folgen für die Konstitution des Sozialen liegt eine der Hauptleistungen des *Essai*. Mauss hat bekanntlich die teils drastischen Folgen beschrieben, wenn z. B. das Annehmen oder das Erwidern von Gaben ausbleibt. Um die Folgen für ein Ausscheren aus dem Muster in Erinnerung zu rufen, nur einige markante Zitate aus dem *Essai*: »Sich weigern, etwas zu geben, es versäumen, jemand einzuladen, sowie es ablehnen, etwas anzunehmen, kommt einer Kriegserklärung gleich;« oder »Die Sanktion der Erwiderungspflicht ist Schuldknechtschaft. [...] Derjenige, der das Darlehen oder den Potlatsch nicht zurückzahlen kann, verliert seinen Rang und sogar den Status eines freien Mannes.« Oder ganz knapp zusammengefasst: »Sich des Gebens oder Nehmens enthalten [...], das bedeutet – ebenso wie sich des Erwiderns enthalten – einen Verlust an Würde.«[203] Aus dem *Essai* ergibt sich unzweifelhaft, dass Gabe in archaischen Gesellschaften nach Mauss ein Akt der Kommunikation ist, der den Dreiklang von Geben, Nehmen und Erwidern von Gaben meint. Derrida schlägt dagegen ein komplett anderes Verständnis vor:

> »Gehen wir einmal mehr vom Einfachsten aus und halten wir uns an dieses semantische Vorverständnis des Wortes ›Gabe‹, in unserer oder in einer der uns vertrauten Sprachen. Gabe gibt es nur, wenn es keine Reziprozität gibt, keine Rückkehr, keinen Tausch, weder Gegengabe noch Schuld.«[204]

Derrida betrachtet das Phänomen des Gebens ganz offensichtlich einzig in dem wörtlichen Sinne des »Gebens«, d. h. er meint mit Geben *nur die erste Komponente* dessen, was bei Mauss unter dem sozialen Akt des Schenkens verstanden wird. Aus diesem Blickwinkel wird auch Derridas Kommentar einsichtig, der *Essai* spreche von allem möglichen, nur nicht von der Gabe. Nichtsdestotrotz, allein im Zusammenspiel dieser Voraussetzung mit seiner

---

[202] Derrida (1993), S. 21 f.

[203] Mauss (1989), S. 28, S. 87 und S. 77. Die soziologische Relevanz der Gabe, die über das bloße Geben hinaus auch die Elemente des Nehmens (und Erwiderns) berücksichtigt, unterstützen deshalb ironischerweise Derridas Anmerkung, der *Essai* sei eigentlich eher ein »Versuch über das Nehmen«.

[204] Derrida (1993), S. 22 f.

ersten ist sein Schluss korrekt, dass »jedesmal, wenn es eine Rückgabe oder Gegengabe gibt, [...] die Gabe annulliert [wird].«[205] Geben nach Derridas semantischem Vorverständnis ist *per definitionem* gerade durch seine Eigenschaft gekennzeichnet, dass es eine Handlung ist, die *ausschließlich in einer Richtung* verläuft und dann ihren Abschluss findet. Ein Akt des Annehmens oder eine anschließend gegenläufige Handlung ist in dieser Definition nicht impliziert. Subtrahiert man jedoch, wie dies Derrida fordert, von der Gabe in traditionellem Sinne, alles was nach dem Gebeakt, d. h. der konkreten Übergabe der Gabe, folgt, dann hat man es in der Tat nicht mehr mit Gabe zu tun, sondern nur noch mit Geben.

4. 6. Soziale Verpflichtungen der Gabe

Die Verpflichtung, Geschenke zu machen

Die den Naturvölkern eigene Vorstellung von Eigentum und Besitztum unterscheidet sich in der Hinsicht von derjenigen moderner Gesellschaften, dass sich die Person nur als ein aktueller Besitzer in der Art eines Verwalters und Verwahrers der Güter fühlt. Die Güter kommen von den Göttern und Geistern und sind allen gegeben, d. h. für den Nutzen aller bestimmt. Der aktuelle Besitzer ist dazu angehalten, die Güter seines aktuellen Besitzes, ob es ihm angenehm oder unangenehm erscheint,[206] mit anderen zu teilen, andere an seinem Besitz teilhaben zu lassen. Die Form dieser Teilhabe lässt sich in einem Spektrum finden, das von Gastfreundschaft und Beherbergung bis zum Verschenken von Dingen reicht. Zugrunde liegt jedenfalls immer die Vorstellung, dass man nicht der endgültige Besitzer eines Gegenstandes ist. Neben dem andersartigen Besitzverständnis ist es auch die bei archaischen Völkern anzutreffende Ansicht, dass mit dem Vermögen reichlich zu geben die eigene Ehre auf dem Spiel steht. Außerdem zwingt sich die Pflicht des Gebens auf, weil durch verschwenderisches Verteilen teilweise des gesamten Besitzes ein sozialer Prestigegewinn für sich und seinen Stamm erzielt werden kann.[207] Das Versäumnis Einladungen auszusprechen, Gastfreundschaft zu gewähren, Gaben zu offerieren, im weiteren Sinne also: das fortzugeben, dessen Besitzer man sowieso nur auf Zeit ist und auf das der andere Anspruch hat, bedeutet die Negation des sich im Eigentum objektivierenden spirituellen Bandes

---

[205] Derrida (1993), S. 23.

[206] Teilen ist eine Verpflichtung, die über dem individuellen Wunsch steht, bestimmte Dinge für sich alleine behalten zu wollen. Die Mythen und Sprichwörter der Naturvölker belegen sowohl die grundsätzliche Verpflichtung des Teilens wie auch die gelegentliche Unliebsamkeit dieser Verpflichtung; vgl. z. B. Mauss (1989), S. 28, Fußnote 37.

[207] Mauss (1989), S. 65.

von Freundschaft und Gemeinschaft und kommt in diesem Sinne einer Kriegserklärung gleich.

Die Verpflichtung, Geschenke anzunehmen

Nietzsche sagt: »[...] der Beschenkte hat schon durch das Annehmen zu viel Last.«[208] Wie Recht er damit hat, zeigt Mauss an den in der Verpflichtung des Nehmens implizierten Verpflichtungen für den Gabennehmer. Die Verpflichtung Gaben anzunehmen teilt mit der vorgenannten Verpflichtung die Eigenschaft, dass durch die Weigerung Geschenke anzunehmen gleichfalls die damit angebotene (Re-Institutionalisierung) der Freundschaft ausgeschlagen würde. Doch nicht nur darin gleichen sich diese beiden Verpflichtungen: beiden ist auch das Element der Ehre gemein, was jeweils den starken Verpflichtungscharakter mitbestimmt. Die Ablehnung einer Einladung, die Weigerung ein Geschenk anzunehmen kann auch so verstanden werden: Entweder nimmt man die mit dem Angebot verbundene Verpflichtung nicht ernst und man spricht dem anderen jegliche Kommunikationswürde im Schenken ab. Oder man gibt sich angesichts der Erkenntnis des eigenen Unvermögens einer adäquaten Erwiderung der Gabe schon als besiegt zu erkennen. Man muss nehmen, weil man sonst den Verdacht aufkommen lässt, man sei nicht in der Lage, ein Gegengeschenk zu machen. Dem aus diesem Unvermögen resultierenden Gesichtsverlust möchte man sich unter keinen Umständen aussetzen.[209] Die vornehmlichsten Implikationen, die mit der Annahme von Gaben verbunden ist, liegt zum einen in der Anerkennung der damit eingegangenen Verpflichtung, das Spiel des Gebens mitzuspielen und zum anderen in der gleichzeitigen Annahme der durch die Gabe kommunizierten Herausforderung. Auch bei der Verpflichtung des Nehmens liefert die archaische Einstellung zu Eigentum eine Erklärung: da man im Allgemeinen nur zeitweiliger Verwalter der Dinge ist, wird eine konkrete Gabe vorübergehend in Obhut genommen, um sie nach gewisser Zeit wiederum weiterzugeben. Man nimmt, nur um wieder fortzugeben. Somit bleibt der sich ewig bewegende Gabenzirkel in Gang.

---

[208] Nietzsche (1999), KSA 2, S. 245.

[209] Mauss (1989), S. 76; zur Metapher des »Gesichtsverlusts« weist Franz Boas auf eine kuriose, linguistische Parallele bei den Kwakiutl-Indianern hin: Ein Häuptling, der niemals ein Fest gab, wurde Qelsem genannt (das heißt ›Verfaultes Gesicht‹), einer, der kein Fest gibt. Boas zitiert nach Mauss (1989), S. 72, Fußnote 153.

Die Grammatik des Gebens erfordert sowohl beim Potlatsch wie auch bei jedem anderen archaischen Geben die Erwiderung der empfangenen Gaben.[210] Dies hat in der Regel in einem Gegengeschenk oder in einem als Erwiderung veranstaltetem Potlatsch zu erfolgen. Wiederum steht mit dem Vermögen, eine Gegengabe machen zu können, die Ehre – nicht nur die persönliche, sondern auch die des repräsentierten Kollektivs – auf dem Spiel. Die Gegengabe hat immer mindestens von gleichem oder höherem Wert zu sein, wobei der Wert selten am rein materiellen Wert der Geschenke bemessen wird.[211] Zwischen der Gabe und ihrer Erwiderung liegt notwendig eine Frist: Denn würde eine Gabe unmittelbar nach Empfang wieder zurückgegeben, dann käme dies praktisch der Weigerung gleich, die Gabe überhaupt anzunehmen.

Allein zum Zwecke der einfacheren Darstellbarkeit wurden diese drei strukturellen Kennzeichen des Schenkens in Ablösung von den folgenden Merkmalen aufgezählt; die Tatsache, dass diese drei wesentlichen Eigenschaften in der Komplexität der sozialen Wirklichkeit mit jenen originär verknüpft sind, bleibt davon unberührt.

4. 7. Morphologeme der archaischen Gabe

Einen geeigneten Einstieg für die Herausschälung der Morphologeme archaischen Gebens bietet Mauss' Vergleich des Potlatsch mit dem Kula. Dabei stellt er sich zur Aufgabe, das Vorhandensein konstitutiver Elemente des Potlatsch im Gabentausch der Polynesier zu ergründen. Das im Potlatsch dominierende Prinzip des Antagonismus und das Bestreben, seinem Gegner den Rang abzulaufen, besitzen einen gehaltvollen Hintergrund: Mit dem veranstalteten Fest, mit den verteilten Gaben, mit den zerstörten Reichtümern kommunizieren die Kämpfenden mit für diesen Kontext gültigen Medien, um eine Selbstdarstellung zu geben. Seinen Reichtum kann man dadurch beweisen, indem man ihn zeigt. Und welche bessere Gelegenheit böte sich, als ihn vor dem großen Publikum eines Potlatsch auszugeben und zu verteilen? Aus der Art und der Masse der verschwendeten Gaben können alle Beteiligten die nach außen getragene Eigeneinschätzung des Kombattanten ablesen. Im Kommunikationskontext des Gebens dienen die Gaben als Mittel der Selbstdarstellung und wirken in dieser Hinsicht als die Träger der entsprechenden Information: in den Gaben materialisiert sich die Information, als Medien

---

[210] Während Simmel – anders als Mauss – die Gabe noch als freiwillig erachtet, stimmt er bei der Pflicht der Erwiderung mit Mauss überein; vgl. Simmel (1993), S. 314.

[211] Mit der Annahme, dass der Wert einer Gabe nicht nur am materiellen Wert eingeschätzt wird, sondern auch an symbolischen, emotionalen Werten, etc. scheint eine globale Erfahrung von allgemeiner Gültigkeit vorzuliegen, denn sie findet sich sowohl in der ethnologischen Literatur z. B. bei Bourdieu und Malinowski als auch in der soziologischen Literatur z. B. bei Mauss.

werden sie zu Informationsträgern. Eine derartige Interpretation legt Mauss mit seiner Beobachtung nahe, dass in den Systemen totaler sozialer Leistungen Gaben als Teil der Persönlichkeit der Geber verstanden werden. Geben heißt immer so viel, wie etwas von sich selbst geben. Geschenke tragen einen Teil der Seele des Gebers in sich, wodurch sich im Geschenk eine geistige Verbindung zwischen dem Geber und dem Empfänger objektiviert. Das Geschenk, das nicht als lebose Sache, sondern als beseelt und oft auch individualisiert wahrgenommen wird, stellt ein sichtbares Zeichen des spirituellen Bandes dar, welches den Empfänger an den Geber knüpft.

In einer kurzen Reflexion[212] über den Ursprung des Schenkens greift Mauss religiöse Motivationen auf: Mauss gründet seinen Vorschlag auf der plausiblen Idee des Austauschs zwischen Menschen und Göttern und rekonstruiert den Ursprung des Schenkens in der Opfergabe an die Götter. Die Zerstörung von Reichtümern im Potlatsch – es werden z. B. Sklaven getötet, kostbare Öle, kistenweise Kerzenfische und Wolldecken verbrannt, wertvolle Kupferplatten ins Meer geworfen, Hauser in Brand gesteckt – geschieht nicht nur um Macht, Reichtum und Uneigennützigkeit zur Schau stellen, sondern auch um den Geistern und den Göttern Opfer darzubringen, die als die wahren Eigentümer aller Dinge betrachtet werden. Die durch die Zerstörung für weitere menschliche Nutzung unbrauchbar gemachten Dinge dienen als Schenkung an die Götter und Geister; sie stellen eine Gegengabe an die Götter und Geister dar, von denen man die Reichtümer ursprünglich erhalten hat. Teilen ist eine Pflicht, die sowohl für die Götter und Geister als auch für die Menschen gilt, selbst wenn man dieser Pflicht nicht immer gerne nachkommt. Aus dem Grund, dass die Götter und Geister die Güter und Dinge geben und um den Gabenzirkel aufrechtzuerhalten, so dass auch in Zukunft die Gaben von den Göttern und Geistern gewährt werden mögen, war der Austausch mit ihnen von höchster Notwendigkeit. Wenn er unterblieb, musste höchste Gefahr für das weitere Überleben befürchtet werden. Aus diesem mythisch-religiösen Blickwinkel deutet Mauss die Opfergabe als Ursprung des Schenkens.

Geschenke werden immer aufgrund eines Anlasses gegeben. In archaischen Gesellschaften sind dies oft solche Gelegenheiten, die man als *rites des passages* bezeichnet, also signifikante Einschnitte im Lebenslauf des Menschen, die den Übertritt in einen anderen Abschnitt des Soziallebens markieren, wie z. B. Heirat, Geburten, Aufnahme in die Kriegerkaste, Krankheit, Gesundung, Pubertät, Todesfälle, Loskauf von Gefangenen, Sühne ritueller Vergehen usw.[213] Es sind jedoch nicht nur solche *rites des passages*, die den Anlass zum Schenken liefern: oft genug liegt der Anlass des Schenkens in der Grammatik des Schenkens selbst, wenn beispielsweise die Zeit zur Schuldbegleichung gekommen ist, die Wiederherstellung der eigenen Ehre, oder wenn ganz einfach der Sozialität stiftende Effekt der Gabe genutzt wer-

---

[212] Mauss (1989), S. 32 ff.
[213] Mauss (1989), S. 20 und 73.

den soll, um die Gemeinschaft zwischen Geistern und Menschen oder den Stämmen untereinander wiederherzustellen. Das Geben selbst, d. h. die Übergabe des Geschenks an sich, findet immer unter entsprechender zeremonieller Rahmung statt, z. B. im Potlatschfest oder in der Inszenierung des Kula. In der Zeremonie der feierlichen Übergabe äußert sich das Einverständnis aller Beteiligten, in den Gabentausch einzutreten und darin zu bleiben. In der feierlichen Übergabe ist das zu sehen, was Malinowski als den Effekt des *clinching* bezeichnet: die endgültige Bindung.[214] Dem Schenken gehen immer gewisse Vorbereitungen voraus. Diese Vorbereitung betreffen neben der übrigen sozialen Rahmung wie Terminfestsetzung etc. auch die Geschenke selbst, wenn die Geschenke als solche auserkoren werden; denn vom Prinzip her (von der Ausnahme des hochstilisierten Kula einmal abgesehen) kann *alles* als Geschenk dienen: es kommen dafür Nahrungsmittel, Frauen, Kinder, Güter, Talismane, Grund und Boden, Arbeit, Dienstleistungen, Priesterämter und Ränge in Frage.[215] Der in den übergebenen Dingen sich widerspiegelnde Wert wird dabei – wie bereits angesprochen – nicht ausschließlich am materiellen Wert oder Nutzen gemessen. Vielmehr zählen zunächst der Besitz an sich und der dem Geschenk zugeschriebene emotionale, soziale, symbolische, magische, mythische und religiöse Wert.[216]

Gaben und Geschenke können sich grundsätzlich als begehrenswert oder unangenehm (oder beides zugleich) erweisen:[217] ohne dass die Literatur näher auf diese Effekte eingeht, lässt sich aus dem Dargestellten erkennen, dass Gaben und Geschenke begehrenswert sind, weil sie z. B. das Prestige steigern können oder weil man sich sie der Freundschaft rückversichert weiß. Gaben und Geschenke können sich insofern auch als unangenehm erweisen, da sie Pflichten mit sich bringen, denen nachzukommen dem einzelnen oftmals erhebliche Anstrengung und persönliche Widmung abverlangt.

Die Ehre der Gabe und die Ehre des Gebens

Die drei Verpflichtungen des Gebens, Nehmens und Erwiderns stehen jeweils mit dem Konzept der Ehre in engem Zusammenhang: »Sich des Gebens oder Nehmens enthalten[…], das bedeutet – ebenso wie sich des Erwiderns enthalten – einen Verlust an Würde«, so resümiert Mauss diesen Konnex.[218] Mauss selbst macht eindeutige Verweise darauf, ohne jedoch tiefer in die Materie einzudringen. Zu diesem Zweck kann man sich auf Bourdieu beziehen, der sich dem Feld der Ehre und ihrer Analyse unter dem Aspekt der Herausforderung und Beleidigung einerseits, aber auch dem Schenken andererseits in ei-

---

214 Mauss (1989), S. 52.
215 Mauss (1989), S. 29 und 92 f.
216 Mauss (1989), S. 43 ff.
217 Mauss (1989), S. 24.
218 Mauss (1989), S. 77.

ner frühen Untersuchung widmete. Seine Untersuchungen im *Entwurf einer Theorie der Praxis* sollen als Fundament dienen, um ein tiefergehendes Verständnis für den bei Mauss vorfindbaren Zusammenhang zwischen Ehre und Gabe zu enthüllen. In seinen frühen Studien über die Gesellschaften der Kabylei untersuchte Bourdieu den Zusammenhang zwischen Ehre, Ehrgefühl und der Sozialität der kabylischen Bevölkerung. Er kommt zu der Auffassung, dass Ehre und Ehrgefühl im System des Austauschs eine entscheidende Rolle bei der Aufrechterhaltung von Kommunikation spielen. Er selbst hat diese Beziehung sowohl für das Geschenk als auch für die Herausforderung geltend gemacht. Er bezeichnet den sozialen Austausch als regelgeleitete Dialektik von Herausforderung und Erwiderung der Herausforderung, womit im Prinzip nichts anderes gemeint ist, als das potenziell unendliche Fortlaufen ewigen Gebens und Nehmens, das Hin und Her der Herausforderungen, das bis ins Unendliche weitergehen kann.[219] Als Voraussetzungen bestimmt Bourdieu die Kenntnis der Spielregeln des Spiels der Gaben, des Spiels der Herausforderung oder allgemeiner: des Spiels der Kommunikation bei allen Beteiligten. Die Bekanntheit der Spielregeln und den Willen sie auch zu befolgen unterstellen alle Kommunizierenden auch ihrem jeweiligen Kommunikationspartner, gegenüber dem sie eine Herausforderung aussprechen oder dem sie ein Geschenk geben. Eine Versicherung, dass der Austausch gemäß den Regeln stattfindet, dass also der Herausgeforderte oder der Beschenkte die Regeln kennt und sich damit auch an sie hält, äußert sich in der Annahme der Herausforderung bzw. des Geschenks: nimmt der Partner das Geschenk an, so macht er damit deutlich, dass er in die Kommunikation eintreten will. Würde er die Annahme des Geschenks verweigern oder das Geschenk in gleicher Form oder in gleichem Wert zurückgeben, so wäre der Austausch schon beendet, bevor er überhaupt richtig begonnen hat.

Dieser entscheidende Mechanismus bedarf zu seinem Funktionieren der Ehre, in deren Rahmen grundsätzlich alle Handlungen eingelassen sind. Durch die zugrundeliegende Ehre wird mit der Anerkennung der Spielregeln aus der puren Aggression einer Beleidigung ein geordneter Kampf, der nicht die Unterminierung der Sozialordnung zum Ziel hat, sondern im Gegenteil zu ihrer Aufrechterhaltung beiträgt.[220] Eine ausgesprochene Herausforderung gereicht dem Partner zu Ehre, denn dadurch erhält er die Möglichkeit, seine Ehre, die nun auf dem Spiel steht, zu verteidigen. Herausforderungen werden gezielt nur an Ebenbürtige ausgesprochen. Wird eine Herausforderung an einen anerkannt Unterlegenen ausgesprochen, so verspielt man seine eigene Ehre. Wird im entgegengesetzten Fall eine Herausforderung an einen Überlegenen ausgesprochen, dann wird diese Anmaßung durch Ignorieren der Herausforderung geahndet, denn durch die Annahme einer Herausforderung von einem offensichtlich Unterlegenen würde sich der Herausgeforderte selbst entehren. Kurz: Aufgrund der Ehre findet der in einer Herausforderung getä-

---

[219] Bourdieu (1979), S. 22.
[220] Bourdieu (1979), S. 19.

tigte Kommunikationsakt nur zwischen (nahezu) Ebenbürtigen statt. In dieser Kommunikation findet gleichzeitig eine Anerkennung des anderen als ein der Herausforderung würdiges Mitglied der sozialen Gemeinschaft statt. Daraus kann man das Fazit ziehen:[221] Wer in das (nach der Logik des Ehrgefühls verlaufende) Spiel der Herausforderung aufgenommen wird, hat den Kampf um Anerkennung gewonnen. Wer will, kann im vorausgegangenen Absatz »Herausforderung« durch »Geschenk« ersetzen: das Moment der Ehre und seine zentrale Bedeutung in der Kommunikation archaischer Völker bleibt davon unverändert.

Im Ehrgefühl liegt nicht nur der Grund zur Überbietung des empfangenen Geschenks, sondern auch die Tatsache, dass durch eine Herausforderung immer das Kollektiv betroffen ist. Denn der einzelne ist durch das Ehrgefühl und die Ehre seines Namens mit den Seinen untrennbar verbunden. Das Aussprechen einer Herausforderung, Rache, die Erwiderung von Beleidigungen, die Rückzahlung einer Herausforderung oder Gegengaben werden immer als repräsentativ für die Gruppe, den Clan, die Familie verstanden: Wenn ein einzelner eine Herausforderung oder eine Gabe erhält, so ist gleichzeitig das Kollektiv angesprochen, das durch den einzelnen ins Spiel der Gaben oder der Herausforderungen einsteigt. Kann der einzelne die Verpflichtung der Erwiderung nicht erfüllen, so übt der im Verwandtschaftsgrade nächste diese Pflicht aus; sollte auch jener fehlen, so ist es am nächsten das Spiel weiterzuspielen und so fort.[222]

Termin(ierung) der Gaben

Das am Beispiel der Herausforderung dargestellte Muster Bourdieus, dass das Ehrgefühl in archaischen Gesellschaften einen hohen Stellenwert einnimmt, gilt auch im speziellen für die Schenkkommunikation. Das Prinzip der Ehre tritt nach Mauss zusammen mit dem Kredit und der Frist in Erscheinung. Mit der Gabe erhält der Gabenempfänger durch die impliziten Mechanismen Zeit eingeräumt, bis wann eine Rückgabe zu erfolgen hat.[223]

Bourdieu schreibt die Notwendigkeit der Fristeinhaltung bis zur Erwiderung dem Verständnis zu, dass sofort erwiderte Gaben der Annahmeverweigerung gleichkämen und deshalb ausgeschlossen sind. Demgegenüber entwickelt Mauss diese Notwendigkeit aus der Vorstellung der nordamerikanischen Urbevölkerung, dass man sich bei allen seinen Unternehmungen auf die Hilfe seiner Freunde verlassen kann, und dass zustehende Erwiderungen für einst gegebene Gaben oder Feste für zukünftige Gelegenheiten *aufgeho-*

---

[221] Bourdieu hat dieses Fazit in dieser Form nie gezogen, doch kann man mit Gewissheit sagen, dass er dem seine Zustimmung nicht verweigern würde.

[222] Bourdieu (1979), S. 25 f.

[223] Mauss weist selbst auf die »logische Implikation des Fristbegriffs« hin; vgl. Mauss (1989), S. 63.

ben werden, quasi zeitlich suspendiert werden. Dem unterliegt der Grundsatz des Wirtschaftssystem der nordamerikanischen Urbevölkerung: Schulden machen und Schulden begleichen.[224] In der zeitlichen Suspension drückt sich das unerschütterliche Vertrauen darauf aus, dass der Kreditnehmer sich *bei seiner Ehre* an die Erwiderungsleistung hält. Die dem archaischen Geben zugrundeliegende Vorstellung der Frist, die notwendig mit dem Kredit verbunden ist, wird von Mauss genau in diesem Konnex erwähnt; insofern hat sich die Referenz zu Bourdieu als glücklich erwiesen, da er die Notwendigkeit der Frist in analytischer Abkoppelung vom Kredit erläutert. Dennoch zeigt auch Bourdieu, dass die Frist unmittelbar mit dem Begriff des Ehrgefühls zusammenhängt, genauso wie der Kredit nicht ohne die Ehre auskommen kann. Resümierend lässt sich also in archaischen Gesellschaften die Ehre und das Ehrgefühl als ein Faktor bestimmen, der – da er durch seine strukturelle Verknüpfung mit dem Kredit und mit der notwendigen Einhaltung einer Frist bis zur Gegengabe diese beiden Effekte auch gleichzeitig zeitigt – als Morphologeme des archaischen Schenkens zu gelten hat, denn allein schon das Empfangen einer Gabe durch das anwachsende Prestige in der Gemeinschaft bedeutet einen Zuwachs an Ehre.

Anerkennung des anderen durch den Gabentausch

Ein bedeutender Aspekt des Gabentauschs ist bei Mauss nur ganz oberflächlich angesprochen, obwohl sich in ihm ein zentraler Mechanismus der Sozialintegration verbirgt: es handelt sich dabei um die Anerkennung des anderen und stellt eine der folgenreichsten Vorbedingungen der Gabe dar. Im *Essai* und auch in Bourdieus Kabylei-Studie zu Ehre und Ehrgefühl wird der Mechanismus der Anerkennung des anderen nur implizit mitgeführt, der aber einen der wichtigsten Effekte des Gebens, nämlich die Sozialintegration, zeitigt. Die Pflicht des Gebens oder genauer: das Geben selbst setzt voraus, dass ein Partner existiert, dem man gibt. Diese für Soziologen keinesfalls erschütternde Erkenntnis erhält eine tiefgehendere Dichte, wenn man sich vor Augen hält, dass dem ein Akt der Anerkennung des anderen vorausgehen muss: Man zeigt sich durch ein Geschenk dem anderen gegenüber erkenntlich, und zwar in jedem erdenklichem Sinne. Man erkennt ihn als Kommunikationspartner an, man erkennt ihn als Mitglied der Gruppe an und dies geschieht durch das Schenken selbst: das Schenken lässt sich mit dem perlokutionären Aspekt des Sprechens vergleichen. Indem man einer Person ein Geschenk übergibt, erhält sie ihre Anerkennung als soziale Person, als würdiges Mitglied der Kommunikationsgemeinschaft. Die Ex-Kommunikation des anderen hingegen bedeutet, um Bourdieus Worte zu gebrauchen, dessen symbolischen

---

[224] Franz Boas zitiert nach: Mauss (1989), S. 63, Fußnote 122. In der Frist bis zur Gegengabe ist nach Mauss die Genese des modernen Kredits zu sehen: der Kredit ist die zeitlich suspendierte Erwiderung einer Gabe; vgl. dazu Mauss (1989), S. 64.

Tod[225], oder um es soziologisch zu formulieren: den *sozialen Tod* des anderen. Analog verhält es sich mit dem Nehmen und Erwidern: unterbleibt die Einhaltung auch nur *einer* dieser Verpflichtungen, so wird dem anderen gegenüber die Verweigerung seiner Anerkennung signalisiert mit der Folge des Ausschlusses aus der sozialen Gemeinschaft. Wem die Anerkennung seiner sozialen Person nicht zuerkannt wird, dem werden weder Geschenke gegeben, noch nimmt man von ihm Geschenke an, und – sofern diese Situation dann überhaupt noch auftreten sollte – man gibt ihm auch nichts zurück.

4. 8. Stiftung von Sozialität durch die Gabe

Mauss betrachtet jegliches Geben als Austausch. Reine Gaben – also die Gabe ohne Erwartung einer Gegengabe – existieren für ihn nicht.[226] Für Mauss folgt das Schenken strikt dem Grundsatz der lateinischen Vertragsformel: *do ut des.* Diese Formel summiert das Prinzip des Gebens, wonach das Geben grundsätzlich ein Austausch zwischen Tauschpartnern ist, der – in Worten Bourdieus – auf die unausgesprochene Übereinkunft[227] oder – in Durkheims Worten – auf die transzendente, zwingende Kraft des aufge(sc)hobenen Erwiderns und Zurückgebens vertraut.

Inwiefern liegt nun ein Zusammenhang zwischen dem Grundsatz des *do ut des* und den interindividuellen Sozialbeziehungen bei archaischen Völkern vor? Die Antwort folgt aus der Beobachtung, dass im Eigentumskrieg des Potlatsch derjenige im Vorteil ist, der über die größeren Ressourcen an verteilfähigem Besitz verfügt: Denn wer viel verteilen kann, kann sich viele in hohem Maß verpflichten. Neben dem dabei errungenen Prestige, das dem Potlatschgeber eine sozial hochstehende Machtstellung gewährt, ist es auch seine neue Stellung als Gläubiger gegenüber seinen Gegnern, die er im Eigentumskrieg »unterworfen« hat. Letztere Feststellung ist es, die den Zusammenhang zum Prinzip des *do ut des* zeigt: Man gibt, dass andere zurückgeben. Die darin liegende Verpflichtung ist das Fundament der durch das Geben erworbenen Macht. Das Geben (im Potlatsch) dient – wie schon erwähnt – der Selbstdarstellung. Zusammen damit ermöglicht ein solches Fest dem Potlatschgeber, seine Vormachtstellung gegenüber seinem Gegner durch überreiches Schenken oder durch überreiche Zerstörung zu zementieren bzw. wiederholt vor der Gemeinschaft zu unterstreichen, und durch diese Demütigung nicht nur einen Sieg im Geben zu erringen.[228]

---

[225] Bourdieu (1979), S. 45. Auch die Psychoanalyse weist darauf hin, dass die Angst des Individuums, zum Außenseiter zu werden, noch seine Angst vor dem (biologischen) Tod zu übertrumpfen vermag; vgl. Fromm (2000), S. 104.

[226] Vgl. Mauss (1989), S. 132.

[227] Zu den Konsequenzen für das Schenken in modernen Gesellschaften vgl. Bourdieu (1998), S. 163 ff. und Bourdieu (1997d), S. 193 ff.

[228] Mauss (1989), S. 71.

Im Gabentauschsystem archaischer Gesellschaften, von denen der Kula und der Potlatsch nur Extremfälle sind,[229] werden gewöhnlich ganze Kollektive miteinander in einem Netzwerk sozialer Solidarität verbunden. In einer eigenartigen Dialektik erhält der einzelne seine Anerkennung als Mitglied des Kollektivs durch die Gesellschaft und gleichzeitig repräsentiert er als Mitglied des Kollektivs genau jene Gemeinschaft, der er seine Individualität schuldet. So kann er als einzelner das Kollektiv repräsentierend Gaben empfangen, und als einzelner in Repräsentation des Kollektivs Gaben erwidern. Die Häuptlinge, die sich im Potlatsch durch immer größere Verschwendung ihrer Reichtümer übertrumpfen wollen, kämpfen für ihren gesamten Stamm; der ganze Stamm profitiert vom Erfolg oder leidet unter dem Misserfolg des kämpfenden Häuptlings, genauso wie der ganze Clan oder die gesamte Dorfgemeinschaft eines Kulatreibenden von der Wohlgesonnenheit von dessen Partner profitieren kann: die soziale Bindung besitzt einen über die konkrete Schenksituation hinausreichenden Charakter mit dem Effekt, dass beispielsweise die Gastfreundschaft, die militärische Unterstützung oder die Bereitschaft zur Hilfeleistung aller Art nicht nur für den Kulapartner gilt, sondern auch für dessen Angehörige.

4. 9. Archaische Gaben sind Kommunikationsmedien

Mauss spricht von Gaben dezidiert als Zeichen – Zeichen von Reichtum, Rang und Überfluss. Mauss scheut nicht davor zurück, den symbolischen Wert der Dinge so weit zu überhöhen, dass er ihnen geradezu eigenes Bewusstsein zubilligt.[230] Damit schreibt er den Gaben die Verpflichtung zur Rückgabe ein und macht sie so zum Zeichen der Verpflichtung selbst: Nicht die Gabe selbst erfüllt die Funktionen, die ihr im Komplex der archaischen Gesellschaften zugesprochen werden, sondern sie ist deren bloßes Medium. Die aus soziologischer Perspektive wohl bedeutendste Funktion der Sozialintegration durch Schenken relativiert Mauss durch seine Auffassung, dass Sozialintegration nicht ausschließlich im Gabentausch stattfindet.[231] Gestützt wird die vorliegende Interpretation der Gaben als Kommunikationsmedien auch durch das Eigentumsverständnis archaischer Gesellschaften, wonach es bei den ausgetauschten Dingen weniger um die Sache selbst geht, sondern um den Besitz eines Zeichens von Ruhm, Ehre, Macht, etc. Hierbei zeigt sich die Einstellung der archaischen Völker, die Dinge des sozialen Austauschs nicht nur anhand des Gebrauchswertes zu beurteilen, sondern sie als Zeichen

---

[229] Vgl. Mauss (1989), S. 53 »[...] der ganze intertribale *Kula* [ist] nur der auf die Spitze getriebene, feierlichste und dramatischste Fall eines weit allgemeineren Systems.« und S. 79 »[...] ebenso wie der trobriandische Kula nur ein extremer Fall des Gabentauschs ist, so ist der Potlatsch nur eine monströse Ausgeburt des Geschenksystems.«

[230] Mauss (1989), S. 43, 46, 80, 86

[231] Mauss (1989), S. 43.

der genannten Eigenschaft zu behandeln. Mauss untermauert diese Sichtweise dadurch, dass er einerseits die Annahme der Regeln durch den einzelnen als Eintritt ins Spiel der Zeichen bezeichnet: Die Weigerung das Sprachspiel des Gebens gemäß der Grammatik mitzuspielen ist mehr als die Weigerung, zu geben, zu nehmen oder zu erwidern – sie drückt die Verweigerung der sozialen Anerkennung des anderen aus. Andererseits sieht er im Geben nur die Konkretisierung des totalen sozialen Phänomens: die Gaben sind die bloße Objektivierung der sich in dieser Art der Kommunikation ausdrückenden Sozialordnung.[232]

4. 10. Zusammenfassung

Mauss betrachtet eine Gabe nur dann als solche, wenn sie die Pflicht zur Erwiderung, mit anderen Worten: Anschlussakte hervorruft. Im System der totalen Leistungen besitzt die Gabe keinen höherrangigen Stellenwert in der Ökonomie als beispielsweise in der Religion, der Liebe oder militärischen Beziehungen. Die Gabe ist kein von der Ökonomie beherrschtes Phänomen sozialer Kommunikation: Das Geben in archaischen Gesellschaften ist ein das gesamte Kollektiv betreffender, kommunikativer Vorgang des Gebens und Erwiderns, in der die Gabe eigentlich nicht wirklich veräußert wird. Denn im archaischen Eigentumsverständnis bedeutet das Geben lediglich eine Übertragung des Gebrauchsrechts eines Gegenstandes, nicht jedoch auch die Abtretung des Besitzrechts. Im Gegensatz zum *Potlatsch*, worin die Verausgabung von Besitztümern vornehmlich als interessenlose Kommunikation geführt wird, ist für Mauss der verschwenderische und luxuriöse Gabentausch mit dem Zugewinn an Prestige, Ehre, Anerkennung und Macht verbunden und keineswegs mit materiellem Zugewinn. Die Gabe schafft eine Schuld, die durch eine adäquate Gegengabe getilgt werden muss. Diese Schuld stellt eine Verpflichtung zur Gegengabe dar, wobei die Gegengabe nicht als Rückgabe aufgefasst wird, sondern ihrerseits wiederum selbst als Gabe wahrgenommen wird. Aus der Gabe und Gegengabe erwächst eine gegenseitige Verschuldung und gegenseitige Abhängigkeit zu beiderseitigem Vorteil – ein Gefühl gegenseitigen Vertrauens und gegenseitiger Verbundenheit entwickelt sich. Jenseits der Zirkulation und Verteilung und Umverteilung von Dingen ist der Gabentausch archaischer Gesellschaften ein Mechanismus zur Produktion und Reproduktion sozialer Beziehungen, die einen bedeutenden Teil der Gesellschaftsstruktur ausmachen. Den Antrieb für das beständige Geben und die Verpflichtung zu geben, nehmen und zu erwidern sieht Mauss in metaphysischer Idealisierung durch den *hau* als in den Gaben inskribiert.

---

[232] Mauss (1989), S. 50 ff.

5. Morphologeme der Gabe: der klassische ethnologische Diskurs

Wie die Soziologie nahm auch die Ethnologie gegen Ende des 19. Jahrhunderts die Gabe ins Blickfeld ihrer Forschung. Anhand des Austauschs von Gaben suchten Ethnologen Strukturmomente der Sozialität von Gesellschaften archaischen Typs zu erforschen. Mit den so erworbenen Erkenntnissen wollten sie gleichzeitig einen Beitrag zur Bestimmung der Konstitution moderner Gesellschaften gewinnen. Wegweisend waren hierbei u. a. die Studien von Malinowski, der sich wohl als einer der ersten Forscher darum bemühte, das Schenken – genauer gesagt den Kula, das besondere Gabentauschsystem der Trobriandinsulaner – systematisch zu erforschen. Gleichzeitig gelang es ihm, mit dem von ihm entwickelten funktionalistischen Ansatz, den historizistischen, diachron verfahrenden Forschungsansatz der damals etablierten Ethnologie zu überwinden. Die so genannten »Lehnstuhl-Ethnologen«, die ihre Forschungen etwa auf Reisebeschreibungen und Berichten von Missionaren, Militärs oder Kolonialbeamten basierten, wurden von den Feldforschern abgelöst. Die folgende Analyse des ethnologischen Diskurses zum Kula-Gabentausch enthüllt Charakteristika der archaischen Gabe, die als Vergleichsfolie für den Entwurf der sozialen Morphologie des modernen Schenkens Bedeutung haben.

5. 1. Kula: das Gabentauschsystem auf den Trobriand-Inseln

In seinem 1922 veröffentlichten Werk *Argonauten des westlichen Pazifik* beschreibt Malinowski das Sozialleben der Einwohner der Trobriand-Inseln, einer Inselgruppe im westlichen Pazifik östlich von Neu-Guinea. Besondere Bedeutung misst Malinowski bei der Schilderung des Lebens der Urbevölkerung dem Kula bei: Dabei handelt es sich um eine eigentümliche, in modernen Gesellschaften unbekannte Form des Austauschs von Gegenständen der Inselstämme untereinander. Dieser Tausch prägt in besonderer Weise das Zusammenleben der Stammesmitglieder sowie der einzelnen Stämme untereinander und die Gesellschaftsform der einheimischen Bevölkerung.

Jenseits der bloßen Schilderung des Kula empfiehlt sich die Analyse von Malinowskis Kula-Studien, weil ja auch Mauss in seinem *Essai* sowohl die Materie als auch die Beziehung von Gesellschaft und den Austausch von Gaben zu einem wesentlichen Ausgangspunkt seiner Problemstellung macht.

Darüber hinaus verlangt das, was Lévi-Strauss als eines der großen Unglücke der zeitgenössischen Ethnologie bezeichnete, geradezu nach einer verknüpften Analyse beider Autoren. Dieses große Unglück besteht nach Lévi-Strauss darin, dass Malinowski *alleine* (d. h. *ohne die Zusammenarbeit mit Mauss*) auf der Grundlage derselben Tatsachen und analoger Schlussfolgerungen, zu denen er und Mauss unabhängig voneinander gefunden hatten, die wissenschaftliche Ausarbeitung des Kulasystems durchführen musste, nur weil Mauss seinen neuartigen Methodenentwurf nie vollständig in die Tat umsetzen konnte.[233]

5. 2. Quell der Sozialität II: Reziprozität

Die Triebfeder des von Malinowski anhand des Kula beschriebenen Gesellschaftsmodells liegt in der Reziprozität. In den *Argonauten* thematisiert Malinowski zwar die Idee der Reziprozität nicht explizit, doch lässt sich nicht übersehen, dass sich in der Reziprozität einer – wenn nicht der – fundamentale Angelpunkt von Malinowskis Soziologie archaischer Gesellschaften offenbart. Wollte man auf Mauss' Ausgangsfrage nach der geheimnisvollen Kraft, die das Einhalten von sozialen Verpflichtungen garantiert – in dem Sinne eine der zentralen Fragen der Soziologie, nämlich nach der Kohäsion der Gesellschaft – eine Antwort bei Malinowski finden, so muss man sein Werk *Crime and Custom in Savage Society* zu Rate ziehen. In dieser Schrift richtet Malinowski nämlich sein Interesse auf die Frage, warum die allgemeinen Verhaltensregeln befolgt werden bzw. welche Kräfte zur Einhaltung von Recht und Gesetz in archaischen Gesellschaften zwingen.[234] Da Malinowski seinerzeit vorherrschende Theorien zur Gesetzesbefolgung[235] meist aufgrund empirischer Beobachtung als widerlegt ansieht, geht er selbst daran, aus der äußerst komplexen und diffusen Natur der Kräfte, aus denen das Recht archaischer Gesellschaften besteht, diejenigen Regeln zu entdecken, die als bindende Verpflichtungen anerkannt werden.

Damit tritt wie bei Mauss die Frage in den Mittelpunkt, wie die bindenden Verpflichtungen der Kula-Regeln in der Gemeinschaft durchgesetzt werden. Es ist der Mechanismus der Reziprozität, der gleichermaßen die Einhaltung

---

[233] Lévi-Strauss (1974), S. 28 oder auch Lévi-Strauss (1992), S. 15 f. Die weiteren Zusammenhänge werden aus den weiter unten folgenden Bemerkungen zu den methodischen Ansätzen des Funktionalismus bei Malinowski und des *von Lévi-Strauss so bezeichneten* »strukturellfunktionalen« Ansatzes bei Mauss klar.

[234] Malinowski (1972), p. 9.

[235] Die von Malinowski kritisierten Theorien erklären die Einhaltung von Regeln
1. durch *mechanisch-automatische Befolgung* der Regeln, da dies der mentalen Gesinnung der »Wilden« entspräche,
2. durch das *Gefühl der »Primitiven«*, Gesetze schlicht befolgen zu müssen,
3. durch *die instinktive bzw. intuitive Befolgung* von Gesetzen oder
4. durch *Gruppenzwang*, was mit der damals verbreiteten Vorstellung einhergeht, »primitive« Gesellschaften seien eine Art »bolschewistisches Paradies«.

allgemeiner Rechtsregeln sowie der Verpflichtungen zur Gabe und Gegengabe durchsetzt: »Each community has [...] a weapon for the enforcement of its rights: reciprocity.«[236] Im Gesellschaftssystem der Trobriander, dessen einzelne Bereiche wie z. B. Recht, Religion, Handel, Magie usw. im Verhältnis gegenseitiger Abhängigkeit und Beeinflussung stehen, findet sich das Individuum mit den anderen Gesellschaftsmitgliedern auf vielerlei Weisen verbunden, die alle auf dem Prinzip der Reziprozität beruhen, so Malinowski. Jeder Handlung liegt ein soziologischer Dualismus zugrunde: Zwei Parteien tauschen Dienste und Unterstützungsleistungen aus, wobei jede über die entsprechende Erfüllung und die Fairness im Verhalten der jeweils anderen wacht.[237] Malinowski nimmt an, jeglichem Handeln liegt das Motiv reziproken Austauschs – mit anderen Worten: das Ziel der Erreichung eines Gleichgewichtszustands – zugrunde. So entwirft er im Rahmen seines funktionalistischen Modells grob ein Gesellschaftsmodell, dessen treibende Kraft im Mechanismus der Reziprozität liegt.

5. 3. Soziale Semantik des Kula

In den *Argonauten* liefert Malinowski eine Beschreibung des Alltagslebens der einheimischen Stammesgesellschaften der Trobriand-Inselgruppe, die vom Klima und der geographischen Lage des Trobriand-Archipels, über die Form der Landwirtschaft, Nahrungsmittelerzeugung und Bootsbau, bis hin zur religiösen Weltsicht der Trobriander reicht. Gleichzeitig gelingt ihm damit eine Analyse wesentlicher sozialer Ordnungsstrukturen der Urbevölkerung. Stämme verschiedener Trobriand-Inseln sind durch den Kula in ständiger sozialer Kommunikation. Der Kula stellt einen durch eine spezielle Zeremonie gerahmten Ringtausch von speziellen Kulagegenständen zwischen zwei Tauschpartnern dar, und zwar mit einer Eigengesetzlichkeit, die von allen seinen Teilnehmern strikt befolgt wird. Kula wird ausschließlich zwischen zwei im Kula vereinten Partnern betrieben, wodurch ein unkontrolliertes und beliebiges Tauschen mit willkürlichen Personen gerade nach Gutdünken ausgeschlossen ist. Das Praktizieren des Kula ist Männern[238] von Rang und Stand vorbehalten, Gemeine sind in der Regel von der Ausübung des Kula ausgeschlossen.[239]

Als wichtigste Eigenschaften des Kula nennt Malinowski erstens die unentrinnbare Verpflichtung zur Gabe und zur Gegengabe und zweitens seinen Sozialität stiftenden *Charakter*, durch die unauflösbare soziale Bindungen zwischen Individuen oder Dorfgemeinschaften bis hin zu ganzen Stämmen

---

[236] Malinowski (1972), S. 23.

[237] Malinowski (1972), S. 26.

[238] Frauen sind prinzipiell vom Kula ausgeschlossen; vgl. Malinowski (1979), S. 316 f.

[239] Malinowski (1979), S. 311. Insofern spricht Mauss beim Kula von einem aristokratischen Gabentausch; vgl. Mauss (1989), S. 42.

geschmiedet werden. Die Unauflösbarkeit, die man einmal mit seinen Kula-partnern eingegangen ist, umschreibt Malinowski treffend mit den Worten: »einmal im Kula, immer im Kula.«[240] Eine Kulapartnerschaft, die man einmal eingegangen ist, lässt sich nicht wieder auflösen oder rückgängig machen. Die im Kula gestiftete Sozialbeziehung besitzt ewigen Bestand.

Ein Schlüssel dafür, warum Kula an sich betrieben wird, liegt in der holistischen, nicht-säkularisierten Weltsicht der Trobriander: Gemäß der Weltauslegung der Kulatreibenden, wonach Magie und Religion tief in alle Bereiche des Alltagsdenkens hineinreicht, ist die Sozialwelt grob gesprochen in Bekannte und in Fremde eingeteilt. Zu den Bekannten besitzt man ein freundschaftliches Verhältnis, wohingegen zum Fremden eher ein Klima der Feindseligkeit vorherrscht. Die Welt des Unbekannten, des Fremden besitzt für die Trobriander immer eine Konnotation des Feindseligen. Aus diesem Grunde ist es für den einzelnen sehr vorteilhaft, in der Fremde einen Freund zu haben, der einem Gastfreundschaft, Schutz usw. bieten kann.

5. 4. Die Beziehung von Sozialität und Reziprozität

Zur Veranschaulichung des in der Weltauslegung der Naturvölker vorherrschenden Zusammenspiels von Reziprozität und Sozialität werden die soziologischen Aspekte primitiven Austauschs untersucht. Im Gegensatz zum Ansatz von Georges Bataille, der Mauss' Fragestellung von Anfang an durch die (ausschließliche) Untersuchung der extremen Form des Gabentauschs, des Potlatschs, radikalisiert und eine Theorie der Verschwendung ohne das Konzept der Reziprozität entwirft, spielt das Prinzip der Reziprozität in der Ethnologie und Soziologie nicht nur bei der Gabe, sondern auch in den auf Austausch basierenden Sozialtheorien eine nicht wegzudenkende Rolle: Während in der Ethnologie die Bedeutung des Prinzips der Reziprozität für die Herausbildung sozialer Strukturen betont wurde, gewinnt es seine Bedeutung in der soziologischen Austauschtheorie etwa von Homans oder Blau als allgemeiner Bezugsrahmen zur Analyse sozialen Handelns.[241]

Um das Verhältnis von Reziprozität und Sozialität aufzudecken, entwirft Sahlins in *Stone Age Economics* ein auf Typen basierendes Modell für die Analyse von Reziprozität. Wenn sich Sahlins auch nur auf die zwei Aspekte Ökonomie und Sozialität beschränkt, so kann seine Analyse dennoch ein anschauliches Bild von den dem Tausch in archaischen Gesellschaften unterliegenden Prinzipien entwerfen. Tauschbeziehungen stellen Sahlins' Ansicht zufolge in archaischen Gesellschaften einen Weg dar, das Hobbessche Szenario eines chaotischen Zusammenlebens menschlicher Gesellschaft nach dem Prinzip *homo homine lupus* zu ordnen und in eine sozialgemeinschaftliche

---

[240] Malinowski (1979), S. 115.
[241] Oppitz (1993), S. 99.

Form zu überführen. Innerhalb der Tauschbeziehungen stellt das Prinzip der Reziprozität eine Leitlinie zur Regulierung dieses chaotischen Naturzustands dar. Reziprozität wird demnach als universales Prinzip menschlicher Tauschbeziehungen angenommen, wobei dessen Existenz und funktionale Bedeutung in archaischen Gesellschaften (noch) stärker spürbar ist als in modernen Gesellschaften.

Drei Typen von Reziprozität können unterschieden werden, wobei sich jedem Typ der Reziprozität ein bestimmter Grad an Sozialbindung attribuieren lässt:

Verallgemeinerte Reziprozität

Der Typ der verallgemeinerten Reziprozität[242] stellt das Extrem der Solidarität des Gebers mit dem Nehmer dar. Meist handelt es sich hier um einen Austausch, bei dem eine Seite weniger oder gar nichts vom Tauschpartner erhält, sozusagen ein altruistischer Tausch.

Solche Formen des Austauschs beschränken sich in der Regel auf nahe Verwandte und haben meist die Form von Unterstützung und Hilfsleistungen. Im Idealfall kann man diesen Typ der Reziprozität als Gastfreundschaft, Großzügigkeit oder romantisierend als reine Gabe bezeichnen. Das Teilen von Nahrung unter Familienangehörigen oder das Säugen von Babies fallen z. B. unter diesen Typ der Reziprozität. Eine Verpflichtung zur tatsächlichen (materiellen) Erwiderung besteht in der Regel nicht. Der materielle Aspekt einer solchen Transaktion wird hier von der sozialen Wertigkeit in den Schatten gestellt. Bei dieser Form der Reziprozität handelt es sich meist um langfristige Unterstützungsleistungen eines bedürftigen Verwandten (z. B. bei der Säuglings-, Kranken- und Altenpflege), die so gut wie ausschließlich in einer Richtung läuft.

Ausgeglichene Reziprozität

Die ausgeglichene Reziprozität ist weniger persönlich als die verallgemeinerte, jedoch nicht so unpersönlich wie der dritte Typ der negativen Reziprozität. Der Typ der ausgeglichenen Reziprozität meint den unmittelbaren Austausch von äquivalenten Werten, ohne dass ein zeitliches Intervall verstreicht. Wichtig ist vor allem: es besteht die Verpflichtung zur Erwiderung der Gabe. Aus nur materieller Perspektive wäre der Tausch eines Gutes A mit einem absolut identischen Gut A der Idealtyp eines solchen reziproken Tauschs. In der ethnographischen Literatur sind Tauschaktionen aufgrund ausgeglichener Reziprozität belegt, wodurch Heiraten, Freundschaften, Friedensschlüsse und

---

[242] Wesel (1985), S. 89 wählt bei diesem Typ der Reziprozität die Übersetzung »positive Reziprozität«, um Sahlins *generalized reciprocity* ins Deutsche zu übertragen.

dergleichen vereinbart werden. In weit weniger striktem Sinne werden auch solche Tauschaktionen unter ausgeglichener Reziprozität gruppiert, bei denen die entsprechende Gegenleistung erst mit zeitlicher Verzögerung (eventuell mit Zins) vergolten wird.

Vom ökonomischen Standpunkt aus gesehen ist die ausgeglichene Reziprozität qualitativ stärker ausgeprägt und besitzt einen weniger persönlichen Charakter als die verallgemeinerte Reziprozität, da sich die Tauschpartner hierbei mit konkreten ökonomischen und sozialen Interessen gegenüberstehen; um etwa das Beispiel Heirat zu nennen, die nach Lévi-Strauss den Archetyp des Tauschs[243] darstellt: ›Ich gebe euch meine Schwester zur Frau und *bekomme* von euch Fleisch und Branntwein, Büffel und Schweine, Matten und Decken‹ oder anders formuliert: ›Ihr bekommt meine Schwester zur Frau und ihr *gebt* mir Fleisch und Branntwein, Büffel und Schweine, Matten und Decken‹. Sozialer Aspekt und materieller Aspekt halten sich bei einem Austausch von ausgeglichener Reziprozität die Waage. Wird der Verpflichtung zur Erwiderung nicht nachgekommen, so beeinflusst dies die Beziehung der Tauschpartner negativ. Handelt es sich um einen Tausch mit zeitverzögerter Gegengabe, bei dem dieser Verpflichtung nicht nachgekommen wird, so reißt nicht nur der Kreislauf der Tauschgüter ab, sondern gleichzeitig steht auch der Fortbestand der Sozialbeziehung der Tauschpartner in Gefahr.

Negative Reziprozität

Beim Typ der negativen Reziprozität handelt es sich um das Extrem einer unsolidarischen Sozialbeziehung zwischen den Austauschenden. Die Erzielung maximalen ökonomischen Gewinns steht im Vordergrund; Feilschen und Schachern sind die üblichen Formen eines auf negativer Reziprozität gründenden Austauschs. Die Reinform dieses Typs von Reziprozität, in der maximale Leistung in eine Richtung ohne Gegenleistung fließt (und die deswegen kaum noch mit Austausch betitelt werden kann), ist z. B. Diebstahl oder Raub.

Im Austausch mit negativ reziprokem Charakter ist die soziale Beziehung in der Regel sehr unpersönlich, oft nur – wenn überhaupt – auf die Situation beschränkt. Die Tauschpartner haben einander entgegenstehende Interessen, denn jede Partei ist bestrebt, maximalen Profit zu erzielen, ohne seinerseits Verlust einzufahren, der ja zwangsläufig zugunsten der gegenüberstehenden Partei ausfiele.

Diese drei Typen stellen auf einem kontinuierlichem Spektrum der Reziprozität drei Formen dar, anhand derer sich Tauschaktionen klassifizieren lassen. Am einen Ende des Spektrums steht verallgemeinerte Reziprozität, bei der die Sozialbeziehung beider Tauschpartner von sehr intensiver Qualität ist und sich der ökonomische Gewinn des Gebers Null nähert, wohingegen der

---

[243] Lévi-Strauss (1993), S. 645.

Empfänger hohen Gewinn ohne eigene Verluste hat. In der Mitte des Kontinuums steht der Tausch mit ausgeglichener Reziprozität, wo die soziale Nähe der Tauschpartner von mittlerer Distanz ist und in ökonomischen Begriffen die Gewinne und die Verluste gerecht verteilt scheinen. Nicht zufällig erkennt auch der frühe Nietzsche im Charakter des *Tauschs* den anfänglichen Charakter der Gerechtigkeit. Denn jeder stellt den Andern zufrieden, indem jeder bekommt, was er mehr schätzt als der Andere: Man gibt dem anderen, was er haben will, und empfängt dagegen das Gewünschte.[244] Am anderen Ende des Spektrums liegt der Tausch, der auf negativer Reziprozität beruht. Hier sind die Sozialbeziehungen – sofern sie überhaupt in nennenswerter Qualität bestehen – unpersönlich und das Ziel der Nutzenmaximierung resultiert darin, dass die ökonomischen Interessen beider Parteien im gegensätzlichen Verhältnis zueinander stehen. Kurz: Je näher sich die Tauschpartner in ihrer sozialen Beziehung stehen, desto weniger ist die Tauschaktion von ökonomischer Profitmaximierung überschattet und umgekehrt – die Intensität der sozialen Beziehung der Tauschpartner steht in reziprokem Verhältnis zu ökonomischem Interesse.[245]

Diese Schematik des Zusammenhangs von Verwandtschafts- bzw. Bekanntschaftsqualität und Gegenleistung lässt sich auch in modernen Gesellschaften finden, wenngleich sie in archaischen Gesellschaften von größerer Signifikanz ist, da dort Verwandtschaftsbeziehungen höheren Stellenwert besitzen. Während in modernen Gesellschaften eine soziale Beziehung von relativ geringer Intensität wie z. B. zwischen Fahrgast und Fahrkartenkontrolleur relativ geringe Bedeutung zugemessen bekommt, trägt eine Person in archaischen Gesellschaften, zu der man in keinerlei verwandtschaftlichem Verhältnis steht, oft die Konnotation des Fremden oder gar des Feindes.[246]

---

[244] Nietzsche (1999), KSA 2, S. 89.

[245] Sahlins (1972), p. 196: »[…] close kin tend to share, to enter into generalized exchanges, and distant and nonkin to deal in equivalents or in guile.«

[246] Sahlins (1972), p. 196 f. Die Korrelation von Verwandtschaft und Sozialbeziehung bestätigt auch Lévi-Strauss, wenn auch in binärer Reduktion: »Die Primitiven kennen nur zwei Mittel, fremde Gruppen zu klassifizieren: sie sind entweder ›gut‹ oder ›schlecht‹. […] Eine ›gute‹ Gruppe ist diejenige, der man ohne weiteres Gastfreundschaft gewährt, diejenige, für die man sich seiner kostbarsten Güter entäußert; während die ›schlechte‹ Gruppe diejenige ist, von der man Leid und Tod erwartet und der man bei der ersten Gelegenheit Leid und Tod androht.«; vgl. dazu Lévi-Strauss (1993), S. 118.
Die gleiche Zweiteilung der Menschen in entweder Freunde oder Feinde als natürliche Sichtweise archaischer Völker findet man bei [Radcliffe-] Brown (1913), p. 151: »If I am a blackfellow and meet another blackfellow that other must be either my relative or my enemy. If he is my enemy I shall take the first opportunity of killing him, for fear he will kill me. This […] was the aboriginal view of one's duty towards one's neighbour, and it still remains at the back of his mind […].«
Neben der Ethnologie, kennt bereits das R̥gveda diese rigide Klassifizierung des Fremden in entweder Freund oder Feind; vgl. dazu z. B. Thieme (1966). Die vier Veden (R̥g, Yajur, Sama und Atharva) sind das älteste erhaltene literarische und religiöse Denkmal der indoeuropäischen Sprachfamilie: diese Hymnen scheinen in ihrer heutigen Form um 1500-1000 v. Chr. entstanden zu sein; vgl. Zimmer (1998), S. 23, Fußnote 1.

5. 5. Der Beginn einer Gabenbeziehung im Kula

Ein Kulatreibender will in den Besitz eines bestimmten Kulagegenstands kommen und bietet dem aktuellen Besitzer kleine Geschenke an, die nicht im Kularing zirkulieren werden. Auf diese Weise versucht er den aktuellen Besitzer des betreffenden Kulagegenstands so weit zu verpflichten, den Kulagegenstand an ihn und keinen anderen Partner fortzugeben. Eröffnet wird der Austausch von einer spontanen – aber nicht ohne kommunikative Absicht gegebenen – Initiations- oder Eröffnungsgabe. Das Austauschverhältnis wird (vertraglich) geschlossen oder besiegelt durch eine Endgabe oder eine Erwiderungsgabe. An anderer Stelle[247] beschreibt Malinowski das Zustandekommen einer Kulapartnerschaft folgendermaßen: Zunächst muss der künftige Kulatreibende eine Reihe von Eigenschaften besitzen und Voraussetzungen erfüllen, um ein Mitglied in der Kulagemeinschaft werden zu können: er muss das Erwachsenenalter erreicht haben und – abhängig von seinem Wohnort – muss er auch soziales Ansehen und einen hohen Rang in seiner Lebensgemeinschaft besitzen. Des Weiteren ist es notwendig, dass er von der Magie des Kula Kenntnis besitzt; oftmals lernen die Novizen diese Magie von ihren Vätern oder auch durch ihre eigenen Beobachtungen auf Kulazeremonien, denen sie zuvor beigewohnt haben. Außerdem muss er noch einen Wertgegenstand (ein so genanntes *vagu'a*) sein eigen nennen können. Unter diesen Voraussetzungen kann er dann z. B. von seinem Vater als Mitglied in die Kulagemeinschaft aufgenommen werden und somit wird er an allen Rechten und Pflichten des Kula teilhaben können. Oftmals geben die Väter ihren Söhnen, die vor dem Eintritt in den Kulazirkel stehen, einen entsprechenden Wertgegenstand quasi als »Startkapital« und stellen ihnen – nicht selten sogar in eigener Person - einen ersten Kulapartner. Diesen Wertgegenstand wird der Sohn einem Freund oder Kulapartner seines Vaters oder einem eigenen Freund als Initiationsgabe für einen Kulatausch geben: von nun an besitzt er bereits zwei Kulapartner (von denen einer sein Vater ist). Den Kulagegenstand, den er von dem Empfänger seiner Wertsache zurückerhält, kann er einem weiteren Mann im Kulazirkel anbieten, der seinerseits wieder mit einer Gegengabe antwortet, die wiederum zu einer neuen Gründung einer nächsten Kulapartnerschaft benutzt werden kann. Auf diese Weise tut sich ein Netzwerk von Partnerschaften, von sozialen Beziehungen auf, die ihren Ursprung im Austausch von Gaben haben.

Die gleiche Attitüde findet auch Malinowski (1962), S. 54 f. bei den Trobriandern: »Der Knabe [*child* im engl. Orig.] lernt […], dass er innerhalb dieser Gruppe [der Familie, den Nachbarn und der Dorfgemeinschaft] und über sie hinaus zwei Kategorien unterscheiden muss. Die eine besteht aus seinen wirklichen Verwandten […]. [Diese] Menschen [sind] von der gleichen Substanz oder dem gleichen Körper wie er selbst […]. Die andere soziale Kategorie besteht aus den Fremden oder ›Außenstehenden‹ […].«

[247] Malinowski (1979), S. 314 f.

Jedes Mal handelt es sich um zeremoniell gerahmtes Geben, wobei Gaben mit Prunk und Prahlerei und unter öffentlicher Anteilnahme überreicht werden. Malinowski definiert eine zeremonielle Handlung erstens als öffentlich, die zweitens unter der Einhaltung von genau vorgeschriebenen Formalitäten abgewickelt wird, und die drittens soziologische, religiöse oder magische Bedeutsamkeit besitzt und verschiedene Verpflichtungen beinhaltet.[248] Zugleich dient der zeremonielle Charakter des Gabentauschs, der von öffentlicher Kontrolle und Kritik begleitet wird, zur weiteren Verstärkung der Bindungskraft des Kula.[249] Die Übergabe des Kulagegenstands selbst erfolgt in der Form, dass die Gabe dem Empfänger zu Füßen geworfen wird. Meist findet die Fortgabe mit Unmutsbezeugungen und gespieltem Ärger statt, um den hohen symbolischen Wert des Fortgegebenen zum Ausdruck zu bringen. Der Empfänger hingegen ist gehalten, Lässigkeit und sogar Geringschätzung zur Schau zu tragen, um sein Begehren nach dem Kulagegenstand zu verbergen. Außerdem spielt hier das Empfinden herein, die erhaltene Gabe sei zu gering im Vergleich zum Wert der selbst gegebenen Gabe. Der eigentlich gemeinte Empfänger hebt die Gabe allerdings nicht selbst auf, sondern überlässt dies einem seiner Gefolgsmänner. Kann eine Gabe zum gegebenen Zeitpunkt eines Kula nicht adäquat erwidert werden, so wird eine Zwischengabe als Vertröstung auf die zukünftig erfolgende adäquate Erwiderung gegeben. Auch diese Zwischengabe wird wiederum mit einer entsprechenden Gegengabe vergolten. Erst danach kommt es zur tatsächlichen, endgültigen Gegengabe.[250]

Der Kula besteht aus einer enormen Anzahl verschiedener, zusammengehöriger Handlungen: Dazu gehören entsprechende Reisevorbereitungen (wie z. B. der Bau eines seetüchtigen Kanus, damit einhergehend die entsprechende Magie für eine günstige und gefahrlose Reise), die Verladung der Kulagegenstände, das Verladen zusätzlicher Handelsgüter und weiterer kleinerer Gabenartikel[251] (und anderer Exportartikel wie z. B. Gebräuche, Gesänge, Kunstmotive und anderer kultureller Errungenschaften des eigenen Stam-

---

[248] Malinowski (1979), S. 128, Fußnote 4.

[249] Malinowski (1972), p. 55.

[250] Malinowski (1984), p. 98 [dt.: (1979), S. 135]: »[...] or he has not a necklace good enough to repay my last gift. In this case he will give me a small necklace – avowedly not equivalent to my gift – and he will give it to me as *basi* (intermediary gift). This means that the main gift has to be repaid on a future occasion [...]. The final gift, which will be given to me to clinch the whole transaction, would then be called *kudu* (clinching gift) in contrast to *basi* [...].« Vgl. auch Malinowski (1979), S. 390 f. Mauss bezeichnet diese Zwischengabe treffend als eine Art Wartegeschenk, eine Art Verzugszins; vgl. Mauss (1989), S. 50.

[251] Malinowski bemerkt eher beiläufig, dass die Trobriander auch andere Geschenke (z. B. oft in Form von Nahrungsmitteln) als die Kulagaben kennen, die zu verschiedenen Anlässen verteilt werden, und hauptsächlich der Unterstützung von bedürftigen Familien- oder Stammesmitgliedern dienen. Auch sie besitzen in soziologischen Begriffen die gleichen Effekte der Sozialintegration wie die Gaben im Kularing, doch ist – wie gesagt – ihre Reichweite begrenzter. Sein Interesse am eigentlichen Kula lässt ihn diese Spur jedoch nicht systematisch weiterverfolgen; vgl. Malinowski (1979), S. 220 ff.

mes), die Bestimmung des entsprechenden Zeitpunktes, der Teilnehmer und so fort. Der Kularing organisiert sich anhand folgender Regeln[252], die sich im *conscience collectif* eingeschrieben haben und somit von allen Teilnehmern eingehalten werden: Die Richtung, in der die einzelnen Kulagegenstände weitergegeben werden, ist strikt festgelegt und ändert sich nie. Bei den Kulagegenständen handelt es sich grundsätzlich um speziell für diesen Zweck angefertigte Gegenstände, die nicht in erster Linie für alltäglichen Gebrauch vorgesehen sind: Kulagegenstände sind eine eigene Klasse von Gegenständen, die sich außerhalb des üblichen Handels- und Güterverkehrs des Alltags befinden.[253] Halsketten wandern im Kularing im Uhrzeigersinn, Armketten wandern im Kularing entgegen dem Uhrzeigersinn. Die Person, die Kulagegenstände kurzfristig besitzt, ist in diesem Sinne quasi eine Durchgangsstation für die im Kularing wandernden Gegenstände. Die Dauer, die sich ein Kulagegenstand im Besitz einer Person befindet, ist terminiert, da ja alle Artikel ständig weitergegeben werden, d. h. unterbrochen im Kularing kursieren. Hiermit sind gleichzeitig zwei weitere Charakteristika des Kula angesprochen: Der Kularing ist ein kontinuierlicher Gabenzirkel, der ganz wie die Kommunikation stetig und unaufhaltsam fortläuft. Die beiden in entgegengesetzter Richtung fließenden Ströme der weitergegebenen Kulagegenstände reißen niemals ab. Gleichzeitig Ursache und Effekt ist in diesem Zusammenhang die Tatsache, dass die Dauer des Besitzes eines Kulagegenstandes nur von relativ kurzer Dauer ist und in jedem Fall begrenzt ist. Ein Kulapartner kann Kulagegenstände kurzfristig besitzen, jedoch nie ganz der Eigentümer sein.

5. 6. Kula als soziales Ordnungssystem

Das Flottieren der Kulagegenstände ist mitnichten als zielloses Austauschen von jeweils zwei Gegenständen aufzufassen, das sich im zufälligen Kommen und Gehen von Armketten und Halsketten manifestiert. Vielmehr versuchen die Kulatreibenden dieses kommunikative System nach ihren Kräften intentional zu beeinflussen, um in den Besitz eines Kulagegenstandes zu gelangen: Die Beteiligten versuchen den »Geist des Kula« positiv zu stimmen, den sie gleichsam als autonomes, intentionales Wesen begreifen. Diese Taktik der Einflussnahme verfolgen freilich mehrere Kulapartner des aktuellen Besitzers, so dass der Kulagegenstand gemäß den für den einzelnen Teilnehmer in ihrer strukturellen Komplexität undurchsichtigen Regeln des Kula gehorcht und weiterwandert. Solche Versuche der Einflussnahme auf den Kula zeigen in Analogie zur verbalsprachlichen Kommunikation die Bedeutung des einzelnen in dieser Schenkkommunikation: Es ist nicht die einzelne Person, die

---

[252] Malinowski (1979), S. 126 ff.
[253] Malinowski (1979), S. 127.

allein durch ihren Willen oder ihre Begabung gewisse Veränderungen groß-
flächigen Ausmaßes zustande bringt, sondern nur aus dem situativen Kontext
dieser sozialen Wirklichkeit heraus, d. h. aus dem Gesamt der gesellschaftlichen Bedingungen zusammen mit all ihren Unwägbarkeiten und Zufällen
heraus, vermag eine bedeutungsvolle Person willentlich Prozesse auf ein bestimmtes Ziel hin zu steuern.

In der Begehrlichkeit der Kulatreibenden nach einem bestimmten Kulagegenstand wird erstmalig eine Eigenschaft genannt, die aus dem ständigen
Flottieren der Gegenstände im Kularing resultiert: alle Kulagegenstände sind
den Teilnehmern des Kuladistrikts teils aus Erzählungen, teils von vormali-
gem Besitz her bekannt. Somit führt jeder besonders angesehene Kulagegenstand eine Geschichte mit sich, die im gesamten Kuladistrikt wohlbekannt
ist:[254] er besitzt jeweils einen eigenen Namen, er kann erzählen, wer ihn er-
schaffen hat, zu welcher Zeit er sich im Besitz einer berühmten Person bereits befand, welche Abenteuer er durchlebt hat, um in den vorübergehenden
Besitz einer besonderen Person zu gelangen, und welche Reise er bereits seit
seinem Bestehen hinter sich gebracht hat. All diese Informationen werden
während der Kulazeremonie den Anwesenden in ausschweifenden Lobpreisungen in Erinnerung gebracht. Einen solch ehrwürdigen Kulagegenstand für
eine gewisse Zeit seinen Besitz nennen zu können, gereicht dem Kulatreibenden und seinen Familien-, Dorf- und Stammesangehörigen zur Ehre.[255]
Mit dem Empfang des Kulagegenstands geht ein Zuwachs an sozialem Ansehen und sozialer Distinktion einher.

5. 7. Das »eiserne Gehäuse« der Trobriander

Malinowski beschreibt das Phänomen des Kula als eine komplexe Institution,
das zugleich die Einwohner der Trobriand-Inseln und die unterschiedlichen
Stammesgesellschaften über zeitliche, räumliche und die Person des einzelnen betreffende Grenzen hinweg miteinander verbindet. Der Kula stellt ein
kommunikatives Konstrukt dar, dessen konstante und relevante Strukturen –
im Gegensatz zu den zufälligen und unwesentlichen Elementen – für den
Einzelnen nicht durchschaubar sind. Trotzdem sind die Regeln des Kula –
wie andere sozial regulierte Handlungen auch – allgemein internalisiert: Die
Kularegeln sind für alle Teilnehmer bindend und wirken sich in großen Teilen bestimmend für deren Sozial- und Alltagsleben aus. In den Tauschhandlungen der Trobriander lässt sich eine deutliche Unterscheidung zwischen
ökonomischem Handel und dem Geben im Kula erkennen. Diese Unterscheidung darf man nicht missdeuten als unüberwindliche kategoriale Trennung,
sondern sie ist vielmehr ein Ergebnis der trobriandischen Gesellschaftsord-

---

[254] Malinowski (1979), S. 121, 135.
[255] Malinowski (1979), S. 550.

nung: Unter dem Dach der alles überspannenden Sozialordnung stellt der ökonomische Handel bzw. der Kula neben anderen gesellschaftlichen Subsystemen je eine distinkte Ordnungskategorie dar, deren Gesamtkomplex das Gesellschaftssystem bildet. Die Unterscheidung der beiden Sphären Handel und Kula ist wichtig, um die Konnotation der Reziprozität des Gebens zu verstehen, die in Malinowskis Schilderungen immer als Triebfeder des Kularings mitgeführt wird. Diese Unterscheidung impliziert allerdings nicht die Unmöglichkeit der gegenseitigen Beeinflussung beider Bereiche.[256] Malinowski weist ausführlich auf das Ineinandergreifen von Handel, Kula, Magie, Landwirtschaft, Brauch und Tradition usw. im trobriandischen Alltagsleben hin. Im Prinzip beschreibt Malinowski hier jenen Typ der Sozialordnung, der sich in Mauss' Konzept des Systems der totalen Leistungen widerspiegelt.

Malinowskis Verständnis des Gabenaustauschs spiegelt sich in seiner Auffassung wider, dass reine Gaben, d. h. Geben ohne Erwartung einer Gegengabe, bei den Trobriandern praktisch nicht existieren.[257] Weiter ist von wesentlicher Bedeutung, dass im Kula ein transzendenter Mechanismus wirkt, der sich vor allem in einem bereits bei Mauss zur Sprache gekommenen Zwang auf die Kulateilnehmer manifestiert: Der vom Kula ausgehende Zwang zeigt sich in einem ersten Moment in der Verpflichtung zu geben, die alle Kulateilnehmer erfüllen müssen. Als Gründe hierfür nennt Malinowski die von modernen Gesellschaften unterschiedliche Einstellung zu Besitz bei den Trobriandern, für die Gabe und Eigentum unterschiedliche Sphären darstellen. Als zweites Zwangsmoment kristallisiert sich die soziale Verpflichtung des Kula heraus: Der Gabenempfänger wird durch die Annahme der Gabe zum Schuldner, denn ihm obliegt die soziale Verpflichtung zur Gegengabe, der er sich nicht widersetzen kann. In der Folge lässt sich die vom Kula dem einzelnen attribuierte soziale Position erkennen. Denn durch die Schuld wiederum, die der Empfänger mit der Annahme einer Gabe eingeht, wird dem Geber eine soziale Machtstellung gegenüber dem Empfänger zuteil, die er allein schon aufgrund der beidseitigen Teilnahme am Kula innehat. In einer weiteren Verschlingung erfährt der Empfänger eines Kulagegenstands – wiederum schon allein dadurch, dass er ein Glied der Kulakette bildet – eine Veränderung seiner sozialen Position, weil der Kulagegenstand seinen Weg gerade zu ihm als dem gebührlichen Empfänger gefunden hat.

Man erkennt, dass die Grammatik des Kula, bei dem alle Teilnehmer ihre soziale Existenz als Pfand einsetzen müssen, zu einem Großteil mit dem Mechanismus des sozialer Verpflichtung operiert: jeder Teilnehmer ist gezwun-

---

[256] Im Abschlusskapitel der *Argonauten* »Die Bedeutung des Kula« gibt Malinowski im Gegensatz zu den vorangegangenen Detailanalysen einen etwas gröberen Gesamtüberblick über die Bedeutung des Kula und bezeichnet ihn sogar als Halb-und-Halb-Mischung aus ökonomischem/kommerziellem und zeremoniellem Austausch; vgl. Malinowski (1979), S. 549 sowie S. 554.

[257] Vgl. dazu auch Abschnitt 5. 9.

gen, sich dem Regelwerk des Kula zu beugen, da davon sein alltägliches soziales Leben bestimmt ist.

In einer vorläufigen Bilanz zu Malinowskis Ausführungen zur Soziologie des Kula wird deutlich, dass die Kommunikation des Kula zweifellos ein Element zur Strukturierung des alltäglichen Lebens darstellt und als solches zur sozialen Ordnung der Gesellschaft der Trobriander beiträgt, weil der Kula aufgrund seiner umfassenden Zwanghaftigkeit tiefen Einfluss auf die alltäglichen Handlungen der Kulagemeinde nimmt.

5. 8. Kula, Handel, Tausch

Die Trobriander kennen den ökonomischen Handel, den sie als *gimwali* bezeichnen: er findet oftmals sogar parallel zur Kulazeremonie statt – sogar im wörtlichen Sinne: d. h. zur gleichen Zeit und nur einige Meter entfernt von der Stelle, an der der Kula betrieben wird. Beim *gimwali* wird gefeilscht, gehandelt und getauscht, um seine eigenen zum Tausch vorgesehenen Güter bestmöglich gegen andere, benötigte Güter einzutauschen. Da der *gimwali* – im Gegensatz zum Kula - keinen speziellen Tauschpartner erfordert, sondern mit jedermann betrieben wird, findet dieser Güterverkehr zwischen einander mehr oder minder fremden Personen statt. Außerdem wird dieser Handel ohne jegliche zeremonielle Einbettung oder magische Rahmung abgewickelt. Als weiterer Unterschied zum Kula lässt sich beim *gimwali* das völlige Fehlen der im Kula bekannten Etikette beobachten, wo das Begehren des ersehnten Gegenstands verheimlicht, ja sogar tabuisiert wird: Im *gimwali* wird offen das Begehren nach dem entsprechenden Tauschgut ausgesprochen und im weiteren mit dem Partner ausgehandelt. Die Unterscheidung zwischen Kula und *gimwali* ist sogar so deutlich ausgeprägt, dass schlechte Kulapartner, d. h. Partner, die z. B. nicht entsprechend den Kularegeln zeitig und adäquat zurückgeben, als solche bezeichnet werden, die den Kula wie den *gimwali* behandeln.[258] Beim Kula gilt, die richtige Balance zwischen symbolischer und materieller Ebene zu finden und beim durchaus regelmäßig auftretenden »Preistreiben« beide Ebenen zu unterscheiden, um nicht Gefahr zu laufen, auf die materielle Ebene abzugleiten: Denn der Kula kann niemals ein (Tausch-)Handel in ökonomischem Sinne oder ein Schachern und Feilschen sein nach dem Prinzip eines direkten Austauschs gegen ein Äquivalent, wobei gleichzeitig eine ökonomische Wertschätzung erfolgen würde. Vielmehr wird der Kula immer als ein Vorgang gesehen, der sich aus zwei sowohl der Natur nach als auch hinsichtlich der Bezeichnung und der Zeit gesonderten Transaktionen – dem Schenken gefolgt von einer Erwiderung mit einem Gegengeschenk - zusammensetzt.[259]

---

[258] Malinowski (1979), S. 230.

[259] Malinowski (1979), S. 387.

Mit seiner nicht immer streng durchgehaltenen Gegenüberstellung zwischen dem *gimwali*, dem Tausch kommerzieller Natur, und dem Kula lässt Malinowski sein Verständnis durchblicken, dass dem Gabentausch keine ökonomische Komponente inhärent ist. Vielmehr versteht er den Kula als ein Phänomen mit vornehmlich soziologischer Wirkkraft. Seine funktionalistische Deutungsweise versagt ihm jedoch einige Phänomene des Gabentauschs adäquat zu erklären: so findet er – wie auch Mauss – keine nicht-metaphysische Erklärung für die Macht, die zum Geben, zum Weitergeben oder auch zum Erwidern von Gaben antreibt. Ökonomische Komponenten – wie etwa die aus der ökonomischen Perspektive ins soziologische transponierte Verschuldung – werden ja konsequenterweise ausgeschlossen als Antrieb des Gabenzirkels. Rein soziologistische Erklärungen führen dabei auch nicht zum Ziel. Eine kommunikationstheoretische Perspektive allerdings erlaubt das Geben zu interpretieren, wie es sich darstellt: Kommunikation findet permanent statt, denn eine Sozialwelt ohne Kommunikation ist nicht vorstellbar. Findet eine Schenkkommunikation statt, so wird sie beantwortet – auf die eine oder andere Weise, d. h. im Regelfall findet eine Erwiderung des Geschenks statt, im anderen Falle nicht. Gleichgültig jedoch, in welcher Form die Antwort vonstattengeht, ob mit oder ohne Gegengeschenk, es ist eine Antwort, es handelt sich dabei um eine (Anschluss)Kommunikation. So liefert der kommunikationstheoretische Ansatz eine Interpretationsmöglichkeit für das komplexe Phänomen des Gabentausch bzw. des Schenkens, ohne diese Komplexität zu reduzieren oder gar zu unterschlagen.

5. 9. Die Frage der reinen Gabe

Malinowski lässt sich bei seinen Schilderungen der Gaben *zunächst* von ökonomischen Prinzipien leiten.[260] In einer Auflistung von verschiedenerlei Artikeln, die zwischen einzelnen Personen kursieren und fortgegeben werden, stößt man auf die ökonomische Perspektive des Kula: unter dem Aspekt des Gebrauchswertes von hin- und herwandernden Gaben und Leistungen legt Malinowski den Maßstab der Reziprozität an. Vor diesem Hintergrund zeigt er ein weites Spektrum von Gaben und Leistungen auf, das von nahezu vollkommen reziproker Erwiderung einer Gabe bis hin zur fast reinen Gabe reicht. Eine reine Gabe definiert Malinowski als eine Handlung, bei der ein Individuum einem Partner einen Gegenstand gibt oder eine Leistung erweist, ohne etwas dafür zurückzuerwarten oder zurückzuerhalten.[261] Als Faustregel für die Reziprozität von Gaben gilt in Anlehnung an Sahlins: Je näher die verwandtschaftliche oder soziale Bindung zwischen zwei Personen ist, desto geringer wird auf unbedingte Reziprozität geachtet. Fremde begegnen sich

---

[260] Malinowski (1979), S. 231.
[261] Malinowski (1979), S. 218.

üblicherweise im ökonomischen Tausch, wo die ausgetauschten Werte sich im Gebrauchswert gleichen. Solche Tauschhandlungen finden unmittelbar und simultan statt. Einander nahestehende Personen achten weniger genau auf die korrekte Reziprozität der eingetauschten Gabe oder Dienstleistung. Zudem besteht auch das Gebot, der zeitlichen Verzögerung der Erwiderung einer Gabe oder Leistung.[262] Die Äquivalenz einer Gegengabe ergibt sich aus dem inhärenten Regelwerk des Kula: anhand eines sozialen Normenkodes[263] schätzt der Kulapartner die Äquivalenz seiner Gegengabe oder auch die Frist bis zur Gegengabe ein. Selbstverständlich steht den einzelnen Beteiligten wiederum die Möglichkeit offen, ihre persönliche Einschätzung einer korrekten Erfüllung des Kula und seiner Regeln zu äußern oder den Wert des Kulagegenstands durch ausgedehnte Lobpreisungen »nach oben zu treiben«; dabei läuft er jedoch immer Gefahr, als einer angesehen zu werden, der seinen Kula ausübt, als wäre es *gimwali*.[264] Die Frist zur Gegengabe kann von einem Kulapartner bei Gelegenheit angemahnt werden, doch letztlich sorgt der Kularing dafür, dass dem Partner eine Gabe zugespielt wird, die für würdig erachtet wird, als entsprechende Gegengabe zurückgegeben zu werden. Auch wenn sich eine eindeutige Trennlinie zwischen Gabe und handelsmäßigem Tauschgut nie konkret ziehen lässt, so zeigt sich doch unzweifelhaft: reine Gaben existieren praktisch nicht.[265] Dieser wichtigen Erkenntnis liegt die oben bereits angesprochene fundamentale Einsicht zugrunde, dass das Geben grundsätzlich eine Erwiderung in einer Gegengabe erfährt.[266]

Da es keine reine Gabe gibt, bleibt mit der Gabe immer eine Schuld beim Empfänger, die er dem Geber zurückzahlen muss. Auf diese Weise gewinnen diese Theorien die Erklärung dafür, wie der Gabentausch in Gang kommt bzw. in Gang gehalten wird. Mit der kommunikationstheoretischen Betrach-

---

[262] Malinowski (1979), S. 388.

[263] Malinowski spricht von einem *social code of rules* [Malinowski (1984), p. 96; dt.: Malinowski (1979), S. 129: *ein soziales System von Regeln*].

[264] Malinowski (1979), S. 128.

[265] Malinowski (1979), S. 218 ff. Einige Ausnahmen sind geringe Gaben, die Väter in dieser matrimonialen Gesellschaft an ihre Kinder geben, oder Magie oder landwirtschaftliche Parzellen, die in einer Form der Vererbung traditionsgemäß vom Vater an den Sohn weitergegeben werden, oder kleinere Gaben zwischen Eheleuten.
Mauss hingegen deutet selbst diese von Malinowski als reine Gabe vorgestellte Gabe als Gegengabe und umschreibt dies als »die ständige Zahlung des Ehemannes an seine Frau als eine Art Lohn für sexuelle Dienste.«; vgl. dazu Mauss (1989), S. 132.
In *Crime and Custom in Savage Society* (1926) und *Sex and Repression in Savage Society* (1927) reagiert Malinowski auf Mauss' Kritik. Er revidiert damit seine Ansicht zur dann mit Mauss übereinstimmenden These: Es gibt keine reinen Gaben, auch nicht in ehelichen Beziehungen; vgl. dazu: Malinowski (1972), pp. 40 f. sowie Malinowski (1955), p. 37 f., wo er ausdrücklich feststellt: »The Trobriand natives take the view, dictated by tradition, that the husband is indebted to his wife for sexual services, that he has to deserve them and pay for them.«

[266] Malinowski (1979), S. 387: »[...] Der Kula-Tausch besteht *immer* aus einer Gabe, der eine Gegengabe folgt; [...] Beim Kula muss es *immer* zwei Transaktionen geben, die ihrem Namen, ihrem Wesen und ihrem Zeitpunkt nach unterschieden sind.« [Meine Hervorhebung]. Dieses Zitat steht exemplarisch für alle anderen Textstellen bei Malinowski, die sich auf (die Verpflichtung zu) Gabe und Gegengabe beziehen.

tungsweise kann man jedoch auf die Argumentationsschwierigkeiten, die das ökonomische Element der Gabe mit sich führt, verzichten, ohne dabei in Erklärungsnot zu kommen, was den Geschenketausch in Gang hält. Denn die Kommunikation bewerkstelligt den steten Austausch von Kommunikationsmedien, im besonderen Falle: von Gaben und Geschenken. Der Mensch kann als *homo communicans* nicht anders als kommunizieren, denn gemäß der anthropologischen Grundausstattung des Menschen gibt es kein nichtkommunikatives Verhalten. Insofern erfordert die Kommunikation keine Ursache, denn aufgrund von Luhmanns Erkenntnis produziert und reproduziert sich das System der Kommunikation selbst.

5. 10. Bindungskraft des Kula

Der Kula hat in vielerlei Hinsicht einen das Hier und Jetzt der konkreten Handlung übersteigenden Charakter. Die sozialen Bindungen, die durch den Kula eingegangen werden, reichen sowohl in zeitlicher als auch in räumlicher Perspektive über das aktuelle Geben hinaus. Hat man einmal einen Kulapartner gewonnen, so erstreckt sich die Beziehung zu ihm über das ganze Leben. Auch kommt es vor, dass Kulabeziehungen gewissermaßen vererbt werden, so dass man auch von einer Beziehung über den Tod hinaus sprechen kann. Geht die Beziehung zu einem Kulapartner an ein Familienmitglied oder Clanmitglied über, so wird klar, dass die Kulabeziehung auch über Generationen hinweg intakt bleiben kann. Hieran lässt sich gleichzeitig die zweite Achse der Transzendenz des Kula erkennen: Die Kulabeziehung ist nicht vornehmlich an eine einzelne Person gebunden, sondern der Kula kann in seinen sozialen Auswirkungen die Geschicke ganzer Kollektive beeinflussen. Eine solche Durkheimsche Interpretation erweist sich auch dann als nützlich, wenn man sich in Erinnerung ruft, dass soziales Prestige aus der Kulatätigkeit nicht nur einer spezifischen Person zuwächst, sondern gleichsam auf das Kollektiv abstrahlt. Kulabeziehungen bestehen teils über sehr weite geographische Entfernungen hinweg, da die Kulapartner oftmals nicht mehr dem gleichen Clan angehören. Malinowski berichtet von Kulapartnern, deren Wohnsitze so weit voneinander entfernt liegen, dass die Kulapartner unterschiedliche Muttersprachen haben und mehrtägige Seereisen auf sich nehmen müssen, um die Kulapartner aufzusuchen. Das Wissen der jeweiligen Akteure, dass mit einem auch noch so weit entfernt wohnenden Kulapartner »noch etwas offen steht«, macht deutlich, dass die Beziehungen zugleich in zeitlicher als auch räumlicher Hinsicht transzendenten Charakter haben: schließlich findet in einem noch nicht näher bekannten Zeitpunkt in der Zukunft an einem ebenfalls bislang noch unbekannten Ort eine weitere Kulaaktion statt, die den Kulazirkel in Gang hält. Selbstverständlich hat der Kula auch transzendenten Charakter in die Vergangenheit. Jeder Kulagegenstand besitzt seine Geschichte, die von seiner Herkunft, von seiner Reise, von seinen Vorbesitzern usw. berichtet, und die im Rahmen der Kulazeremonie beinahe gebetsmühlenartig allen Zeremonieteilnehmern in Erinnerung gebracht wird. Das Wissen um den aktuellen Aufenthaltsort eines bestimmten Kulagegenstandes sowie um die Reise, die er bis dorthin zurückgelegt hat, und um die verstrichene Zeit, die seine Reise in Anspruch nahm sowie um die kalkulierbare Zeit bis zu seiner erwarteten Rückkehr, bezeugt gleichfalls den transzendenten Charakter des Kulasystems in der räumlichen, zeitlichen und die Person betreffenden Hinsicht.

In der Verpflichtung zur Gegengabe liegt sowohl eine zeitliche als auch eine räumliche Transzendenz des Kula. Im Wesen des Kula liegt, dass der Fluss der Kulagegenstände nie stoppt, dass das stete Fortgeben der Kulagegenstände von keinem unterbrochen wird. Insofern bleibt auch stets etwas offen. Wiederum macht das Wissen darum, dass eine Gegengabe zu einem späteren Zeitpunkt erfolgen wird, die Transzendenz in den genannten Perspektiven erfahrbar. In radikalisierter Durkheimscher Betrachtung könnte man vom Kula sprechen, der unabhängig von Zeit und Ort und sogar unabhängig vom *konkreten* Kulateilnehmer abläuft. Der Kula kann als eine selbsttätige Operation verstanden werden, die in den menschlichen Akteuren einen Katalysator gefunden hat, und der sich letztlich »autopoietisch« in Gang hält.

5. 11. Das Mächtespiel im Kula

Um die veränderte soziale Stellung zu erklären, die dem aktuellen Besitzer eines Kulagegenstands durch seinen zeitweisen Besitz bekommt, geht Malinowski von jener Regel des Kula aus, die besagt, dass das Geben in vorgeschriebenen Richtungen niemals gestoppt wird. Die Kulagegenstände befinden sich auch jeweils nur für eine bestimmte Dauer im Besitz eines Kulateilnehmers, so dass die Vorstellung von Eigentum über einen Kulagegenstand von der (im modernen Sinne) üblichen Verständnisweise von Eigentum als permanentem Besitz abweicht: Die Kulagegenstände befinden sich vielmehr für eine bestimmte Zeitdauer in der Obhut eines aktuellen Besitzers, der Kula überträgt diesem die Pflicht, die Artikel zeitweise zu verwahren. Auch wenn der aktuelle Besitzer die Kulagegenstände jeweils nach einer bestimmten Frist weitergeben muss, so beschert ihm der Kulagegenstand dennoch während der Besitzdauer einen beträchtlichen Ruhm, indem er ihn ausstellen bzw. vorzeigen kann. Die bei Malinowski implizierte gegenseitige Bedingung von Macht oder sozialem Ansehen und Besitz dürfte außer Frage stehen. Eine adäquate Beschreibung der Wirkweise des Mechanismus zur Umwandlung von materiellem Besitz in soziales Ansehen und Macht, d. h. in diesem Falle von ökonomischem Kapital in symbolisches Kapital, findet sich im theoretischen Sockel, auf dem Bourdieus Handlungstheorie aufbaut.[267]

---

[267] Diese enge Zusammengehörigkeit von Besitz und Macht drückt Malinowski in der Formulierung »[...] der Stolz über das Zurschaustellen von Besitz und Macht [...]« aus; vgl. Malinowski

Weiter kann der Besitzer erzählen, wie er den Kulagegenstand erhalten hat, und der Allgemeinheit seine Pläne darlegen, an wen er den Kulagegenstand weiterzugeben gedenkt. All dies bildet den wichtigen Gesprächsstoff einer Kulakommune, in der die Geschichte des Kulagegenstandes und seiner Vorbesitzer und seines derzeitigen Besitzers nahezu pausenlos besprochen wird. Das soziale Ansehen, das der aktuelle Besitzer – nun als Mittelpunkt beinahe jeden Gesprächs - durch den Kula erfährt, ist von enormem Ausmaß. Der gesamte Stamm genießt den Ruhm dessen, der im Kula erfolgreich ist, da er schließlich ein Angehöriger des eigenen Stammes ist. Man fühlt durch dessen Prestige das eigene erhöht. Jedes einzelne Stammesmitglied kann vor anderen Stämmen prahlen, zu eben jenem Stamm zu gehören, der den derzeitigen Besitzer eines besonderen Kulagegenstands beheimatet. Dass allein *er* genug Geschick bewiesen hat, den Kula zu seinen Gunsten zu beeinflussen, versieht den aktuellen Besitzer – in Rückwirkung auf ihn selbst - sowohl innerhalb seines Stammes als auch bei anderen Stämmen mit gesteigertem Ansehen und so auch mit vermehrter sozialem Ansehen. Insofern ist es in keiner Weise verkehrt, den Kula als »Königsmacher« zu bezeichnen.[268]

Hinsichtlich der askriptiven Übertragung von sozialem Ansehen gleicht der Kulagegenstand einer Trophäe oder einem Wanderpokal im Sport, der sich über eine gewisse Zeit im Besitz des Gewinners befindet. Der Gewinner verwahrt die Trophäe für eine bestimmte Zeitdauer in seinem Besitz, und kann – auch wenn die Trophäe an sich keinerlei praktischen Nutzen erbringt – aus der puren Berechtigung zu ihrem Besitz, aus dem bloßen Besitz dieses Zeichens der Überlegenheit eine besondere Befriedigung ziehen.[269] Dass diese Befriedigung wesentlich auf sozialen Askriptionen gründet, ist offensichtlich. Die Parallelität zwischen dem Kulagegenstand und einer sportlichen Trophäe reicht sogar soweit, dass im Kula auch ein Element des Stolzes auf den Verdienst auf Seiten dessen existiert, der die Trophäe vorübergehend in Besitz hat – sei es eine Einzelperson oder eine gesamte Gruppe. Erfolg im

(1979), S. 215 oder auch in seiner Bemerkung »[...] in früheren Zeiten gehörten bei uns – in Neuguinea noch bis vor einigen Jahren – Rang und Reichtum zusammen.«; vgl. Malinowski (1979), S. 122.

[268] Vgl. dazu auch die Mythen der Trobriander, die dieses Phänomen und viele anderen der hier erwähnten Attribute von Kulagegenständen beschreiben wie z. B. die Begierde, einen bestimmten Kulagegenstand zu besitzen, die benötigte Verschlagenheit, die Geschicke entsprechend zu lenken, damit ein bestimmter Kulagegenstand zufällt, usw.; vgl. Malinowski (1979), z. B. S. 347 ff. und S. 360 ff.

[269] Vgl. dazu Malinowski (1979), S. 122: »[Kulageschenke werden] lediglich um des Besitzes willen besessen [...] und das Eigentum an ihnen mit dem damit verbundenen Ruhm [bildet] die Hauptquelle ihres Wertes.« oder auch S. 549: »[Kulageschenke dienen auch] der Erfüllung eines tiefen Verlangens nach Besitz [...]«, welches sich aus dem davon ableitbaren Zuwachs an Ruhm und Macht erklärt.

Lévi-Strauss nimmt den Wunsch zu besitzen und die Befriedigung zu haben (beides von einem Bedürfnis nach Sicherheit angetrieben) als universale Grundstruktur des menschliches Geistes an; vgl. Lévi-Strauss (1993), S. 149 f. Ohne an dieser Stelle auf die Problematik der stillschweigenden Parallelisierung des kindlichen Bewusstseins und archaischen Bewusstseins einzugehen, dienen Lévi-Strauss gewisse Ergebnisse der Kinderpsychologie zur Untermauerung seiner These.

Kula führt zu Zuschreibung von persönlicher Macht, selbst wenn die Magie des Kula als »die eigentliche Macht dahinter« nie vergessen wird.[270] Aus der Formel »Macht zu haben bedeutet reich zu sein«[271] lässt sich umgekehrt ableiten, dass derjenige mit viel Besitz – seien es nun Kulagegenstände oder andere Güter – eine hohe Machtstellung und einen hohen Rang innerhalb seines Kollektivs einnimmt: in genau diesem Zusammenhang ist auch die öffentliche Zurschaustellung von erheblichem Besitz oder von Kulagegenständen in jeder Form – entweder durch öffentliches Ausstellen z. B. in speziell hierfür erbauten, von allen Seiten einsehbaren Ausstellungshütten oder durch ausführliches verbales Kommunizieren – zu verstehen: als Zurschaustellung der eigenen sozialen Stellung.[272]

5. 12. Besitzen impliziert geben

Die archaische Einstellung zum Wert von Dingen und zu Reichtum im Allgemeinen ist mitursächlich für das Auftauchen der Verpflichtungen des Kula: er bestimmt die Handlungen und Verhaltensweisen der Individuen. Malinowski zeigt, dass die archaische Vorstellung von Besitz und Eigentum mit der Verpflichtung zu geben, untrennbar miteinander verflochten sind.[273] Eine sich von europäisch-modernen Ansichten völlig unterscheidende Sichtweise prägt die Einstellung der Trobriander zum Eigentum, was unmittelbaren Einfluss auf das Geben nimmt: »Besitzen impliziert geben.«[274] Wenn eine Per-

---

[270] Malinowski (1979), S. 126 ff.

[271] Malinowski (1979), S. 130: »Hauptzeichen der Macht ist also Reichtum […].«

[272] Malinowski (1979), S. 215 f. Ebenso betont Bourdieu, dass im Kontext von Machtfragen weniger der materielle Wert der Gaben zählt, sondern viel eher ihr symbolischer Wert, den sie als *Instrumente der Machtdemonstration durch Vorzeigen* besitzen, da hierin nach Bourdieus Verständnis das Potential zur Reproduktion gerade dieses selben symbolischen Kapitals liegt, welches sich seinerseits wiederum in andere Kapitalarten konvertieren lässt; vgl. Bourdieu (1997d), insbes. S. 240.

[273] Ganz nebenbei räumt Malinowski (1979), S. 129 dabei mit einigen damals vorherrschenden Vorurteilen gegenüber den »Wilden« auf: z. B.
- betreffs der archaischen Einstellung zu Reichtum und Wert, dass die »Wilden« ausschließlich in ökonomischen Begrifflichkeiten dächten, in dem Sinne, dass sie einmal in ihren Besitz gebrachte Gegenstände für alle Zeiten behielten;
- betreffs des primitiven Kommunismus, der die bei den »Wilden« vorherrschende Denk- und Lebensform sei: ein Vorurteil, das aus der oberflächlichen Beobachtung der moralischen Konnotationen des Gebens ineins mit der Neigung zur Freigebigkeit resultiert;
- generell betreffs des Handels und Tauschens, wo die »Wilden« durch die Charakterzüge von Habgier und rücksichtsloser Hartnäckigkeit auffielen.

[274] Malinowski (1979), S. 129. Vgl. z. B. auch die Studie von Radcliffe-Brown über die Bewohner der Andaman Inseln, deren Eigentumsverständnis nahezu identisch ist: »Almost every object that the Andamanese possess is […] constantly changing hands.«, Radcliffe-Brown (1948), p. 43.
Der Zwang zu geben, sobald man etwas besitzt, betrifft nicht nur herkömmliche Tauschgüter, sondern auch Frauen; so zitiert Lévi-Strauss in seinem Werk über die Parenteme in *Die elementaren Strukturen der Verwandtschaft* ein geradezu ehernes Prinzip der auf Reziprozität beruhen-

son etwas besitzt, dann wird von ihr die Bereitschaft erwartet, diesen Besitz mit anderen zu teilen, ihn zu verteilen, über diesen Besitz quasi »nur« als Verwalter oder sein Verteiler zu verfügen. Hinzu kommt die bei den Trobriandern verbreitete Ansicht, dass diese Bereitschaft umso stärker ausgeprägt ist, je höher jemand auf der sozialen Leiter steht.[275] An dieser Stelle kommt ein Kreislauf in Gang, der mit dem vorgenannten Aspekt des sozialen Ansehens untrennbar verflochten ist und für die gesamte Einstellung zum trobriandischen Geben ausschlaggebend ist: Das Schenken bzw. das Fortgeben von Dingen bedeutet nicht einen Zuwachs an Werten, sondern einen Zuwachs an sozialer Macht, es steigert nicht den Gewinn, sondern das soziale Ansehen, das der einzelne in seiner Sozialsphäre genießt. Somit gibt Malinowski für die Motivation des Gebens sowohl in mikrosoziologischer wie auch makrosoziologischer Ebene eine wichtige Erklärung. Einerseits lässt sich das persönliche Ansehen steigern und die eigene Machtstellung innerhalb der eigenen sozialen Umwelt ausbauen, und andererseits erlegen die Gesetze des Kula dem Individuum die Pflicht des Gebens auf. Der Kreislauf dreht sich weiter, da wiederum die Regeln der trobriandischen Gesellschaft vorschreiben, dass der einzelne sich dem Zwang des Gebens zu unterwerfen hat nach dem oben beschriebenen Prinzip: je mehr man besitzt, umso höher ist der Druck, andere an seinem Besitz teilhaben zu lassen. Je freigebiger man sich wiederum zeigt, umso höher ist das soziale Ansehen, das man genießt, und so fort. Die Interdependenz von individuellem und sozial reguliertem Handeln wird damit klar.

Der Kula greift so weit in das Sozialleben der Individuen ein, dass deren Handlungen in weiten Teilen vom Kula und seinen Gesetzen determiniert werden; das wurde bereits angesprochen und im gleichen Zuge auch die bei den Trobriandern verbreitete Verpflichtung, eine Gabe durch eine Gegengabe zu erwidern. Malinowski ist nicht daran gelegen, für die Verpflichtung zur Gegengabe eine tiefgründig phänomenologische Erklärung im Sinne einer Analyse der Gründe und des dahinterliegenden Sinns zu liefern. Im Rahmen seiner funktionalistischen Methodik strebt er nach einer strukturellen Erklärung für das Geben und Erwidern, um damit seine soziale Funktion aufzudecken: Gaben werden weitergegeben, um Kommunikationen nicht abreißen zu lassen. Gaben werden erwidert, um den Austausch von Medien der Kommunikation aufrechtzuerhalten. Malinowskis Interpretation der Soziologie des Kula lautet: das fortwährende Weitergeben von Gaben erfolgt, um den Ge-

---

den sozialen Beziehungen: »Wenn eine Frau eine heiratsfähige Tochter hat, *muss* sie sie geben.«; zitiert in: Lévi-Strauss, (1993), S. 541.

[275] Ein erwartbarer Effekt dieser gesellschaftlichen Anforderungen an den einzelnen ist, dass jene Dinge, die man äußerst ungern fortgibt, weil man sie für seinen eigenen Genuss aufbewahren möchte (z. B. die besten Früchte einer Ernte), vor den Augen der Allgemeinheit verborgen werden. Malinowski beschreibt, dass dies zum Teil auf recht durchtriebene Weise geschieht, indem die weniger ansehnlichen Früchte ganz oben im Ausstellungskorb liegen, diejenigen jedoch, die man sich für den eigenen Konsum vorbehalten möchte, ganz unten im Korb einsortiert werden, um sie vor den öffentlichen Blicken zu verbergen; vgl. Malinowski (1979), S. 130.

setzen des Kula zu entsprechen und um ihn in Gang zu halten. Mit anderen Worten: die Handlung erfolgt um ihrer selbst willen, das Geben geschieht zum Zwecke des Gebens: Geben um des Gebens willen.[276]

5. 13. Geben als Kommunikation

Gaben besitzen für die Trobriander keinen Nutzen im Sinne eines Verwendungszwecks, sondern werden als Medien einer Kommunikation begriffen und verwendet. Bei der Gabe geht es nicht um das Weitergeben eines Kulagegenstands, sondern um das Kommunizieren mitsamt den dadurch vermittelten Aussagen.[277] Die Kommunikation des Schenkens geschieht also um der Kommunikation willen, es handelt sich um phatische Kommunikation, wie Malinowski dies anderenorts bezeichnet, bzw. um phatisches Geben. Mithin fungiert Schenken als Form von sozialer Kommunikation, um eine soziale Beziehung zwischen den Individuen zu statuieren, zu erneuern, wiederherzustellen, neu zu beanspruchen oder neu zu definieren. Im gesamten Kulasystem wird jede Existenz der Beteiligten mit dem Netzwerk des Kulas verknüpft, so dass jeder einzelne seine Position im fortwährenden Strömen der weitergegebenen Medien der Kommunikation einnimmt. Das Geben um des Gebens willen geht dabei ineins mit einer anderen fundamentalen Eigenschaft des Gabentauschs, nämlich der Schaffung sozialer Beziehungen durch den Austausch von Geschenken.[278] Innerhalb des Kulasystems ist der einzelne – klassisch kommunikationstheoretisch betrachtet und je nachdem, ob er Geber oder Empfänger ist – Sender bzw. Empfänger der Medien der Gabenkommunikation. Die Kularegeln machen jeden Beteiligten zum Kommunikator, der legitimerweise jeweils von seinem Kulapartner eine Erwiderung seiner Kommunikation erwarten kann, (sie sogar einfordern kann, falls ihm der Kulapartner bisweilen als zu hart oder zu langsam in Bezug auf die Gegengabe erscheint). Durch die permanente Teilnahme am Kommunikationssystem beeinflusst der Kula das Alltagsleben der Trobriander, deren zukünftige Handlungen, deren soziale Beziehungen und bisweilen das Sozialleben eines gesamten Stamms, da ja der Kulatreibende mitsamt seinem Stamm darauf bedacht ist, die Kommunikation fortlaufen zu lassen. Deshalb bemüht sich ein Kulapartner (und u. U. sein gesamter Stamm), der sich im Zugzwang zur Erwiderung befindet, z. B. bessere Ernteerträge einzubringen, höheren Profit beim Handel zu erzielen, sein Geschick mit anderen Kulapartnern weiter aus-

---

[276] Malinowski (1979), S. 216: »[…] Geben um des Gebens willen [stellt] einen der wichtigsten Züge der trobriandischen Soziologie dar, und aufgrund seiner Allgemeinheit und Grundlegendheit möchte ich annehmen, dass es sich um einen universalen Zug aller primitiven Gesellschaften handelt.«

[277] Malinowski benutzt die Formulierung: »[…] Gaben [werden] auf den Trobriand-Inseln als feststehende Handlung mit sozialer Bedeutung, statt als Übergabe von Gegenständen begriffen […].«; vgl. Malinowski (1979), S. 218.

[278] Malinowski (1979), S. 215 f.

zureizen, um durch diese Akkumulation von Gütern, Kapital oder Kulagegenständen schließlich in der Lage zu sein, eine wirkmächtige Kulakommu-
nikation zu betreiben.

5. 14. Zusammenfassung

Mit der Analyse des Kula in seinem Werk *Argonauten des westlichen Pazifik*
gelingt Malinowski unzweifelhaft eine detaillierte Beschreibung des trobriandischen Gesellschaftslebens sowohl in ethnologischer als auch soziologischer Hinsicht. Dem Kula liegt zum einen ein von westlichen Gesellschaften
differierender Eigentums- und Besitzbegriff zugrunde. Güter des »eigenen«
Besitzes sind dafür da, sie mit anderen zu teilen oder andere in irgendeiner
Weise daran teilhaben zu lassen. Der moderne Begriff des Eigentums existiert in archaischen Gesellschaften so nicht, sondern ist durch ein mehr oder
minder langandauerndes Besitztum ersetzt. Vor dem Hintergrund dieses andersartigen Besitzverständnisses ist der Gabentausch im Kularing zum anderen als eine kommunikative Institution zu sehen, welche durch die Verpflichtung zu stetem Geben und Erwidern von Gaben die Kulatreibenden zu Sozi-
algruppen zusammenschweißt. Solche Kommunikationen entstehen sowohl
auf individueller Ebene als auch auf intertribaler Ebene. Aus beiden Aspekten ergibt sich der vorherrschende Grundsatz, dass Geben um des Gebens
willen zur Teilnahme an sozialer Kommunikation erfolgt. Es handelt sich
beim archaischen Schenken demnach nicht um einen ökonomischen Tausch
eines Gutes gegen ein anderes, sondern um ein Mittel, soziale Beziehungen
zu gründen und die Kommunikation aufrechtzuerhalten und als kommunikatives Mittel einzusetzen. Insgesamt betrachtet stellt der Kula also eine konstitutive Kommunikationsform des Soziallebens der Trobriander dar.

Für eine soziologisch orientierte Behandlung des archaischen Schenkens
ergeben sich aus Malinowskis Studie wichtige Morphologeme des Schenkens
in modernen Gesellschaften. Der Kula der Trobriander lässt sich als Kommunikation von Medien deuten, die sich in doppelter Hinsicht im Leben der
Beteiligten niederschlägt. Einerseits kann sie als Element sozialer Ordnung
der trobriandischen Kulagesellschaft verstanden werden, da das Handeln der
Individuen zum Teil in enormem Ausmaß vom Kula bestimmt wird. Der Kula ist freilich nicht das einzige Element der sozialen Ordnung. Andererseits
stellt der Kula für die Trobriander eines der bedeutendsten Mittel der Etablierung sozialer Kommunikationsformen dar. Beide Aspekte gewinnen durch
die Deutung des archaischen Gabentauschs als Kommunikation von Medien
an Kontur, da die Kommunikation mittels solcher Medien geschieht, deren
Wert qua kollektiver Übereinkunft nicht materiell bestimmt ist, sondern nahezu ausschließlich in symbolischer Form. Der symbolische Wert der ausgetauschten Medien liegt nach Malinowski gemäß der kollektiv akzeptierten
Normen des Kula im Zusammenspiel des zeremoniellen, religiösen, magi-

schen Wertes[279] einer Gabe und der Möglichkeit ihrer Zurschaustellung ineins mit dem Macht- und Prestigegewinn. Hinzu kommt der Effekt, den man mit dem Begriff des »sozialen Wertes« belegen kann: Die Sicherheit der Schenkenden sich in sozialem Kontakt mit wohlgesonnenen Partnern zu befinden, die im Bedarfsfall Hilfeleistungen verschiedenster Art (Unterkunft, Gastfreundschaft, Militärallianzen, Handelspartner usw.) verlässlich gewähren. Der soziale Wert liegt in der sicheren und dauernden Einbindung in ein soziales Kommunikationsnetz mit Anderen, das die Räumlichkeit und Zeitlichkeit des Individuums transzendiert. Der materielle Unnutz und die Unhandlichkeit der Gabe in technischem Sinne werden hinsichtlich des symbolischen Wertes der Gaben kaum wahrgenommen. Die symbolisch und sozial hoch aufgeladene Gabenkommunikation ist demnach als Austausch von Medien mit hoher symbolischer und sozialer Bindekraft zu verstehen. Dieser Medienaustausch vollzieht sich in unabdingbarer Relation auf zwei konstitutive Bestandteile des Schenkens, ohne die das gesamte Kulasystem undenkbar wäre: die von Malinowski beobachtete soziale Verpflichtung des Gebens und des Erwiderns von Gaben. Auch wenn oder vielleicht gerade weil es als Binsenweisheit erscheint und es aus diesem Grund zu schnell als unwichtig übersehen werden könnte, muss betont werden, dass das Geben und Erwidern die *conditio sine qua non* der Gaben und auch des Schenkens ist: Geben und Erwidern bilden einen stetigen Kreislauf von zirkulierenden Medien sozialer Kommunikation. Das Geben findet stets eine kommunikative Erwiderung in einer Gegengabe, so dass die reine Gabe ohne eine Erwiderung oder zumindest ohne die Erwartung einer Gegengabe nicht existiert.

Die Verpflichtung zur Gabe und Gegengabe stellt sich in der subjektiven Wahrnehmung oftmals als Zwang, ja als von außen aufgebürdete Pflicht heraus. In der Wahrnehmung der Trobriander wird dies einerseits zwar als persönliche Verpflichtung gegenüber dem tatsächlichen Kulapartner angesehen, aber andererseits sind sich die Kulateilnehmer der abstrakten Verpflichtung zu geben und zu erwidern gegenüber der transzendenten Kulagrammatik durchaus gewärtig.

Zu diesem im Kulasystem stets auf alle Teilnehmer wirkenden Zwang, der wohl eher als eine negative Auswirkung des Schenkens angesehen werden darf, kommt – quasi als Verschärfung – noch die Verschuldung (in nicht-ökonomischem Sinne) durch das Geben hinzu. Hat man eine Kulagabe empfangen, so richtet sich das weitere Trachten des Empfängers danach, dem Kulageber entsprechend zu erwidern. Der Kulageber hat den Empfänger so lange im Schuldverhältnis, wie jener die Erwiderung offen lässt. In diesem sozialen Ungleichgewicht können Folgekommunikationen erwartet und Forde-

---

[279] Der Begriff »Wert« ist hier synonym mit »Wert*schätzung*«. Malinowski weist deutlich auf die Vorstellung der Trobriander hin, dass den Objekten solche Werte wie Macht und Ruhm qua Konvention zugeschrieben werden. Vgl. Malinowski (1979), S. 386, »[…] der konventionell einem Gegenstand zugemessene Wert [bringt] Macht, Ruhm und die Freude zur Vermehrung von beidem mit sich.« [meine Übersetzung].

rungen gegenüber dem Kommunikationspartner geltend gemacht werden. Der Empfänger wird alle nötigen Anstrengungen unternehmen, um dem Kulagesetz zu folgen und den abstrakten Regeln gemäß zu erwidern.

Schließlich zeigt sich durch die *Argonauten*, dass bei den Trobriandern eine strikte Unterscheidung zwischen Geschenkeaustausch im Kula und ökonomischem Handel sowie Güter- bzw. Warenverkehr in wirtschaftlicher Hinsicht existiert. Eine Vermischung findet in keiner Weise statt; auf dieser Trennung basiert die Möglichkeit zur symbolischen Bewertung einer Gabe unabhängig von ihrem materiellen Wert. Gaben können nicht in den Wirtschafts- und Warenverkehr einfließen und umgekehrt können Handelswaren nicht in die Kularing eingehen: Waren werden nur im Kreislauf der Ökonomie getauscht, Kulagegenstände zirkulieren nur im Kularing; beide Systeme verlaufen unabhängig voneinander. Gegenseitige Einflussnahme ist damit jedoch nicht ausgeschlossen, was sich z. B. in der parallel stattfindenden Handlungen von Kula und Handel zeigt oder in der gleichzeitigen Vorbereitung von Kula- und Handelsreise.

Die Reziprozität wirkt in ihren unterschiedlichen Ausprägungen als Treibfeder nicht nur des Gabentauschs im Kula, sondern – wenn man den Maßstab sozialtheoretisch anlegt – auch auf der gesellschaftlichen Ebene als Ordnungs- und Strukturmechanismus des Sozialen. Geben wird bei den Trobriandern weniger unter dem Aspekt des Austauschs von Gaben betrieben, sondern es wird der Zweck der Mehrung von Ruhm und sozialem Ansehen verfolgt. Daraus wird deutlich, dass nicht das Geben der eigentliche Zweck des Kula ist, sondern dass der Kula nur Vehikel einer darüber hinausgehenden Kommunikation ist.

6. Soziale Morphologie II: Morphologeme des modernen Schenkens

Die aus der Interpretation zum archaischen Geben gewonnenen Erkenntnisse, die in die Argumentation zum modernen Schenken übernommen werden, lassen sich ganz knapp wie folgt zusammenfassen: Geschenke sind Medium sozialer Kommunikation, die zwar immer material gegenständlich sind, deren Wert aber nicht (allein) durch ihren materiellen Wert bestimmt ist. Durch das Schenken werden soziale Netzwerke geknüpft und gefestigt. Schenken stellt allerdings auch eine Möglichkeit dar, Abhängigkeitsverhältnisse zwischen Personen zu manifestieren. Die Interpretation von Mauss' *Essai* lieferte Elemente, die auch im modernen Schenken ihre Geltung nicht verloren haben: Die Gabe setzt sich aus den drei Komponenten Geben – Nehmen – Erwidern zusammen, die jeweils obligatorischen Charakter besitzen. Schenken ist ein Mechanismus der Sozialintegration: durch Schenken lässt sich die soziale Anerkennung des anderen ausdrücken. Reine Geschenke gibt es nicht, verstanden in dem Sinne, dass ein Geschenk aus keiner anderen Motivation als Uneigennützigkeit allein erfolgt: »Reine Geschenke (ohne Auslösung von Dankbarkeitsverpflichtungen) sind unbekannt«, so resümiert auch Luhmann.[280] Schenken und ökonomischer Handel bilden zwei unterschiedliche Sphären innerhalb des Gesellschaftssystems.

Als Geschenk kann prinzipiell jeder Gegenstand dienen, Schenken bedarf einer bestimmten sozialen Rahmung (Anlass, Zeremonie)[281]. Geschenke werden nicht nur aufgrund ihres materiellen oder Gebrauchswerts beurteilt. Schenken folgt immanenten Regeln, deren Bekanntheit grundsätzlich beim jeweiligen Kommunikationspartner vorausgesetzt wird. Schenken ist vom Prinzip her eine unendlich fortlaufende Kommunikation. Geschenke können der Selbstdarstellung dienen und werden ineins damit als Manifestation (beanspruchter oder askribierter) sozialer Positionen und sozialer Werte benutzt; hierbei ist nützlich, dass sich mit Geschenken die Gegenwart transzendieren lässt, wenn Geschenke etwa als kommunikative Zeichen für bestimmte Aussagen, als »etwas für etwas« stehen. Schließlich sind Geschenke Medien sozialer Kommunikation, in der mehr als die Übereignung eines Gegenstandes an eine andere Person stattfindet. Aus der soziologischen Auseinandersetzung mit der dekonstruktivistischen Sichtweise der Gabe ergab sich, dass Tausch und Gabe des Gabentauschs nicht zwei getrennte Kreisläufe sozialer Kommunikation mit sich einander ausschließenden Logiken sind.

---

[280] Luhmann (1998), S. 651.

[281] Schmied (1996), S. 157 ff.

Zu diesen Elementen einer sozialen Morphologie treten z. T. vertiefend Morphologeme aus dem modernen Schenkkontext hinzu, deren Zusammenstellung für den Entwurf der sozialen Morphologie des Schenkens notwendig ist.

6. 1. Quell der Sozialität III: Kommunikation, Medium und das soziale Dritte

Kommunikation findet permanent statt, sie ist stets da, keiner kann ihr entrinnen: der Mensch ist schließlich ein *homo communicans*. Denker wie Martin Heidegger, Watzlawick, Jean-François Lyotard oder Luhmann halten es für unmöglich, nicht zu kommunizieren.[282] Jede Kommunikation bedarf eines Mediums. Im Unterschied zu den Medien der Kommunikation, in der die Medien nicht materiell gegeben sein müssen, sondern auch symbolisch sein können, ist das Medium des Schenkens stets materiell gegenständlich im Geschenk gegeben. Immaterielles Schenken und Geben, das sich in Metaphern wie den Tod geben, das Leben schenken, Gehör schenken u. ä. ausdrückt, ist *per definitionem* keine Schenkkommunikation. Das Medium der Kommunikation (das Geschenk) ist daher von der Kommunikation (dem Schenken) strikt zu unterscheiden.

Zuvor wurde festgestellt, dass es sich bei den miteinander verglichenen Kommunikationstheorien um konkurrierende bzw. parallel gewachsene Theorieansätze zu handeln *scheint*. Im Folgenden soll anhand des Schenkens verdeutlicht werden, dass es sich – zumindest für diesen Fall – tatsächlich nur *scheinbar* um konkurrierende, nebeneinander stehende Modelle handelt, die sich in Wirklichkeit jedoch gegenseitig ergänzen. In der Konsequenz wird aus den Analysen der (in der Soziologie) prominenten Richtungen der Kommunikationstheorie deutlich, dass es sich – unabhängig vom zugrundegelegten Kommunikationsbegriff – beim Schenken in der Tat um Kommunikation handelt. Denn das Schenken trägt sowohl den Charakter des monosemen Signals (der Reiz »Geschenkübergabe« als schlichte Information löst die Reaktion »Annahme« aus) als auch den des polysemen Zeichens (das Geschenk ist als Zeichen interpretationsbedürftig, um seinen Sinn zu verstehen) und

---

[282] Heidegger (1982), S. 11: »Der Mensch spricht. Wir sprechen im Wachen und im Traum. Wir sprechen stets; auch dann, wenn wir kein Wort verlauten lassen, sondern nur zuhören oder lesen, sogar dann, wenn wir weder eigens nur zuhören noch lesen, stattdessen einer Arbeit nachgehen oder in der Muße aufgehen. Wir sprechen ständig in irgendeiner Weise.«
Watzlawick, et. al. (1990), S. 53: »*Man kann nicht* nicht *kommunizieren.*«
Lyotard (1987), S. 11: »Schweigen ist ein Satz, es gibt keinen letzten Satz.«
Ähnlich geht auch Luhmann vom Zwang zur (Teilnahme an) Kommunikation aus: Die durch eine Kommunikation erfolgte Information wird im Regelfall verstanden – ob man die Information aufnehmen wollte oder nicht: sie in-form-iert, indem sie einen Zustand des Empfängers festlegt. Der Kommunikation kann man sich nicht entziehen; vgl. Luhmann (1994), S. 203 f.

damit die wesentlichen Kennzeichen von symbolisch vermittelter Kommunikation. Schenken ist folglich Kommunikation.

Aus den kommunikationstheoretischen Ansätzen lassen sich folgende Gemeinsamkeiten als konstitutiv für Kommunikation festhalten:

1. Kommunikation ist stets präsent.
2. Kommunikation ist als dreigliedriges System zu verstehen, das zweier kommunizierender Subjekte sowie eines in der Kommunikation übermittelten Kommunikationsgegenstands bedarf.
3. Kommunikation ist als soziales Handeln zu verstehen.
4. Das Gelingen von Kommunikation ist kein Automatismus.
5. Kommunikation konstituiert ein soziales Drittes, das als Orientierungsrahmen für Anschlusskommunikationen fungiert.

Strukturgleich verhält es sich mit dem Schenken, das selbst stets präsent ist, da eine schenkfreie Gesellschaft nicht existiert: Dem archetypischen Fall von Schenken (der so genannten Handschenkung) liegen strukturell drei Konstituenten zugrunde, nämlich der Geschenkegeber, der Geschenkempfänger sowie das übergebene Geschenk:

Individuum A schenkt Individuum B das Geschenk C

bzw.

Individuum A kommuniziert an B den Kommunikationsinhalt C.

Dieser kommunikative Akt des Schenkens ist nach Weber[283] soziales Handeln schlechthin, denn es ist sowohl aus der Perspektive des Schenkers wie auch der des Empfängers seinem Wesen nach am (vergangenen, gegenwärtigen oder für künftig erwarteten) Verhalten des anderen orientiert. Ebenso unterliegt dem Schenken die Absicht des Schenkers. Geschenke werden in der Regel nicht zufällig gemacht, sondern wollen einen bestimmten Kommunikationsinhalt vermitteln (etwa »Ich liebe dich!« mit dem Strauß roter Rosen) oder eine soziale Beziehung begründen oder fortsetzen. Bisweilen kann es zum Schenken »allein um des Schenken willens« kommen, d. h. dass also eine phatische Kommunikation betrieben wird. Das Motiv solchen »phatischen Schenkens« liegt nicht im materiell gegenständlichen Geschenk, sondern in der Bestätigung und Perpetuierung der sozialen Beziehung, also der Kommunikation selbst. Das Geschenk ist hier nur materielles Medium von zumeist immateriellen Werten und von Propositionen sozialer Natur. Hinzukommen weitere Aspekte wie die Notwendigkeit der Interpretation, um den Sinn von Kommunikation zu erfassen, der Gebrauch kommunikativer Medien als Träger der Informationsübermittlung, die Zeit- und Kontextgebundenheit von Kommunikation, die über das Glücken oder Missglücken von Kommunikation mitentscheiden. Beim Schenken handelt es sich um einen kontinuierlich fortlaufenden Prozess zwischen Kommunikationspartnern,

---

[283] Weber (1980), S. 11.

wobei sie sich in der Rolle des Schenkers und Geschenkempfängers abwechseln. Wie bei dem aus der Konversationsanalyse untersuchten *turn-taking* (Anschlussakte bei Luhmann) – die obligatorische, wechselnde Rede und Gegenrede mit der jeweiligen Bezugnahme der Kommunizierenden mit ihren Konversationsbeiträgen auf das Vorangegangene und das prospektiv Folgende – beschenken sich Schenker und Beschenkter und nehmen jeweils die vorangegangene und die folgende Schenkkommunikation in Reflexion. Rede und Gegenrede, Geschenk und Gegengeschenk sind in diesem kommunikativen Prozess obligatorisch. Impliziert in dieser Verpflichtung ist auch die Verpflichtung des Annehmens des Kommunikationsbeitrags des anderen (des Geschenks) oder dessen (Gegen-)Rede (des erwiderten Geschenks). Allerdings besteht bei Rede und Gegenrede, beim Schenken und Gegenschenken immer die Möglichkeit des Misslingens der Kommunikation; dies haben die vorangegangenen Analysen z. B. zur Übereinstimmung der Interpretationssysteme gezeigt. Ebenfalls wurde aufgezeigt, dass der Kontext der Kommunikation wesentlich zum Verständnis bzw. zur Interpretation der Schenkkommunikation beiträgt. Der Kommunikationscharakter des Schenkens weist sich auch anhand der Selektionen von Information (Schenkgegenstand), Mitteilen (Geschenkübergabe) und Verstehen (die auf die Annahme des Geschenks folgenden Elemente der Schenkkommunikation) aus. Mit dem Verstehen der Schenkkommunikation wird abermals deutlich, dass das Geschenk als Medium der Kommunikation fungiert, denn mit ihm lassen sich Fremdaskriptionen und Eigendeskriptionen kommunikativ objektivieren. Durch diese Möglichkeit zur Objektivation ist es durch die Schenkkommunikation auch möglich, dass Geschenke ein »Gedächtnis« erzeugen, insofern sie als Erinnerungen (Souvenir bzw. Speicher) fungieren: Diese Art der Kommunikation ermöglicht wie andere Kommunikationsarten auch die Überwindung von räumlichen, zeitlichen und sozialen Transzendenzen.

Schenken vollzieht sich in einer temporalen Struktur und in diesem Zusammenhang ist dem Schenken auch der Aspekt der Reflexivität eigen. Denn aus bewusstseinsphilosophischer Perspektive liegt dem Schenken eine reflexive Schleife zugrunde, mit deren Hilfe Erinnerungen bewusst gemacht (z. B. Retentionen an das letzte empfangene Geschenk des anderen) und Erwartungen projiziert werden (z. B. Protentionen an die Freude und die Dankesbezeugungen des anderen bei Empfang eines Geschenks), mit dem Ziel, Schenken zu einer gelungenen Kommunikation werden zu lassen. Nicht erst seit Luhmanns Kommunikationsverständnis weiß man, dass Kommunikation unwahrscheinlich ist bzw. dass das Gelingen von Kommunikation kein Automatismus ist. Nach Luhmann scheint im Gegenteil die Unwahrscheinlichkeit von Kommunikation der Normalfall zu sein. Ebenso ist das Gelingen der Schenkkommunikation kein Automatismus. Ein Geschenk ist dann ein passendes bzw. gelungenes Geschenk, wenn die Kommunikation zwischen den Akteuren »geglückt« ist. Von geglückter Kommunikation kann man sprechen, wenn der Idealfall eintritt, dass sämtliche Wahrnehmungs- und Bewertungskriterien aller beteiligten Parteien des Schenkens übereinstimmen; dann werden beim Schenken Hoffnungen und Erwartungen erfüllt und Vertrauen nicht enttäuscht. Im pragmatischen Handeln des Schenkens eines passenden Geschenks strebt der Schenker danach, eine möglichst hohe Anzahl von gemeinsamen Wahrnehmungsaspekten zu treffen. Je mehr Kontaktpunkte durch das Geschenk getroffen werden, desto höher ist die Wahrscheinlichkeit, dass das beabsichtigte Kommunikationsziel erreicht wird. Da aber die Übereinstimmung sämtlicher relevanter Kriterien jedoch lediglich eine Idealität darstellt, ist die Wahl des passenden Geschenks mit so vielen Unwägbarkeiten belastet.

Nichtsdestotrotz läuft bei der Wahl des passenden Geschenks diese Abstimmung auf die Person des Empfängers in dem von Mead beschriebenen Paradigma der Rollenübernahme und der Antizipation des Verhaltens des anderen ab. Der Schenker versucht, die Perspektive des anderen zu übernehmen, dessen Bewertungs- und Wahrnehmungskategorien in Abhängigkeit und Interdependenz der öffentlichen Meinung zu übernehmen, um mit dessen Sichtweise zu ergründen, ob die Schenkkommunikation glücken wird oder nicht. Bei Annahme der Korrespondenz der Perspektiven des Schenkenden und des Empfangenden kann so das passende Geschenk gefunden werden und die Kommunikation gelingen. Unter dieser Voraussetzung ist auch möglich, das Geschenk als Beziehungsmesser sozialer Nähe heranzuziehen, und zwar unabhängig vom materiellen Wert, der durch seinen Preis sowie andere finanzielle Aufwendungen wie Besorgungsfahrten, Verpackung[284] usw. notwendig war. Einem sorgsam auf die Person des Empfängers abgestimmten Geschenk sind neben der materiellen Verausgabung auch symbolische Werte eingeschrieben, die aus dem Geflecht der Bewertungskriterien ihren Sinn und Wert beziehen. Es ist leicht nachvollziehbar, dass mit Bedacht ausgewählte Geschenke, die spezifische Wünsche und Interessen des Empfängers treffen, eher als gelungene Geschenke angesehen werden als solche, die eher als unpersönlich und mehr schlecht als recht einer Pflicht folgend wahrgenommen werden. Die Mühe, die sich der Schenker gibt, ein gelungenes Geschenk zu präsentieren, fließt ebenso in den Wert und die Bewertung des Geschenks ein wie andere symbolische oder materielle Aspekte. Insofern kann also gelungenes Schenken mit entsprechend hoher sozialer Bewertung als Gradmesser einer hoch eingeschätzten Beziehung angesehen werden. Ebenso kann ein eher weniger wertvolles Geschenk eine eher distanziertere Sozialbeziehung zwischen Schenker und Beschenktem markieren, ganz zu schweigen von freundschaftlichen, aber geschenklosen Beziehungen. Kurz: Im Medium der Schenkkommunikation drückt sich die soziale Wertschätzung des anderen und die (Wahrnehmung der) Qualität der Beziehung zum anderen aus, wodurch sich das Geschenk gewissermaßen zum Gradmesser einer Beziehung verwandelt.

---

[284] Donder-Langer (2001), S. 47, beziffert den für Geschenkverpackungen allein in Deutschland aufgewendeten Betrag auf jährlich rund 2,3 Milliarden Euro.

Legt man nochmals Luhmanns Kommunikationsverständnis zugrunde, so zeigen sich weitere Entsprechungen zwischen Kommunikation und Schenken. So wie Luhmann der Auffassung ist, dass allein die Kommunikation kommuniziert und der Mensch als Umwelt der Gesellschaft an ihr qua struktureller Kopplung zwischen Bewusstsein und Kommunikation beteiligt ist, so kann dies für den Geschenketausch ebenfalls gelten. Wie Malinowski in seiner Untersuchung des Kula zeigt, flottieren in diesem System die Gaben ohne großes Zutun der Individuen, sondern aufgrund eines hochkomplexen, sozialen Normensystems: die Gaben finden gewissermaßen selbst ihren Weg und verwenden die von ihnen begründete Gemeinschaft als ihr Vehikel. Auch Luhmanns Begriff der Kommunikation als Synthese dreier Selektionen Information, Mitteilung und Verstehen, in der Kommunikation nur dann realisiert ist, »wenn und soweit Verstehen zustandekommt«, findet sein Pendant in der Kommunikation des Schenkens. Luhmanns Beispiel ist sinnfällig:

»Man liest: Tabak, Alkohol, Butter, Gefrierfleisch usw. gefährde die Gesundheit, und man ist [...] ein anderer – ob man's glaubt oder nicht! Man kann es jetzt nicht mehr ignorieren [...]: die Kommunikation legt den Zustand des Empfängers fest, der ohne sie nicht bestehen würde [...]. Auf Annahme oder Ablehnung und auf weitere Reaktion kommt es daher beim Kommunikations*begriff* nicht an [...]. Als Veränderung des Zustands des Empfängers wirkt Kommunikation wie eine Einschränkung: Sie schließt unbestimmte Beliebigkeit des jetzt noch Möglichen (Entropie) aus. [...] Annehmen und Ablehnen einer zugemuteten und verstandenen Selektion sind [...] nicht Teil des kommunikativen Geschehens; es sind Anschlussakte.«[285]

Was Luhmanns Beispiel ausdrückt, nämlich dass Kommunikation eine zugemutete Information zu verstehen gibt, derer man sich nicht erwehren kann, gilt auch für das Schenken. Steht der Schenker erst mit dem Geschenk vor der Tür und hat man als Empfänger das Geschenk empfangen, so lässt es sich nicht mehr aus der Welt schaffen. Das Geschenk ist da – in materieller Form! – und der vormals Unbeteiligte ist schlichtweg ein anderer geworden: Er ist ein Empfänger eines Geschenks geworden! Wie er im Weiteren mit dem Geschenk verfährt – im Falle des Geschenks mit der wortwörtlichen Annahme oder Ablehnung des Geschenks – spielt zunächst keine weitere Rolle mehr. Die Kommunikation ist zustande gekommen, an sie knüpfen sich Anschlussakte als Folgekommunikationen.

Das soziale Dritte der Schenkkommunikation

Mit der Kommunikation entsteht etwas jenseits der tatsächlichen Kommunikationsinhalte, das vorher nicht da war: Durch die (Schenk-)Kommunikation entstehen Erwartungsstrukturen, die erst durch das Schenken geschaffen

---

[285] Luhmann (1994), S. 203 f.

wurden. Zur Veranschaulichung der durch die Schenkkommunikation neu geschaffenen Struktur von Erwartungen lassen sich exemplarisch einzelne Aspekte – im Sinne einer Typenbildung[286] – näher herausgreifen. Nimmt man den Idealfall einer gelungenen Schenkkommunikation an, dann werden die Erwartungshorizonte im alltäglichen Lebensvollzug beider Kommunikationsteilnehmer gänzlich erfüllt, d. h. alle zuvor gesammelten Morphologeme des Schenkens wie etwa der Schenkanlass, die Schenkzeremonie mitsamt den übrigen Elementen der sozialen Rahmung der Schenkkommunikation, die Triade des Gebens, Nehmens und Erwiderns und ebenso die Nicht-Zurückforderung und die Nicht-Weitergabe des Geschenks entsprechen dem, was sozial akzeptiert bzw. vorausgesetzt wird, um erfolgreich zu schenken. Der richtige Moment für ein Geschenk bzw. für ein Gegengeschenk wurde gewählt, so dass das Geschenk weder als aufdringlich noch als hinausgezögerte, widerwillige Entgegnung kommuniziert wurde. Hinzukommt, dass auch die eher unsichtbaren Elemente der Kommunikation erfüllt wurden, insofern dass die der Kommunikation zugrundeliegende Intention als solche wahrgenommen wurde und diese Wahrnehmung der richtigen Wahrnehmung ebenfalls wahrgenommen wurde. Hinter dem steht, dass das Schenken auf beiden Seiten die gleiche Sinn- und Bedeutungsbewertung erfahren hat. Bei diesem Typ des sozialen Dritten konnte mittels der Schenkkommunikation eine Abstimmungsleistung zwischen *ego* und *alter ego* erbracht werden, die eine volle Harmonie des Sozialen generiert. Diese Sozialität ist ohne soziale Hindernisse, pragmatisch gesprochen: ohne soziale Peinlichkeiten oder Missverständnisse auf einer oder beiden Seite/n, anschlussfähig an folgende Kommunikationen, die diese Sozialität fortführen.

Die Erwartungsstruktur der Schenkkommunikation ist auch dadurch bezeichnet, dass sie den καιρός, den richtigen Moment,[287] trifft. Der morphemische[288] Aspekt des richtigen Zeitpunkts bietet die Gelegenheit, eine gänzlich andere Struktur von Erwartungen zu bilden, nämlich den Typ des sozialen Dritten, wenn gerade der richtige Moment für die Schenkkommunikation nicht getroffen wird. Eine zusätzliche Unterscheidung, die diesen Typ gewissermaßen in zwei Untertypen aufspaltet, ist dabei, ob dies absichtlich im Sin-

---

[286] »Die Soziologie bildet [...] *Typen*-Begriffe und sucht *generelle* Regeln des Geschehens.«; vgl. Weber (1980), S. 9.

[287] Vgl. dazu auch Bourdieu (1997d), S. 193.

[288] Morphemisch ist hier in Anlehnung an den rein linguistischen Gebrauch des Begriffs verwendet: Das Morphem als kleinstmögliche, bedeutungstragende und in der Folge bedeutungsunterscheidende Einheit des Sprachsystems kann beispielsweise nur durch einen Laut bzw. Graphem bezeichnet sein, aber doch ist seine Auswirkung auf die Bedeutung absolut: im Beispiel »tot« /to:t/ vs. »Tat« /ta:t/ ist einzig ein Laut unterschiedlich, aber doch verändert sich dadurch die Bedeutung der Sprachzeichen komplett.
Übertragen bedeutet dies: Die Veränderung einer »Stellschraube« der Schenkkommunikation tariert nicht das Kommunikationssystem neu, sondern bei Veränderung eines einzelnen morphemischen Aspekts entsteht ein neues System, ein neues soziales Drittes, das nicht lediglich eine Variante des Vorherigen »unter veränderten Vorzeichen« ist, sondern einen gänzlich neuen Typ darstellt.

ne einer Indignation geschieht oder ob dies aus Versehen geschieht. Beim ersten Untertyp ist die so generierte Sozialität intentional als solche erzeugt, die Schenkkommunikation diente einer Kommunikation der Missachtung als Vehikel. Auf beiden Seiten ist durch diese Kommunikation die gleiche Bedeutung evoziert worden, die im Ausdruck der Missachtung des Kommunikationspartners kulminiert und eine soziale Situation der Beleidigung verursacht. Die Ursache liegt in der unterschiedlichen Erwartungshaltung von Schenker und Geschenkempfänger an den richtigen Schenkzeitpunkt. Der zweite Untertyp beruht ebenso auf nicht konvergierenden Erwartungshaltungen der Kommunikationspartner. Er beruht auf dem klassischen Fall des kommunikativen Missverständnisses. Der richtige Moment der Schenkkommunikation wurde verpasst, indem z. B. ein Geburtstagsgeschenk zum falschen Datum geschenkt wurde. Diese Verwerfung der Schenkkommunikation lässt sich durch eine Kommunikation über die Kommunikation (»...Es tut mir so leid, aber ich war der Meinung, dein Geburtstag ist erst heute und nicht letzte Woche.«) wieder glätten.

Das durch die Kommunikation erst generierte soziale Dritte erhält seine Charakteristik des Weiteren daraus, dass eine soziale Beziehung durch einen einseitig manifestierten Willensakt auf die Ebene der Schenkkommunikation gehoben wird. Diese von Malinowski als »clinching gift« bezeichnete Gabe trägt ihre Bezeichnung zu Recht: Die auch im Boxen und Ringen bekannte Bezeichnung »clinch« meint nicht nur die Umschlingung oder Umklammerung, sondern trägt auch die Konnotation von Entscheidung bzw. endgültiger Regelung. Die aus dieser »clinching gift« resultierende Struktur von Erwartungen ist von starker Asymmetrie der sich darauf aufbauenden sozialen Beziehung geprägt: Über ihr schwebt der stete Schatten eines Abhängigkeitsverhältnisses des Erstempfängers gegenüber dem Erstgeber (bekannt aus der Literatur oft beschriebenen Verschuldung). Durch dieses Verschuldungsverhältnis gewinnt der Erstgeber gegenüber dem Erstempfänger eine gewisse Macht. Die Macht zeigt sich hier – nach Weber als »jede Chance, innerhalb einer sozialen Beziehung den eigenen Willen auch gegen Widerstreben durchzusetzen (...)«[289] – etwas subtil, doch nichtsdestoweniger insbesondere für den Empfänger deutlich spürbar: Der Empfänger wird durch die Annahme der Kommunikation in die Triade des Gebens, Nehmens und Erwiderns (und auch des Nicht-Zurückforderns und der Nicht-Weiterveräußerns) gedrängt. Der Geber kann erwarten, dass der Empfänger Anschlussakte erbringt, was dieser ursprünglich nicht im Plan seiner Sozialwelt vorgesehen hatte.

Anders als etwa im archaischen Gabentausch, in dem Gaben an einen Tauschpartner oder den ursprünglichen Geber weitergeschenkt bzw. zurückgeschenkt werden, tritt in der modernen Schenkkommunikation der Fall nicht auf, dass Geschenke in einer entsprechenden Zeremonie und bei entspre-

---

[289] Weber (1980), S. 28.

chendem Anlass als Geschenk weiterverschenkt werden. Ein solcher Normbruch kommt dem intentionalen Abbruch der Schenkkommunikation gleich. Die Erwartungsstruktur des Schenkers ist in der Schenkkommunikation nämlich nicht darauf angelegt, dass der Empfänger das Geschenk weiterverschenkt. Zwar ist das direkte Zurückschenken des gleichen Geschenks im modernen Schenken nicht erlaubt, doch die Erwartung des Schenkers, vom Empfänger nach angemessener Zeit ein Gegengeschenk zu erhalten, ist legitim. Ist auf diese Weise das soziale Dritte intakt, dann läuft die Kommunikation kontinuierlich zwischen Schenker und Beschenktem weiter. Tritt jedoch der Fall ein, dass ein Geschenk (zurück- oder) weitergeschenkt wird und der Schenker gewinnt davon Kenntnis, so löst sich die soziale Beziehung in der Regel auf – sofern dies nicht durch eine Kommunikation über diese Kommunikation des Abbruchs repariert werden kann.

Ein nächstes Beispiel der aus dem Schenken resultierenden Struktur von Erwartungen lässt sich an einem Aspekt veranschaulichen, dem nach Simmel eine kaum zu überschätzende Bedeutung[290] zukommt: der Dankbarkeit. Weiter unten wird dieser Aspekt wieder aufgegriffen, wenn es um das Schwinden sozialer Normierungen bzw. kultureller Codierungen des Schenkens in der Moderne geht. Für ein Geschenk zeigt der Geschenkempfänger Dankbarkeit, die der Geber implizit erwarten kann, »[…] weil die Dankbarkeit vielleicht der einzige Gefühlszustand ist, der unter allen Umständen sittlich gefordert und geleistet werden kann.«[291] Diese Erwartung ist so sehr sozial anerkannt, dass sie sogar Einzug in den juristischen Diskurs genommen hat. Dort ist für das Schenken Dankbarkeit vorausgesetzt, bei deren Ausbleiben unter bestimmten Bedingungen die juristische Möglichkeit besteht, das Geschenk auf rechtlichem Wege zurückzufordern. Wird die Dankbarkeit für ein Geschenk versagt, liegt eine empfindliche Störung des sozialen Dritten und mithin der sozialen Beziehung vor. Der Schenker wird zunächst hinterfragen, ob er seinerseits die Kommunikation richtig gestaltet hat, d. h. ob er alle Schenkregeln wie etwa die Zeremonie, den Anlass, zeitliche Abstände etc. beachtet hat, um zu ermessen, ob es sich um einen intentionalen Fall von Dankbarkeitsversagung handelt. Bleiben Zweifel, ob er seinerseits alle Regeln beachtet hat, kann Kommunikation über die missglückte Kommunikation ein ausgeglichenes soziales Drittes wiederherstellen (A: »Ich habe dir neulich ein [Geschenk] geschenkt, hat es dir gefallen?« B: »Ach ja, das war wunderschön, vielen Dank dafür!«). Hat er allerdings nach objektiven Kriterien alle Regeln der Schenkkommunikation korrekt ausgeführt und der Empfänger versagt weiterhin – auch nach einer Kommunikation über die Kommunikation – die Dankbarkeit, kann das soziale Dritte beständig zerrüttet und die weitere Kommunikation (nicht nur die des Schenkens) gestört sein. Entgegen Simmels Auffassung, dass mit der unter allen Umständen stets erwartbaren und erweisbaren Dankbarkeit »ein eigentümlich Unlösbares« entsteht, ist der so-

---

[290] Simmel (1993), S. 308.
[291] Simmel (1993), S. 315.

zialkommunikative Ansatz nicht auf den metaphysischen Rest angewiesen, um das Fortlaufen der Geschenkkommunikation zu erklären. In Luhmanns Sinne produziert sich ja die Kommunikation selbst und erfordert daher keine solche metaphysische Triebfeder.

Als letzter Typ des sozialen Dritten soll in dieser Veranschaulichung derjenige genannt werden, der sich am Aspekt der Identifizierung darstellen lässt. Mit dem Geschenk als Medium der Kommunikation kann der Schenker Möglichkeiten zur Identifikation schaffen:[292] Er erwartet, dass der Beschenkte sich – mindestens rudimentär – mit dem Geschenk identifiziert; eingedenk dieser Erwartung an ihn muss der Beschenkte diese Erwartung – mindestens rudimentär – erfüllen. Das Geschenk kann in vielfachen Aspekten (materiell, emotional, religiös etc.) viel über den Schenker aussagen, aber auch dem Empfänger ein Repertoire an Identifizierungsmöglichkeiten anbieten. Beim Schenken ist für das Glücken der Kommunikation wesentlich, ob die Identifikationsangebote treffend sind oder nicht. Wird nämlich vom Schenker ein Geschenk kommuniziert, das überhaupt nicht der objektiven Einschätzung oder der Einschätzung des Empfängers über den Schenker entspricht, ist das Missglücken der Kommunikation vorgezeichnet. Emotionale Bemerkungen wie »ein solches Geschenk – ausgerechnet von dir?« oder aus dem ökonomischen Bereich »Wie kannst du es dir leisten, ein solches Geschenk zu machen?« deuten darauf hin, dass eine kongruente Wahrnehmung der Identifizierung des Schenkers mit dem Geschenk nicht gegeben ist. Auf der anderen Seite kann aufgrund der erwarteten Kongruenzeinschätzung ebenfalls eine Neuinterpretation von Identifizierung des Empfängers und des Geschenks erfolgen. Lässt sich der Empfänger auf die mit dem Geschenk askribierten Eigenschaften ein, so ist die Kommunikation erfolgreich verlaufen. Der Schenker gewinnt den Eindruck, dass seine Einschätzung der Identität des Empfängers korrekt war und er ein passendes Geschenk ausgewählt hat. Erfolgt diese Neuinterpretation von Identität des Empfängers und des Geschenks allerdings nicht, d. h. ist ein wirklich unpassendes Geschenk mit zahlreichen Fehlaskriptionen überreicht worden, dann gelangt ein verzerrtes soziales Drittes zur Wirklichkeit, das die soziale Beziehung aus dem Gleichgewicht bringen kann. Diese Neuinterpretation kann dadurch verhindert werden, dass der Empfänger die mit dem Geschenk transportierte Identität nicht annimmt (z. B. »Goldkettchen trage ich nicht!«) und damit zumindest symbolisch eine Annahme des Geschenks verweigert (»Sehr kostbar, ich werde es in Ehren halten!«, doch tragen wird der Empfänger das Goldkettchen nicht). Die Konsequenzen dieser nur symbolischen Annahme stehen der tatsächlichen Annahmeverweigerung des Geschenks in seiner materiellen Form kaum nach und tragen daher die nahezu gleichen Konsequenzen.

Die typisch beschriebenen Erwartungsstrukturen, die erst mit dem Schenken generiert bzw. »Wirk«-lichkeit werden, zeigen die sozialen Unwägbar-

---

[292] Schmied (1996), S. 110.

keiten des Schenkens und die Unwahrscheinlichkeit dieser Kommunikation. Denn über den Verlauf der Schenkkommunikation kann nur spekuliert werden. Er kann aber niemals tatsächlich vorausgesehen werden kann, da ja das soziale Dritte erst im Akt der Kommunikation wirklich wird. Das soziale Dritte begleitet nicht nur die Kommunikation im archaischen Geben, sondern – wie exemplarisch gezeigt – auch das moderne Schenken.

6. 2. Modernes Schenken gegenüber archaischem Schenken

Die Morphologie des modernen Schenkens hat wichtige Erkenntnisse aus dem archaischen Schenken, insbesondere aus Mauss' *Essai* ziehen können.

Die folgende tabellarische Übersicht versucht in verdichteter Form die für die Argumentation des Texts[293] bedeutendsten Morphologeme von archaischer Gabe und modernem Geschenk im Vergleich abzubilden.

Übersicht über Morphologeme archaischen Gebens und modernen Schenkens im Vergleich

Morphologeme der archaischen Gabe	Morphologeme des modernen Geschenks
Gabe dient der Sozialintegration bzw. der Stiftung von Sozialität	Geschenke dienen der Sozialintegration bzw. der Stiftung von Sozialität
Verpflichtungen des Gebens, Nehmens und Erwiderns	Verpflichtungen des Gebens, Nehmens, Erwiderns, des Nicht-Zurückforderns und Nicht-Weiterveräußerns
Überbietung der Gabe in der Gegengabe, teils mit antagonistischem Zug	gleichwertiges (z. T. höherwertiges) Gegengeschenk
Gabe dient der Selbstinszenierung, Selbstdarstellung, dem Ausdruck des eigenen Sozialstatus	Geschenk bietet Möglichkeit zur Selbstdarstellung, aber auch zur Askription von Eigenschaften; Geschenk erfordert Dankbarkeit
Gaben werden als Teil der Persönlichkeit des Gebers verstanden: Gaben sind beseelte Gegenstände	Geschenke werden sorgsam ausgesucht (personalisiert) und im Idealfall endgültig aus dem ökonomischen Kreislauf durch Kauf heraus-

---

[293] Da in der Tabelle der Fokus auf die vorliegende Argumentation gelegt wird, kann die Auflistung keinen absoluten Anspruch auf Vollständigkeit erheben. Der Großteil der Morphologeme modernen Schenkens finden sich – sofern sie nicht im Text mit einer Fußnote hinterlegt wurden – in Schmied (1996), dort insbesondere in Kapitel 6 und 7 »Grundelemente des Schenkens«, S. 101 – 156, Schmied (1998) ferner in Berking (1996), dort insbesondere in Kapitel I und II.7 sowie (in alphabetischer Reihenfolge) in den Studien von Bierhoff (1998), Deggau (1998), Fürstenberg, (1998), McGrath (1995), Naumann (1998), Pankoke (1998), Petersen (1998), Rost (1998), Ruth, et. al. (1999), Schropp (1998), Stagl (1998), Wooten (2000).

	gelöst: Jeder Gegenstand kann zum Geschenk werden
Gabe erfolgt zu anlassfixierte Terminen (Erwiderung, *rite de passage*) und folgt zeremoniellen Riten	Geschenke werden zu kalenderfixierten Anlässen (Geburtstag, Weihnachten, Jubiläum etc.) gemacht; bei feierlicher Übergabe ist das Geschenk verpackt und das Preisschild fehlt: Umtausch bei Nicht-Gefallen möglich
Der Gabe unterliegt das Prinzip von Frist und Kredit	Schenken bedient sich der Verschleierung von Frist und Kredit, um Generosität, Überraschung, (Vor-)Freude vorzuspiegeln
Teilnahme am Gabentausch ist eine Frage der Ehre, der Teilnehmerkreis im Gabentausch ist begrenzt, exklusiv und elitär; Geben bedeutet die explizite Anerkennung des anderen als würdiges Mitglied der Gabentauschgemeinschaft	Teilnahme am Schenken ist bedingt durch Kommunikation, jeder kann Schenker und Geschenkempfänger sein
Gabe ist nur temporäres Besitztum, nie vollständiges Eigentum (gemäß dem archaischen Eigentumsverständnis); geben kann man kann nur, was man besitzt	Geschenk geht gemäß westlichem Eigentumsverständnis in Eigentum über
Kollektive Tendenz der Gabe: Geber fungiert als Repräsentant eines Kollektivs im Gabentauschsystem	Schenken ist ein individueller Kommunikationsakt in der individualisierten Gesellschaftsstruktur der Moderne
Gabe als Austausch nach dem Prinzip: *do ut des* (Geben, um den anderen zu verschulden)	Schenken als kommunikativer Austausch nach dem Prinzip des *turntaking* (»Rede und Gegenrede«)
Gabe ist ein System der totalen Leistungen	Schenken ist ein totales Phänomen, dessen normative Codierung in der Moderne angewachsen ist
Gabe als Zugewinn an Ehre, Prestige, Anerkennung, Macht usw., nicht aber an materiellem Wert; Gabe ist meist stilisiert, ohne Verwendungszweck, oft phatisches Geben	Geschenke besitzen keine ökonomische Wertigkeit, werden aber trotzdem oft über ihren ökonomischen Wert bzw. ihre Zweckmäßigkeit oder Verwendungsfähigkeit wahrgenommen
Gabe ist ein Teil des Sozialsystems (mit alltagsstrukturierendem Charakter) und fungiert als materieller Spei-	Geschenke sind symbolische generalisierte Medien der Kommunikation, um die Wahrscheinlichkeit von

cher sozialer Verpflichtung	Anschlussakten zu erhöhen; Schenkkommunikation kann misslingen
Hoher Grad der formalen Kodifizierung im Gabentauschsystem mit hoher symbolischer Aufladung des Gebens	Formale Kodifizierung des Schenkens geringer als im Gabentauschsystem (*Ausnahme: Rechtsdiskurs*)
Triebkraft des Gabentauschsystems: mythischer Grund des *hau*, des Geists des Kula, Reziprozität	Triebkraft des modernen Schenkens: Kommunikation

Über die Sammlung von Morphologemen hinaus ist noch Mauss' zentrale Fragestellung nach der verantwortlichen Kraft für die Erwiderung von Gaben bzw. nach der sozialen Bindekraft überhaupt aus kommunikationstheoretischer Perspektive zu klären. Diese Bindekraft versuchte Mauss am totalen Phänomen der Gabe als das Mysterium des *hau* zu zeigen: Er kam zu der Auffassung, dass der *hau* der Gabe die Verpflichtung zu geben und erwidern bewirke und so die Kommunikation in Gang gehalten würde.

Im Unterschied zu Mauss' Annahme ist die soziale Bindekraft aus kommunikationstheoretischer Perspektive in den Sprechakten, wie sie etwa von Austin/Searle oder Habermas vertreten werden, zu finden. Beide Ansätze allerdings korrespondieren mit dem Grundverständnis des kommunikativen Paradigmas, wonach das Wesen von Sozialität durch die Kommunikation bestimmt ist. In diesem Sinne kann man von einer »kommunikativen Bindekraft des Sozialen« sprechen. Die Rolle der Kommunikation liegt dabei auf der Hand: Sie ermöglicht die für die Sozialität essentiell wichtige wechselseitige Anerkennung und erzeugt die für die Kommunikationspartner notwendige Reziprozität der Perspektiven (wenigstens auf minimalem Niveau) und vollbringt die dazu erforderlichen Koordinationsleistungen. Mit der Reziprozität der Perspektiven ist die Idealisierung der Austauschbarkeit der Standpunkte von *ego* und *alter ego* und gleichzeitig die Idealisierung der Übereinstimmung der Relevanzsysteme von *ego* und *alter ego* gemeint. Üblicherweise ist *alter ego* der »Verallgemeinerte Andere« des Meadschen Konzepts[294], der aus der Fähigkeit von *ego* resultiert, die zahlreichen Haltungen der anderen einnehmen zu können und aus all diesen Haltungen eine einzige Haltung herauszukristallisieren. Aus der Idealisierung der Übereinstimmung der Relevanzsysteme folgt, dass allen Menschen trotz unterschiedlicher persönlicher Voraussetzungen, wie z. B. der Lage im Raum, des Geschlechts, des Alters usw. die Gegenstände der Welt und damit die Welt als eine gemeinsame gegeben ist. Die Idealisierung der Übereinstimmung der Relevanzsysteme steht

---

[294] Mead (1995), S. 130. Vgl. dazu auch Morris (1995), S. 31: »Der verallgemeinerte Andere […] kann als die Verallgemeinerung des Prozesses der Rollenübernahme angesehen werden: der verallgemeinerte Andere ist jedweder andere, der als Einzelheit der Haltung der Rollenübernahme im jeweiligen kooperativen Prozess gegenüber steht oder stehen könnte.«

in enger Verbindung mit der Idealisierung der Austauschbarkeit der Standpunkte.[295] Die Verschiedenartigkeit der sozialen Beziehungen lassen für *ego* wie auch für *alter ego* ein System von Typisierungen und Selbsttypisierungen der Wirklichkeit und der Handlungsrelevanzen entstehen. Solchermaßen generierte Relevanzsysteme stellen kein erstarrtes System dar, sondern unterliegen sozialem, kulturellem und zeitlichem Wandel.[296]

Diese Herstellung und Koordination der Reziprozität der Perspektiven ist nur mit Mitteln der Kommunikation zu erreichen. Gerade die durch Kommunikation erzielte Reziprozität der Perspektiven gilt auch für die Schenkkommunikation, deren Zielsetzung ja in der Sicherstellung von Anschlussakten, d. h. in der Erzeugung einer Folgekommunikation des anderen (Dankbarkeit, Wertschätzung, Annahme, Erwiderung des Geschenks usw.) liegt. Um den Erfolg der Schenkkommunikation zu sichern, versetzt sich der Schenker in die Lage des Beschenkten – dies gestattet ihm die Reziprozität der Perspektiven – und sucht so das beste Medium für die Schenkkommunikation aus, um die erwartbare Folgekommunikation zu erwirken.

Allerdings kann die Schenkkommunikation im Gegensatz zur verbalsprachlichen Kommunikation weniger leicht abgelehnt werden. Hier ist wohlweislich zu unterscheiden zwischen der Kommunikation des Schenkens und ihrem in seiner materialen Form gegebenen Medium, dem Geschenk. Das Geschenk lässt sich zurückweisen, die Annahme eines Geschenks lässt sich verweigern, aber es ist unmöglich, Kommunikation zu unterbinden. Ihr Zumutungsgehalt ist aufgrund des materiellen Mediums immer »total« und quasi unablehnbar (»Quasi-Unablehnbarkeit«), wohingegen die verbalsprachliche Kommunikation – genauer gesagt: die Annahme einer solchen – abgelehnt werden kann. Aus dem totalen Zumutungsgehalt ergibt sich der hohe Stellenwert des Schenkens nicht nur in archaischen Gesellschaften: da das Schenken auch in der Moderne ein totales Phänomen ist[297] und sich die Kommunikation aller sozialen Bereiche bedient, wird diese Kommunikationsform um wenigstens diese eine Stufe ausfallsicherer angesehen als die ablehnungsfähige Verbalkommunikation. Der Unterschied liegt am Medium der Kommunikation. Die materielle Gabe persistiert, wohingegen das gesprochene Wort unmittelbar nach seiner Verlautbarung seine Existenz verliert. Von daher wird die kommunikative Bindekraft des Schenkens in archaischen Gesellschaften stabiler angesehen und das Schenken in seiner Bedeutung für die Erzeugung von Sozialität bzw. Sozialintegration höher angesiedelt als in modernen Gesellschaften.

Welches Paradigma auch immer für die Beschreibung der Modernisierung von Gesellschaften verwendet wird (etwa Rationalisierung, Individualisierung, Industrialisierung, Partikularisierung u. a. m.), so zeichnen sich doch moderne Gesellschaften gegenüber vormodernen Gesellschaften vornehmlich

---

[295] Schütz (1971a), S. 364 f.
[296] Srubar (1988), S. 143 ff.
[297] Schrutka-Rechtenstamm (2001), S. 24.

durch ihre funktionale Differenzierung aus: Es entstehen nicht-hierarchisch geordnete bzw. hierarchiefreie, gesellschaftliche Teilsysteme mit unterschiedlichen Funktionen (z. B. Recht, Kunst, Wissenschaft, Religion usw.). Interessanterweise lässt sich beobachten, dass im Zuge der Modernisierung die soziale Bindekraft der Kommunikation nicht verschwindet. Vielmehr tritt ein doppelseitiges Phänomen auf:

Regulierung modernen Schenkens durch die jeweilige Logik des Teilsystems

Auf der einen Seite kommt es zu einer Übernahme der kommunikativen Bindekraft, indem sie durch die Logik anderer Teilsysteme geregelt wird, etwa wenn beispielsweise das Schenken an die Götter durch religiöse Vorschriften, oder Blutspenden durch medizinische Regeln geordnet wird. Ein weiteres Beispiel zeigt sich im fiskalischen Diskurs, der Geschenke für sich definiert und ggf. mit Steuern belegen kann, oder im juristischen Diskurs, der in das Schenken eingreift und beispielsweise die Rückforderung eines Geschenks nach juristischer Kodierung regelt und darüber hinaus eine Abgrenzung zu Bestechung und Korruption vornimmt. Gerade Korruption und Bestechung bilden den Versuch, die Logik des juristischen Diskurses zu konterkarieren, indem die Schenkkommunikation mitsamt ihrer Bindekraft verwendet wird, um eine erwartbare Anschlusshandlung (etwa eine Begünstigung) zu evozieren. Die Steuerungsmacht dieser Regulierungs- und Ordnungsprozesse für das Schenken in ausdifferenzierten Gesellschaften und seine Fremdbeherrschtheit durch die diskursive Definitionsmacht im Zusammenspiel mit seiner Selbstbeherrschtheit des diskursiven Vollzugs bringt eine wenig überraschende Parallele zu den von Michel Foucault offengelegten Regulierungssystemen des Diskurses zutage. Foucaults Interesse richtet sich darauf, Regulierungs- und Ordnungsstrukturen zu enthüllen.[298] Die Regulierung diskursiven Vollzugs zieht eine Selektion dessen nach sich, was im Diskurs gesagt oder nicht gesagt werden darf. Übertragen auf das Schenken bedeutet dies, dass eine diskursive Selektion erfolgt, wie oder wie nicht geschenkt werden darf. Gleichzeitig hat Foucault in seinen Arbeiten den disziplinierenden Implementierungsmechanismus von Machtdiskursen gezeigt, um das handlungsregulierende Potenzial diskursiver Selektion offenzulegen (»Polizei des Diskurses«): Wenn sich in einer historischen Situation kontingente Konstellationen von *epistemen*[299], Semantiken und Institutionen zu selektionswirksamen Katalysationspunkten erhärten, gelingt ihnen zugleich die Durchsetzung des Primats ihrer Weltinterpretation und die Etablierung korrektiver Diszipli-

---

[298] Dabei richtet Foucault den Fokus mehr auf ihre Entstehungsbedingungen als auf die Struktur des Entstandenen, so Frank (1993), S. 417.

[299] Nach Foucault (1997b), S. 25 ff verstanden als Wissenssystem bzw. als Rationalitätsform, die dem Alltagswissen, der Wissenschaft und der Philosophie einer Epoche unterliegt.

nierungsmechanismen, die den Diskurs in der Gesellschaft durch die von Foucault so bezeichnete »Bio-Macht« stabilisieren. Anstelle eines Renarrativs der Foucaultschen Theorie soll die vielleicht deutlichste Ausformulierung der drei dem Diskurs inhärenten Selektions- bzw. Ausschließungssysteme[300] in den Blick genommen werden. Die Produktion des Diskurses wird zugleich kontrolliert, selektiert, organisiert und kanalisiert durch das Wirken externer Ausschließungssysteme (das verbotene Wort/Verbote, Grenzziehungen/die Ausgrenzung des Wahnsinns und »jene gewaltige Ausschließungsmaschinerie«[301]: den Willen zur Wahrheit), interner Ausschließungssysteme (Prozeduren, die als Klassifikations-, Anordnungs-, Verteilungsprinzipien wirken, nämlich Kommentar, Autor und Disziplinarität) sowie einer dritten Gruppe von Diskurskontrollsystemen, die die Einsatzbedingungen der Kontrollkräfte bestimmen, den sprechenden Individuen gewisse Regeln auferlegen und verhindern, dass jedermann Zugang zu den Diskursen erlangt (Ritual, Diskursgesellschaften, Doktrinen, Erziehung). All diese Einschränkungen des Diskurses tragen dazu bei, z. B. zu bestimmen, von welcher Art von Dingen gesprochen wird, mit welcher Art über Dinge gesprochen wird, welche Sätze mit Wahrheitswerten belegt werden, welche Wissensformen und Rationalitätsstandards verwendet werden, welche Vorstellungen vom guten Leben assoziiert sind usw.[302] In der Übertragung auf das Schenken würde man also von diskursiven Praktiken sprechen, die darüber befinden, wer schenkt, in welcher Weise man schenken darf, was ein gutes Geschenk ist, wann die Kommunikation des Schenkens als gelungen erachtet werden kann usw. Der Diskurs trägt einen eigenartig reflexiven Zug, denn er ist zu verstehen als ein Ensemble von Praktiken, die systematisch die Gegenstände bilden, von denen sie sprechen[303], denn er ist dasjenige, worum und womit man kämpft, er ist die Macht, deren man sich zu bemächtigen sucht, so Foucault.[304] Insgesamt präsentiert sich der Diskurs bei Foucault als ein riskantes, selbstbeherrschtes Selektionssystem, das diese von außen unbeherrschbare Selbstbeherrschtheit durch die amorphe, heterotope und doch ubiquitäre[305] Mikrophysik der Macht bzw. Bio-Macht durch die Bemächtigung fügsamer und zugerichteter Körper stabilisiert. Die wenig überraschende Parallele liegt darin, dass ein solches Selektionssystem auch im modernen Schenken am Wirken ist, wodurch das »Wer, Wie und Was des Schenkens« reguliert ist.

---

[300] Foucault (1997c), S. 11 ff.

[301] Foucault (1997c), S. 17.

[302] Detel (1998), S. 33.

[303] Foucault (1997a), S. 74.

[304] Foucault (1997c), S. 11.

[305] Foucault (1997d), S. 114 ff.

130

Modernes Schenken bleibt sozialintegrativ, aber polyvalent hinsichtlich der Erwartung von Anschlussakten

Auf der anderen Seite vermag die Schenkkommunikation nach wie vor Sozialität und Sozialintegration zu erzeugen, sie verliert also nicht ihre kommunikative Bindekraft.[306] Wenn es stimmt, dass das Schenken nach wie vor Anschlussakte evoziert, nur im Gegensatz zum vormodernen Kontext die Erwartungsformulierung an die Anschlussakte polyvalent und unterspezifiziert bleiben, dann müsste sich dies nachweisen lassen. Dieser Nachweis soll durch einige zeitdiagnostische Beobachtungen illustriert werden.[307] Mit diesem Nachweis wird zugleich gezeigt, dass die Polyvalenz von Erwartungsformulierungen normativ die Notwendigkeit zu einer stärkeren sozialen Normierung bzw. kulturellen Codierung erfordert (Verstärkung von Codierungen). *Gleichzeitig* ist im Gegenteil aber auch ein Schwinden kultureller Codierungen beim Schenken zu beobachten. Denn – wie weiter oben aufgezeigt – Codes sind nicht nur nicht bedeutungslos, sondern – so zeigt sich im Folgenden – sie sind auch nicht einfach konstant.[308] Die anschließende Illustration dieses Doppelphänomens wird die Morphologie des modernen Schenkens vervollständigen.

6. 3. Kulturelle Codierungen modernen Schenkens

Egal, ob Adorno jener elitäre Kulturpessimist ist, als der er mancherorts gilt,[309] oder nicht – er liefert in dem ihm eigenen Stil in *Minima Moralia*[310] eine zumindest treffsichere Beschreibung des modernen Schenkens. Er notiert den Verfall des Schenkens, dass die Menschen das Schenken verlernt hätten, dass selbst Kinder das Schenken argwöhnisch als Trick bzw. »Türöffner« für dahinterliegende Motive beäugen, dass Schenken den Menschen verobjektiviere, dass das Schenken im Privaten auf eine soziale Funktion heruntergekommen sei, die man mit widerwilliger Vernunft, unter sorgfältiger Innehaltung des ausgesetzten Budgets, skeptischer Abschätzung des anderen und mit möglichst geringer Anstrengung ausführe. Wirkliches Schenken hingegen hatte sein Glück in der Imagination des Glücks des Beschenkten. Damit war Zeitaufwand für die Geschenksuche verknüpft und es war vonnöten, den Beschenkten als Subjekt zu respektieren. Diese Fähigkeiten seien den Menschen der Moderne abhanden gekommen. Man schenkt besten-

---

[306] Vgl. dazu auch Davis (2002), S. 19.

[307] Aufgrund nicht vorliegender (historischer) Quellen muss bei diesem Nachweis auf Foucaults Methodik der Diskursanalyse verzichtet werden.

[308] Foucault (1995), S. 44.

[309] Lenk (2003), S. 54.

[310] Adorno (2008), S. 21 f.

falls, was man sich selber wünscht, nur einige Nuancen schlechter. Gerade dem kommt die peinliche Erfindung so genannter Geschenkartikel gelegen, die universal verschenkbar sind, ohne sich auf die Subjektivität des Beschenkten einlassen zu müssen. Auch der Vorbehalt des Umtauschs ist ein Symptom modernen Schenkens: Da schon keine Mühe für die Suche eines »passenden Geschenks« verwendet wurde, ist es dem Schenker egal, ob das Geschenk dennoch wertgeschätzt wird. Die Umtauschmöglichkeit entbindet den Beschenkten von der Geschenkannahme und der Identifikation mit dem Geschenk, vielmehr erlaubt die Umtauschmöglichkeit dem Beschenkten, sich anstelle des Geschenks eine nützliche Ware zu erwerben. Die merkwürdige Perversion dieser Umtauschmöglichkeit des Geschenks liegt darin, dass sich der Beschenkte so zumindest selbst etwas schenken kann, was aber den absoluten Widerspruch zum Schenken darstellt, so Adorno.

Wenn man analysiert, was der Beschenkte mit dem Geschenk tut, dann kann man das Doppelphänomen des gleichzeitigen Verstärkens und Schwindens kultureller Codierungen erkennen. Mauss hat im archaischen Gabentausch die Verpflichtungstriade des Gebens, des Nehmens[311] und des Erwiderns erkannt, die beim modernen Schenken um die Elemente der Nicht-Zurückforderung und des Nicht-Weiterveräußern (durch Zurückschenken oder Weitergeben) zu erweitern ist. Während es nämlich im Kularing bestimmte Geschenkgegenstände gibt, die reihum wandern oder unter Umständen noch am gleichen Tag zurückgeschenkt werden[312], sind Geschenke in der Moderne immer wieder neue Gegenstände, die – sofern es sich nicht um Selbstgefertigtes handelt – aus dem Markt herausgelöst werden, und so aus dem ökonomischen Warenkreislauf ausscheiden, um im privaten Sektor wortwörtlich zu enden. Anders als im archaischen Schenken kann prinzipiell jeder Gegenstand aus dem Konsumkreislauf zum Geschenk werden: schließlich sind Konsumgüter in modernen Gesellschaften in der Regel die einzige verbleibende Möglichkeit, etwas zu schenken, nachdem sich die von Mauss postulierte archaische Einheit von Person und Sache aufgelöst hat.[313] Die Aufweichung der Regel des sozialen Verbots der Rückforderung von Geschenken im Rahmen des juristischen Diskurses wurde bereits benannt, doch auch die soziale Normierung der Nicht-Weiterveräußerung wird unterwandert und aufgeweicht durch die teilweise in großem Stil inszenierte Ge-

---

[311] In der Regel kommt es ja nicht zur Annahmeverweigerung eines Geschenkes. Eine feste Ausnahme hierzu bilden *rein* professionelle Beziehungen absolut formeller Objektivität, die z. B. Repräsentanten staatlicher Institutionen wie Richter, Beamte, Abgeordnete oder Polizeikräfte mit ihrer Klientel unterhalten *müssen*: Würden diese Personen Geschenke annehmen, läge gegebenenfalls der Tatbestand der Bestechung bzw. Vorteilsnahme vor. Daher müssen solche Personen »von Berufs wegen« Geschenke ablehnen. Nahezu täglich gibt es jedoch auch Situationen, bei denen solche Personen öffentlich Geschenke, z. B. im Rahmen eines Staatsbesuchs oder einer besonderen Ehrung für Verdienste, aus der Logik des Schenkens heraus annehmen müssen; vgl. dazu Brückner (2001) und Trende (2001). Eigene Gesetze und Bestimmungen regeln die weitere Verwendung dieser »in Bezug auf das Amt« empfangenen Geschenke.

[312] Malinowski (1979), S. 552.

[313] Rost (1994), S. 105.

schenkweitergabe[314] von an Weihnachten erhaltenen, aber nicht willkommenen Geschenken, aber auch durch die von Adorno beschriebene Möglichkeit des Geschenkeumtauschs. Bei der Rückschleusung eines Geschenks in den ökonomischen Warenverkehr durch Umtausch oder Weiterverkauf lässt auch die Rigorosität der Regel nach, nicht den Preis bzw. materiellen Wert von Geschenken zu thematisieren. Dennoch wird im modernen Schenken (immer noch) versucht, dieses Gebot aufrechtzuerhalten, indem Preisetiketten vor der Übergabe bzw. dem Einpacken des Geschenks entfernt werden. Die Rede über den Wert war in vormodernen Gesellschaften hingegen häufig kein Tabu, denn dort wurden doch die Gaben im Wert miteinander verhandelt oder es wurden in Schenkbüchern akurate Aufzeichnungen mit Wertbestimmungen geführt.[315]

In der Zeremonie der Geschenkübergabe, die im Gegensatz zum archaischen Geben weniger stark ritualisiert ist,[316] wird das wohl augenfälligste Element des Schenkens unmittelbar sichtbar: Ein bestimmter Gegenstand, der als Geschenk gewählt wurde, wird von einem Schenker an einen Empfänger zu einem bekannten Anlass übergeben. Im Gegensatz zum archaischen Gabentausch hat das moderne Schenken feste Kalendertermine wie Weihnachten, Geburtstage, Jubiläen, Hochzeit. Der archaische Gabentausch kannte zwar Termine z. B. Fristen für die Gegengabe, jedoch waren sie nicht oder selten an einen Jahreskalender gebunden. Die Anlässe werden von der von Adorno so verabscheuten Geschenkartikelindustrie unterwandert, die relativ einfach neue, regelmäßig wiederkehrende, kalenderfixierte Geschenkfeste (Valentinstag, Muttertag, Vatertag, Halloween) zu installieren vermag.[317] Im Zuge der von so vielen Seiten bedauerten Kommerzialisierung der Alltagskultur – daran zu erkennen, dass das christliche Weihnachtsfest zu reinem Geschenkerausch verkommt[318], wobei die religiöse Bedeutung in den Hinter-

---

[314] In einer nordbayerischen Kommune bietet der jährlich zwischen Weihnachten und Neujahr abgehaltene »Markt der langen Gesichter« allen, die ihre Weihnachtsgeschenke nicht behalten mögen, die Gelegenheit, sie auf dieser als Auktion durchgeführten Veranstaltung weiterzuveräußern.

[315] Vgl. z. B. Groebner (2000), Davis (2002), Schröder (2004).

[316] Vgl. dazu Schmied (1996), S. 146 f. und S. 141.

[317] Schmied (1996), S. 189 f. oder Kess (2001), S. 56 ff.

[318] Mit seiner kulturkritischen Beobachtung hinsichtlich des scheinbar aus den Proportionen geratenden Schenkens hat Lévi-Strauss durchaus Recht: Das moderne Schenken an Weihnachten gleiche einem sich jährlich wiederholenden »gigantischen potlatch«, der so manches Familienbudget nachhaltig aus dem Gleichgewicht zu bringen vermag; vgl. Lévi-Strauss (1993), S. 112. So scheint die Ursache für die heutige Aufblähung des Weihnachtsgeschäftes gefunden zu sein: einerseits wandelte sich das religiöse Fest hauptsächlich während der Romantik und in der bürgerlichen Biedermeierzeit im 19. Jahrhundert zu einem Kinder- und Familienfest, wo es vornehmlich darum ging, den Kindern Spielsachen und Süßigkeiten zu schenken; Spielzeughandel und -industrie sowie die schnell wachsende Schokoladenindustrie blühten auf. Andererseits resultiert die Aufblähung aus dem Versuch, während der Weltwirtschaftskrise um 1930 die Konjunktur durch verstärkte Weihnachtsreklame anzuregen; dies vor allem in den USA, wo auch das charakteristische weihnachtliche Märchen-Kommerzgemisch entstand, so Heim/Perler (1985), S. 17 ff.

grund rückt – werden immer mehr Ereignisse der alltäglichen Lebens zu einem Fest erkoren, anlässlich dessen »es sich schickt, zu schenken.« Schenken wurde bei bestimmten Gelegenheiten zur Sitte, zum Gebrauch, oder in Webers Worten: zum Handeln, dem eine traditionale Motivationsstruktur zugrundeliegt. Man schenkt, »weil es so üblich ist, weil man das einfach tut, weil es der Anstand gebietet«. Wird ein Geschenk also zu einem bestimmten Anlass überreicht, so handelt es sich meist um einen käuflich erworbenen Gegenstand, der mit dem Schenken aus dem Kreislauf der Ökonomie herausgelöst werden. In archaischen Gesellschaften ist man gemäß dem Eigentumsverständnis nur vorübergehend Besitzer der für den Gabentausch reservierten Gaben (Hochzeitsmatten, Halsketten und andere Schmuckgegenstände o. ä.). Man gibt also einen Zirkulationsgegenstand weg, nicht aber sein Eigentum. Ähnlich regelt das archaische Eigentumsverständnis z. B. Einladungen zum Mahl, Beistand und andere Unterstützungs- und Hilfeleistungen. Das Eigentumsverständnis in modernen Gesellschaften macht für das Schenken zur Voraussetzung, dass sich der Geschenkgegenstand zuerst im Besitz des Schenkers befindet, der dann den Gegenstand an den Beschenkten gibt: man kann also nur verschenken, was man selbst besitzt.[319] Doch auch diese kulturelle Codierung unterliegt in der Moderne einem Destabilisierungsdruck, wenn etwa findige Geschäftspersonen Dinge als Geschenke zum Verkauf anbieten, obwohl sie ihnen gar nicht gehören.

Anders als in der archaischen Gabenkommunikation, derer sich nur bestimmte Menschen bedienen konnten, kann in der Moderne jede Person so-

---

[319] Eine kuriose Ausnahme hierzu bildet das Angebot einer Firma, Sterne zu »verschenken« (Angebote dieser Art findet man von diversen Firmen, die auf fünf Kontinenten operieren): man beachte jedoch, dass in der Eigenwerbung beinahe alle übrigen Attribute eines »echten« Geschenks genannt werden: Zum Preis von etwa US $ 50 wird ein bislang unbenannter Stern im Kosmos mit einem Namen nach dem Wunsch des Kunden, d. h. des Schenkers versehen. Durch dieses Geschenk habe der Schenker die Möglichkeit, seine Zuneigung zum Empfänger auf ganz besondere und einprägsame Weise auszudrücken. Mit dem »Schenken eines Sterns« könne man gewöhnliche Geschenke in den Schatten stellen, ein einzigartiges und persönliches Geschenk von Ewigkeit machen, das jeglichem Anlass entgegenkomme; mit einem Stern lasse sich Unsterblichkeit schenken. Zu diesem Zweck werde der gewünschte Name »offiziell« registriert; darüber erhalte der Schenker ein persönliches Eigentumszertifikat von der im Jahre 1979 durch einen kanadischen Farmer gegründeten Firma »International Star Registry« sowie eine Sternenkarte, die das Auffinden des neu erworbenen Sterns erleichtern solle plus eine Eigenveröffentlichung der Schrift »Your Place in the Cosmos« von Dr. James Richard zusammen mit einem Copyright und dem Versprechen, die Neuerwerbung in die nächste Ausgabe dieser Schrift aufzunehmen. Mit dem geschenkten Stern kann sich der Schenker auf positive Weise präsentieren. Nicht nur sei diese Art der Demonstration der Zuneigung unvergesslich, sondern auch der Schenker selbst. Mit der Erweckung des Eindrucks, dass zahlreiche Persönlichkeiten des öffentlichen Lebens (Schauspieler, Musiker, Politiker usw.) bereits ein solches Arrangement getroffen hätten, verbindet sich der Aufruf, sich selbst in diese Gruppe einzureihen. Zweifelsohne verbindet sich mit diesem Appell an die menschliche Eitelkeit die Aussicht, auf diese Weise das eigene Prestige vermehren zu können.
Nichtsdestotrotz bleibt die Frage offen, wer das ursprüngliche Besitzrecht auf die (Namen der) Sterne hat, sofern sich ein solches Recht überhaupt behaupten lässt. Ethische Fragestellungen, die den Besitz, das copyright oder die Patentierung von natürlichen Objekten wie Sternen, Wahrzeichen, Pflanzen oder dergleichen betreffen, können hier nicht diskutiert werden.

wohl zum Schenker als auch zum Empfänger von Geschenken werden. Nichts schließt eine Person prinzipiell aus der Schenkkommunikation aus, nichts prädestiniert eine Person von Natur aus zum idealen Schenker oder Empfänger.[320] Im Gegensatz zur archaischen Gabe wird ein modernes Geschenk für die Überreichung in einer speziellen, oftmals aufwändigen Geschenkverpackung verhüllt, teilweise geheimgehalten und verborgen. Die Normen des Schenkens bringen es mit sich, dass die Anlässe gewöhnlich bekannt sind, zu denen Geschenke sowohl erwartet als auch gemacht werden. Obwohl schließlich allen Beteiligten schon im Vorhinein klar ist, dass zu bestimmten Anlässen Geschenke überreicht werden, kann durch eine kollektive Leugnung dieses Wissens die Wahrnehmung aufrechterhalten werden, dass es sich um ein wahres Geschenk handelt, das nicht in der Spekulation auf Erwiderung überreicht wird. Aufgrund dieser bewussten Verschleierung ist es einerseits dem Schenker möglich, sogar zu absolut vorhersagbaren Schenkereignissen wie Geburtstagsfeiern oder anderen Jubiläen, ein Geschenk als Überraschung zu präsentieren[321]. Der Schenker erweckt den Eindruck, sein Geschenk sei allein durch Generosität motiviert, und nicht ein Anschlussakt an eine Kommunikation. Andererseits kann der Empfänger seine Freude über die gelungene Überraschung zeigen, ohne der Heuchelei bezichtigt zu werden. Es ist klar, dass dabei die eigentliche Überraschung nicht so sehr dem Schenken gilt, als vielmehr dem Geschenk, also nicht *dass*, sondern *was* geschenkt wird. Gegebenenfalls gibt der Schenker bei der Übergabe einige Erläuterungen zu Verwendung und Nutzen sowie dem Hintergrund der Auswahl des bestimmten Geschenks, um damit auf die symbolischen Attribute hinzuweisen, die das Geschenk aus seiner Perspektive für den Empfänger (und ggf. Dritte) besitzt. Bis zum Augenblick der Annahme und des Auspackens des Geschenks sammelt sich eine Spannung in Form von Erwartungen, Vorfreude, die sich dann in der zum Ausdruck gebrachten Überraschung und Freude über und Dankbarkeit für das Geschenk »entlädt«.[322]

Ob Simmel Recht hat, dass mit dem Empfangen oder Geben die Beziehung der Menschen zu einer Beziehung der Gegenstände geworden ist, worin die Dankbarkeit das subjektive Residuum des Empfangens oder des Gebens ist, ist mithin eine theoretische Frage, die für den hier geführten Nachweis des Unterschieds zwischen archaischem Geben und modernem Schenken mit schwindenden kulturellen Codierungen keine tragende Rolle spielt. Von Bedeutung ist, dass – im Gegensatz zum archaischen Geben, wo Dankbarkeit prinzipiell unbekannt war – die Dankbarkeit im modernen Schenken ein stets mitlaufendes Element des Schenkens darstellt. In ihr lebt nach Simmel die

---

[320] Wie Waldenfels (1980), S. 308 feststellt: Spezialisten gibt es in Fülle, aber auch Spezialisten für das Glück? Hier sind doch alle Betroffenen als Spezialisten anzusehen. Dies gilt auch für das Schenken. Alle Betroffenen und damit alle Menschen sind als Spezialisten für Schenken anzusehen. Dies macht empirische Erhebungen so problematisch.

[321] Schmied (1996), S. 107.

[322] Vgl. auch Caplow (1984), S. 1310 f., Schmied 1996, S. 139 ff.

»schöpferische Stimmung [...] in der Handlung [...] im entscheidensten Sinne«[323] weiter und wird so zu einem stärksten Bindemittel der Gesellschaft: Dankbarkeit »gehört zu jenen gleichsam mikroskopischen, aber unendlich zähen Fäden, die ein Element der Gesellschaft an das andere und dadurch schließlich alle zu einem formfesten Gesamtleben aneinanderhalten.«[324] Mit dem Beispiel des Morphologems der Dankbarkeit zeigt Simmel, dass die soziale Bindekraft des Schenkens ungebrochen besteht, selbst wenn andere kulturelle Codierungen in der Moderne eine gewisse Schwundstufe erreicht haben, oder positiv formuliert: dem Wandel unterliegen.

Das »passende Geschenk« ist ein persönliches Geschenk, das sowohl auf die Individualität des Schenkenden als auch des Beschenkten Bezug nimmt oder wie Adorno es formuliert, das den Geschenkempfänger als Subjekt respektiert und nicht stumpf auf ein Objekt reduziert. Das Medium des Schenkens dient dabei dem Ausdruck der Selbstwahrnehmung bzw. dem Streben nach Anerkennung der gewünschten Selbstdarstellung wie auch dem Ausdruck der Fremdeinschätzung des Beschenkten sowie dem Streben nach deren Akzeptanz. Eine umfassende Studie zum Schenken von Büchern ausgeführt im Jahr 1982 vom Institut für Demoskopie Allensbach[325] gibt an, dass Buchgeschenke mehrheitlich als sehr persönliche Geschenke eingestuft wurden. Bücher sind ein relativ beliebter Geschenkartikel, besonders wenn die Empfänger Kinder, Jugendliche, Männer, junge Leute oder gut ausgebildete Personen sind. Als Gründe, warum sich gerade Bücher als passende Geschenke eignen, werden u. a. angegeben: Das entsprechende Buch hat ein Thema zum Inhalt, das den Beschenkten momentan interessiert. Das verschenkte Buch gefällt dem Schenkenden so gut, dass er das gleiche Buch jemand anderen schenken möchte. Der erstgenannte Punkt festigt die Annahme, dass ein Geschenk einen sehr individuellen und auf die Persönlichkeit des Empfängers zugeschnittenen Charakter tragen soll. Der andere Grund zeigt, dass ein Geschenk dazu benutzt werden kann, gewünschte Teilaspekte der Identität des Schenkenden zu kommunizieren und die Außenwahrnehmung der eigenen Person aktiv zu gestalten. Das Schenken von Büchern oder Gegenständen eigener Vorlieben eignet sich als Möglichkeit zur Selbstdarstellung, indem sowohl der Beschenkte als auch Dritte erfahren, dass dieser bestimmte Gegenstand mit seiner bestimmten (symbolischen) Bedeutung von dieser gewissen Person geschenkt wurde. Die Funktion der Selbstdarstellung erfüllt das Geschenk als materiales Objekt der Geschenkübergabe auch über räumliche und zeitliche Grenzen hinweg. Auch wenn der Schenkanlass vorüber ist und sich Schenker und Beschenkter an verschiedenen Orten befinden, bringt das Geschenk in der Funktion eines Souvenirs weiterhin die mit ihm verbundenen Kommunikationsinhalte des Schenkers – so eben z. B. die

---

[323] Simmel (1993), S. 309.

[324] Simmel (1993), S. 316.

[325] Zitiert in: Schmied (1996), S. 131 ff. Zum Stellenwert des Buches als Geschenk in der französischen Renaissance vgl. Davis (2002), S. 70 ff.

Selbstdarstellung – in Erinnerung. Allerdings sind die an das Geschenk angehängten Identifizierungsaspekte z. T. riskante Angebote, da sie auch abgelehnt werden können. Die Identität der Geschenks mit dem Geber, was bisweilen im Diskurs über die Gabe in archaischen Gesellschaften als Garant für das Geben, Weitergeben und Zurückgeben gemacht wurde (»weil die Gabe als Teil des Gebers zu ihm zurückkehren will«), ist im modernen Schenken fast nur noch als Identifizierung des Gebers mit dem Geschenk bei Buchgeschenken nachweisbar. Das von Adorno so verdammungswürdig empfundene unpersönliche Schenken hat dessen Stelle eingenommen, so dass man in der Moderne weniger oft »etwas von *sich* gibt«.

Neben der Möglichkeit zur Selbstdarstellung des Schenkers können durch die Kommunikation des Schenkens auch gewisse Eigenschaften und Wertungen dem Beschenkten zugeschrieben werden. Mit der Annahme des Geschenks nimmt der Beschenkte nicht nur den Geschenkgegenstand, sondern auch die damit über ihn ausgesagten Einschätzungen des Schenkers an; er fügt sich – zumindest für den Augenblick – in die ihm zugeschriebene Identität. Der Schenker ist auch auf die Kooperation des Geschenkempfängers angewiesen, denn es trifft das zu, was auch für die verbal-sprachliche Kommunikation gilt: Wer spricht, braucht Zuhörer![326] Der Geschenkempfänger muss im schlechtesten Falle »gute Miene zum bösen Spiel machen« und sich gemäß den Schenknormen verhalten. Genauso wie der Schenker durch die Zuschreibung gewisser Eigenschaften den Beschenkten beherrscht, weiß er ganz genau, dass das Glücken eines Schenkens auch in der Hand des Beschenkten liegt. Sollte jener die Annahme des im Wortsinne »reizenden Geschenks« verweigern, kann dies so interpretiert werden, als dass der Beschenkte nicht gemäß den Regeln spielt; wird es allerdings so interpretiert, dass der Schenker durch ein ungebührliches Geschenk den Regelspielraum überschritten und damit den Beschenkten *übermäßig* erniedrigt hat, wodurch sich der Beschenkte zum Schritt der Annahmeverweigerung gezwungen sah, dann wird sozusagen der »Schwarze Peter« dem Schenker zurückgegeben. Sollte also die Annahme eines ungebührlichen Geschenks abgelehnt werden, dann kann sich die Reizung gegen den Schenker selbst zurückwenden. Man kann nun verstehen, warum die Beiträge aus Anthropologie und Soziologie wie auch der Philosophie den Kernpunkt des »schwebenden« Vertrauens zu Recht in den Blick genommen haben. All diese außerordentlich ausgefeilten Spiele nehmen ihren Lauf vor dem Tribunal der Gemeinschaft, das in einer unsichtbaren konzertierten Aktion die Angemessenheit und die Grenzen des Spielraums der Schenkhandlung bemisst anhand gemeinsam geteilter Wahrneh-

---

[326] Andernfalls redet er nur, gemäß der Differenzierung von Merleau-Ponty (1974), S. 211: »Allerdings ist wohl zu unterscheiden: das echte, einen Sachverhalt erstmalig formulierende Wort, und der bloß sekundäre Ausdruck, das Reden bloß über schon Gesagtes, das im empirischen Sprechen vorherrscht.«

mungs- und Bewertungsrichtlinien.[327] Geht man jedoch vom Regelfall der geglückten Kommunikation des Schenkens aus, d. h. dass der Empfänger das Geschenk annimmt, so signalisiert er damit seiner sozialen Umwelt, dass er nicht absolut abgeneigt ist, die durch das Geschenk ausgedrückten Askriptionen zu akzeptieren. Gleichzeitig wird der Schenker durch die affirmative Reaktion des Beschenkten in seiner Einschätzung des Empfängers bestätigt und signalisiert, dass das Geschenk kein unpassendes war.

Im Unterschied zum archaischen Schenken beobachtet Luhmann in *Der Gesellschaft der Gesellschaft* für das moderne Schenken, dass die Nähe der Beziehung Einfluss auf das Schenken besitzt:

>»Je dichter und näher die Beziehung gelebt wird, [...] desto unspezifischer wird das Verhältnis von Gabe und Erwiderung, desto wichtiger wird eine immer übrig bleibende Verpflichtung, desto unangemessener Summierung und Verrechnung. Bei zunehmender sozialer Distanz und Lebensunwichtigkeit können auch die Verrechnungsmodalitäten bestimmter gehandhabt werden.«[328]

Die Nähe der Beziehung spielt auch eine Rolle beim Schenken von Geld, wovon im vormodernen Schenken nie die Rede ist: Geld zu schenken ist in der Moderne nur dann statthaft, wenn man sich entweder sehr gut kennt oder die Beziehung weitgehend bedeutungslos oder sehr formell ist.[329]

Otnes/Beltramini berichten von einer *gender*-bezogenen Unterscheidung im Falle von Hochzeitsgeschenken in modernen Gesellschaften: Da die meisten Hochzeitsgeschenke mit dem Bereich des Haushalts der Verheirateten assoziiert werden, werden diese Geschenke konventionell mit dem Attribut »weiblich« verbunden.[330] In seiner Studie über die Weihnachtsgeschenke in Middletown kann Theodore Caplow für diesen Kontext empirisch nachweisen, dass Frauen beim Schenken aktiver als Männer sind.[331] Dieser Unterscheidung nach Geschlechtern lohnt es sich für das Schenken nachzugehen. So stellt Bourdieu in seinen ethnologischen Studien über die vormoderne Gesellschaft in der Kabylei fest, dass beim Schenken ein Unterschied zwischen den Geschlechtern besteht:[332] Während der Mann nach dem Paradigma der Ökonomie der symbolischen Güter des Gabentauschs wahrgenommen wird, ist die ökonomische Ökonomie eine Frauenökonomie. Männer werden beim Schenken an ihrer Ehre gemessen, wodurch ihnen jeglicher Zugang zur ökonomischen Ökonomie verwehrt ist. Frauen hingegen ist es vorbehalten, die

---

[327] Bourdieu (1998), S. 173. Von Bourdieus Kabylei-Studien weiß man, dass dieses gesellschaftliche Tribunal in gleicher Weise im Falle der Herausforderung, des Ehrenworts usw. fungiert. Es handelt sich um eine soziale Gratwanderung, bei der es von der öffentlichen Meinung abhängt, auf welche Seite man fällt, d. h. ob das Tribunal für oder gegen einen entscheidet.

[328] Luhmann (1998), S. 653.

[329] Schmied (1996) S. 129 f., obwohl Geld in Westeuropa als Geschenk von relativ geringer Bedeutung ist.

[330] Otnes/Beltramini (1996), p. 136.

[331] Caplow (1984), p. 1307.

[332] Vgl. zur *gender*-Differenzierung der Ökonomien Bourdieu (1997d), S. 337.

138

Wahrheit von Preisen und Fälligkeiten auszusprechen; ihnen steht auf der einen Seite das Recht zu, diese ökonomische Wahrheit (»das Unaussprechliche« im Schenken) auszusprechen, da sie ja auf der anderen Seite vom Tausch der symbolischen Güter, wo es gerade nicht um Preise geht, ausgeschlossen sind. Ob und inwieweit dies noch vollkommen auf moderne Gesellschaften zutrifft, wie Bourdieu das behauptet[333], kann bezweifelt werden. Ebenso beobachtet Lewis Hyde beim Schenken in der Moderne eine Teilung nach Geschlechtern und schlägt hierfür in Analogie zur Arbeitsteilung nach Geschlecht die Formulierung *division of commerce* vor: Demnach ist Schenken häufig ein »weiblicher« Handel und das Geschenk stellt »weibliches« Eigentum dar. Frauen bleiben beim Schenken in der Moderne nicht ausgeschlossen, sie haben nach Hyde dadurch vielmehr eine Möglichkeit, ihr soziales Geschlecht zu bestärken.[334] Groebner zeigt mittels einer Literaturauswertung für Gesellschaften des Mittelalters[335], dass legitime Geschenke ausschließlich unter Männern gemacht wurden. Eine Frau hingegen beschneide sich ihrer Ehre, wenn sie Geschenke nimmt oder gibt. Die *gender*-Differenz für das Schenken in der Moderne ist im Gegensatz zum archaischen Geben weniger rigide gehandhabt. Während in vormodernen Gesellschaften Männern das Geben vorbehalten schien, so ist die Frau im modernen Schenken sehr wohl beteiligt, teilweise hat sie sogar die Hauptrolle im familialen Schenken zugeschrieben bekommen bzw. übernommen.

Im archaischen Geben wie auch im modernen Schenken ist ein Morphologem zu beobachten, dass zwischen Geschenk und Gegengeschenk ein Zeitintervall verstreicht. Auch Baudrillard meint, es dürfe niemals zu direkter Interaktion kommen, sondern müsse immer eine gewisse Zeit verstreichen zwischen den beiden Kommunikationen Gabe und Gegengabe; im Bereich des Tauschs will es die Regel, dass ein Geschenk niemals unmittelbar vergolten wird.[336] Dies scheint lediglich im bürgerlichen Schenken durchbrochen zu werden: zu gewissen unabwendbaren kulturellen Anlässen – wie z. B. Weihnachten oder in manchen Kulturen anlässlich von Hochzeiten – wechseln Geschenke und Gegengeschenke simultan hin und her. So erhalten in einigen gesellschaftlichen Kontexten Brautleute nicht nur Geschenke, sondern bedenken auch ihre Gäste jeweils mit einem kleinen Geschenk.[337] Ebenso wechseln bei der weihnachtlichen Bescherung Geschenke und Gegengeschenke simultan zwischen den Schenkenden, so dass sich also alle Beteiligten in der Rolle von sowohl Geber als auch Empfänger wiederfinden. Es bildet sich also ein Paradox: einerseits soll zwischen Geschenk und Gegengeschenk ein Zeitintervall verstreichen, andererseits findet bei bestimmten An-

---

[333] Bourdieu (1998), S. 169.

[334] Hyde (1983), p. 103.

[335] Groebner (2002), S. 44 ff.

[336] Baudrillard (1996), S. 56.

[337] Z. B. polnische, kubanische, griechische, italienische oder puerto-ricanische Hochzeitstraditionen; vgl. Otnes/Beltramini (1996), p. 126.

lässen des modernen Schenkens ein simultaner Geschenketausch statt. Diesem »Paradox der ungleichzeitigen Zeitgleichheit« spürt Bourdieu[338] nach, um zu illustrieren, dass sich alle Teilnehmer des Schenkens aufgrund gleicher oder zumindest ähnlicher Bewertungs- und Wahrnehmungsmaßstäbe mehr oder minder bewusst und freiwillig einer kollektiven Verschleierung der Wahrheit unterwerfen. Für die Auflösung dieses Paradoxons von Bedeutung ist die bei Bourdieu dominierende Betonung der *Logik der sozialen Praxis*, die eine wesentliche Säule seiner Handlungstheorie formt: Bourdieu entwirft seine Theorie mit der Handlung bzw. dem Handelnden im Zentrum, wobei als Basis sozialer Praktiken nicht das subjektive Bewusstsein oder die Intentionalität eines Subjekts fungieren, sondern vielmehr vielfältige Dispositionen, die einen Habitus konstituieren. Diese für seine Gesamttheorie prinzipielle Prämisse ergänzt Bourdieu durch zwei weitere grundlegende Annahmen, die hinsichtlich seiner Untersuchung des Schenkens besondere Aufmerksamkeit verdienen: Zum einen besitzt der Gabentausch eine ganz spezifisch eigene Logik, die auf der Ökonomie symbolischer Güter und einem ihr zugehörigen illusorischen Glauben beruht; zum anderen nimmt er das diese Sozialbeziehung charakterisierende Zeitintervall zwischen Gabe und Gegengeschenk in Betracht, das in sich ein Element der Ungewissheit, im Sinne eines »schwebenden« Vertrauens, birgt. Ohne weitere Anmerkungen zu Bourdieus methodisch-theoretischen Hintergrund vorauszuschicken, auf dessen Folie er seine These der Verschleierung formuliert, nimmt die folgende Darstellung Bezug auf sein Modell des Schenkens, um klarzulegen, dass das Zeitintervall zwischen einem Geschenk und seiner Erwiderung im Unterschied zur archaischen Gabe ein Morphologem modernen Schenkens ist.

Das Zeitintervall zwischen Geschenk und Gegengeschenk gestattet die Verschleierung des doch eigentlich so augenscheinlichen Widerspruchs zwischen der einen Wahrheit der Gabe, dass sie als freigebige, keine Erwiderung erfordernde Handlung wahrgenommen wird, und der anderen Wahrheit der Gabe, dass sie lediglich eine einzelne Szene im Aufzug einer seriellen Tauschbeziehung darstellt. Anders ausgedrückt lautet Bourdieus These: Das verstreichende Zeitintervall erfüllt die Funktion, dass die sich beschenkenden Individuen den objektiv stattfindenden Austausch von Geschenken als nicht zusammenhängende Handlungsserie von jeweils generösen Akten wahrnehmen können. Somit erscheint jedes Gegengeschenk als ein wirklich neues Geschenk und eben nicht als Erwiderung, wodurch die daraus resultierende hin- und herpendelnde Kommunikation des Schenkens stetig fortdauert. Damit erscheint das Schenken wenigstens in der Wahrnehmung nicht als Tauschen nach dem Prinzip des *do ut des*. Vielmehr ist es möglich, dem romantischen Ideal der reinen Gabe, dem großmütigen Schenken ohne Erwartung oder gar Einforderung einer Gegenleistung nachzuhängen. Ein Effekt, von dem beide Parteien profitieren: vordergründig ist also weder der Geschenk-

---

[338] Bourdieu (1997d); vgl. dazu ebenso Bourdieu (1998).

empfänger mit der Annahme eines Geschenks eine Verpflichtung eingegangen, noch braucht sich der Geschenkgeber dem Vorwurf ausgesetzt sehen, er schenke aus berechnendem Kalkül heraus. Die hintergründige Wahrheit unterliegt einem Mechanismus kollektiver Verdrängung (, die alle mitvollziehen und von der alle wissen, dass sie die anderen mitvollziehen[339]) und kann deshalb keinen negativen Einfluss auf das Sozialleben der Akteure nehmen. Es gilt das Tabu der Berechnung, d. h. beim Schenken darf nicht auf eine Gegenleistung oder ein Gegengeschenk spekuliert werden. Dadurch stellt Schenken ein allgemein akzeptiertes und angewandtes Vehikel der individuellen und kollektiven Selbsttäuschung dar, wobei – sozusagen als implizit erwünschter Nebeneffekt – das problemlose Leben mit zweierlei Wahrheiten, im Sinne einer gleichzeitigen Anerkennung und Nicht-Anerkennung der Logik des Tauschs, möglich wird.[340] Die kollektive Verkennung dieses (Selbstbe-)Lügens[341] operiert auf der Basis dessen, was man mit Durkheims Worten als Inhalt des *conscience collectif* (Kollektivbewusstsein) bezeichnet: Diese Verkennung ist Teil des das individuelle Bewusstsein transzendierenden Kollektivbewusstseins, aber dennoch im Bewusstsein des einzelnen verankert.[342] Diese kollektive Selbsttäuschung ist sozusagen ein offenes Geheimnis, das zwar allseits bekannt und als Wahrheit anerkannt ist, jedoch nicht öffentlich ausgesprochen wird: es herrscht das Tabu der expliziten Formulierung.[343] Das Tabu der Benennung trifft für den materiellen Wert des Geschenks zu: der Preis muss implizit und ungenannt bleiben. Nicht nur wird deshalb auch das Preisschild eines Geschenks grundsätzlich entfernt,[344] sondern es ist ebenso verpönt, öffentlich über den Preis des Geschenks zu mut-

---

[339] »Um tun zu können, was man tut, indem man sich und den anderen weismacht, dass man es nicht tut, muss man sich und den anderen sagen, dass man etwas anderes tut als das, was man tut, muss man es tun, indem man sich und den anderen sagt, dass man es nicht tut, muss man es tun, als ob man es nicht täte.«, so mit hinreichender Verwirrung Bourdieu (1998), S. 190.

[340] Bourdieu (1997d), S. 193 ff., besonders S. 197, S. 203 sowie Bourdieu (1998), S. 164 f.

[341] »Hinter Nietzsches berühmter Frage danach, wie viel Wahrheit ein Mensch ertrage, steht der Verdacht, eigentlich hasse der Mensch die Wahrheit. Mit anderen Worten: Wir lieben es, getäuscht zu werden.«, so Bolz (1998), S. 115. So bildet das Schenken eine alltägliche Kommunikationsform zur Befriedigung dieses menschlichen Wunsches.

[342] Vgl. dazu Bourdieu (1997d), S. 203. Durkheim definiert bekanntlich das *conscience collectif* als umgrenztes, gewissermaßen mit einem Eigenleben ausgestattetes System, das sich aus der Gesamtheit des je individuellen Glaubens und der gemeinsamen Gefühle im *Durchschnitt* (und nicht mit der *Summe* aller individuellen Bewusstseine!) der Mitglieder einer bestimmten Gesellschaft bildet; vgl. dazu Durkheim (1996b), S. 128 f. Da das *conscience collectif* nicht *aktiv* in einer Art konzertierter Aktion der Individuen erzeugt wird, kann man durchaus behaupten, dass es - um mit Lévi-Strauss zu sprechen - »durch den Geist auf der Stufe des unbewussten Denkens« (vgl. dazu Lévi-Strauss (1991), S. 46.) gebildet wird. Das Verhältnis des *conscience collectif* zum individuellen Bewusstsein bestimmt Durkheim folgendermaßen: Das *conscience collectif* hat einen transzendenten Charakter, obwohl es nur in den Individuen verwirklicht ist. Paradoxerweise befindet sich das *conscience collectif*, obwohl es *in* den Individuen verwirklicht ist, immer nur *außerhalb* der Individuen. Diese Prinzipien finden sich in Durkheim (1996a), S. 75 und S. 104 ff.

[343] Bourdieu (1998), S. 165 und S. 167.

[344] Schmied (1996), S. 106.

141

maßen oder direkt beim Schenker nachzufragen. Die kollektive Selbsttäu-schung ist nur möglich, weil die Verdrängung, aus der sie letztlich entsteht (deren phänomenologische Möglichkeitsbedingung ja in dem Zeitintervall selbst liegt), quasi als faktisch subjektive Illusion in die Grundlagen der Öko-nomie symbolischer Güter inskribiert ist, die ihrerseits wiederum auf der Ne-gierung von Zins und Interesse und Kalkulation fußt.[345] Anders gesagt: die Selbsttäuschung ist das Resultat einer kollektiven Bemühung, die Nicht-Anerkennung der Logik des Tauschs aufrechtzuerhalten mit der Perspektive, am gemeinsamen Glauben an das individuelle und gleichzeitig kollektive (Selbstbe-)Lügen festzuhalten. Ebenso ist sie auch das Resultat eines dauern-den Glaubens in solche Institutionen, die – wie eben der Gabentausch – im Vertrauen darauf zu produzieren und zu reproduzieren imstande sind, dass Generosität auf mehr oder weniger lange Sicht eine Belohnung erfährt. Kei-ner leugnet schließlich in der alltäglichen Praxis des Soziallebens die Exis-tenz der Logik der Erwiderung. Und für alle gilt die Maxime: Hande-le/Heuchle so, dass du überall den Eindruck erweckst, du kennst das Prinzip der Verdrängung bzw. Verschleierung nicht![346]

Zusammenfassend lässt sich festhalten, dass das Verstreichen eines Zeitin-tervalls zwischen Geschenk und Gegengeschenk ein äußerst wichtiges Mor-phologem modernen Schenkens darstellt, das für die Aufrechterhaltung die-ser Art der Sozialkommunikation unabdingbar ist. Insofern ist Richard Sen-net[347] nicht zuzustimmen, dass eine aufgeschobenen Kommunikation durch ihre Aufschiebung ihren Wert verliert. Vielmehr ist gerade beim Schenken das Gegenteil der Fall: erst durch den Aufschub, wird ein Gegengeschenk nicht als solches, sondern als freigebige Gabe wahrgenommen.

In Abgrenzung zur archaischen Gabe wurde anhand zentraler Morpholo-geme wie etwa »objektiver Verfahrensabläufe« (z. B. Zeremonie, Anlass, Verpackung, Zeitintervall bis zum Gegengeschenk, Zurückforderung, Wei-terveräußerung und Umtauschmöglichkeit von Geschenken), emotionaler Gesichtspunkte (z. B. Freude und Vorfreude, Überraschung, Dankbarkeit) und sozialer Aspekte (z. B. Beziehungsnähe, *gender*, kollektive Verschleie-rung einer Wahrheit, Identifizierung und Askriptionen) eine soziale Morpho-logie des modernen Schenkens entwickelt, wobei das besondere Interesse da-rauf gerichtet war, zu zeigen, inwieweit kulturelle Codierungen im modernen Schenken einem Wandel unterliegen bzw. in Schwund und Auflösung begrif-fen sind. Eine abschließende Ergänzung zur Bindekraft im Schenken hin-sichtlich ihrer Zeit- und Raumdimension komplettiert die soziale Morpholo-gie des modernen Schenkens.

---

[345] Bourdieu (1997d), S. 197.

[346] Vgl. dazu auch Bourdieu (1997d), S. 194: »Alles spielt sich so ab, als ob […]«. Bourdieu (1998), S. 169 nennt dieses Phänomen auch *strukturelle Heuchelei*.

[347] Sennett (2000), S. 132.

Nach Luhmann kann das Schenken als Möglichkeit zur sozialen Speicherung naturaler Überschüsse durch ihre Konversion verstanden werden.[348] Die Nutzung eines sozialen Speichers impliziert die Konservierung der in der Kommunikation mitlaufenden Elemente über einen Zeitraum hinweg. Die soziale Bindung wird gleichsam qua Inskription in die Zeit suspendiert, um sie bei Gelegenheit wieder aus der Schwebe zu holen und zu reaktivieren, oder anders gesprochen: die einforderbaren Anschlussakte der Kommunikation abzurufen. Nach der Speicherung kann durch die jederzeitige Abrufmöglichkeit die suspendierte Bindekraft jederzeit aktualisiert werden: mittels der sozialen Speicherung wird auf kuriose Weise die Anwesenheit in der Abwesenheit realisiert. Der Abruf eines Anschlussaktes ist aufgrund der Temporalisierung der Sozialwelt zwangsläufig der Speicherung nachgängig, da eine simultane Speicherung und Abrufung nicht vorstellbar ist. Nach dem gleichen Muster ist – von den beschriebenen Ausnahmen abgesehen – das Schenken und die Schenkerwiderung nicht simultan möglich, sondern bedarf des verstreichenden Zeitintervalls. Aufgrund seiner sozialen Natur besitzt dieser Speicher die Fähigkeit nicht nur Zeit, sondern auch Raum zu transzendieren. Der Abruf eines Anschlussaktes kann an einem anderen Ort und Raum als der Vollzug der Speicherung stattfinden. Die Bindekraft entfaltet sich auch über eine räumliche Distanz hinweg. Möglicherweise kann die Bindekraft über eine lange räumliche und zeitliche Distanz an Qualität verlieren, doch ihre Reaktivierungsfähigkeit bleibt unbeeinträchtigt.

---

[348] Luhmann (1998), S. 652.

7. Zusammenfassung und Schlussfolgerung

Schenken ist nicht nur in allen Bereichen des Alltags zu Hause, sondern auch in den unterschiedlichen Disziplinen der Sozialwissenschaften. Unterschiedliche Disziplinen entwarfen spezifische Interpretationen des Schenkens. Das Vorgehen orientierte sich gewöhnlich an der mit dem eigenen Blickwinkel kommensurablen Logik und ließ allzu oft andere Perspektiven unberücksichtigt – insbesondere die der Kommunikation. Schlaglichtartig rekapitulierend die unterschiedlichen Herangehensweisen mit ihren Erkenntnisbeiträgen:

1. Umfassende, empirische Studien zum Schenken, die obendrein sein gesamtes Spektrum abbilden, liegen nicht vor – weder für den soziologischen Kontext noch für eine andere Disziplinrichtung. Zwar existieren Studien zu ausgewählten Aspekten des Schenkens (etwa zur Beliebtheit des Buches als Geschenk oder zum Kaufverhalten von Kunden beim Weihnachtsgeschenkekauf u. ä. m.) aber voll umfängliche, repräsentative Untersuchungen, die beispielsweise mehr als die aufgewendeten Summen für Geschenke, mehr als quantitatives Messen oder mehr als Marktforschungsfragen ins Zentrum der Forschung stellen, sind bislang und werden wohl aufgrund von offenkundigen Erhebungsschwierigkeiten auf absehbare Zeit ein Forschungsdesiderat bleiben.

2. Linguistisch-anthropologisch motivierte Forschungsanalysen können in ihrem Rahmen eine Beziehung zwischen einer sprachlichen Bezeichnung und der durch sie bezeichneten sozialen Handlung – mithin zwischen dem Wort »schenken« und dem Schenken als Handlung – rekonstruieren. Dies ist jedoch zu kurz gegriffen, wenn es um die Beschreibung des Schenkens in modernen Gesellschaften als Kommunikation mit all seinen über die Geschenkübergabe hinausreichenden »Begleiterscheinung« geht.

3. Die Psychologie bildete scheinbar keine originäre Schenktheorie, doch ihre Interpretation verstand das Schenken in prosozialem Verhalten verankert, wonach der Schenker einen psychischen Gewinn daraus zieht, einem anderen etwas zu schenken (ohne die Manifestation der Erwartung einer Gegenleistung).

4. Die (klassische) Psychoanalyse beschränkte sich auf den Erklärungsversuch zum Ursprung des Schenkens und überlässt die Schlussfolgerungen für die Komplexität des Schenkens an sich der von ihr begründeten Tradition der Psychoanalyse, die jedoch das Thema nicht so weit kanonisiert hat, um es mit einer psychoanalytischen Schenktheorie zu hinterlegen.

5. Religiös-theistisch geprägte Theorieansätze begründen das Schenken aus Sicht des Gabenopfers und des Gabenaustauschs zwischen den Göttern und den Lebenden. Dabei orientieren sie sich an der Beziehung des Menschen zum Göttlichen und verstehen die Gabe in Bezug auf die existenzielle Verschuldung und die Dankbarkeit für das Geschenk des Lebens, woraus eine Pflicht zur Erwiderung resultiert.

6. Auch historische und kulturhistorische Untersuchungen lassen den Wunsch nach einer umfassenden Untersuchung zum Schenken (in der Moderne) unerfüllt. So wird zwar das Schenken in einzelnen Epochen untersucht und ggf. auch die soziologischen Implikationen herausgearbeitet, doch bleibt der Anspruch des ganzheitlichen Ansatzes offen. Nichtsdestotrotz konnten die historischen Analysen zum Schenken als Vergleichsfolie eingesetzt werden, um Schenken in der Moderne von dem in früheren Epochen abzusetzen. Dadurch ließen sich die Unterschiede illustrieren, die letztlich das Schenken in der Moderne definieren.

7. Ökonomische Theorien interpretieren das Schenken als ökonomische Spielart des Warenaustauschs. Ein Geschenkempfänger bekommt ein Gut bzw. eine Leistung zunächst ohne Zahlungsleistung und gewinnt so einen ökonomisch messbaren Profit. Nach Verstreichen eines Zeitintervalls erfolgt allerdings eine Gegenleistung. Dadurch ist ein regelgerechter ökonomischer Warenaustausch vollzogen. Nach dieser Interpretation ist zwar der Warentausch, nicht aber das Schenken eine Bezugsdeterminante für den ökonomischen Diskurs. Zum Teil griffen soziologisch-philosophisch orientierte Theorien das ökonomische Deutungsmuster auf und lieferten psychosoziologische oder philosophische Interpretationshorizonte z. B. zur Erklärung des Zeitintervalls durch eine kollektive Verschleierung von Wahrheit im modernen, gesellschaftlichen Zusammenleben oder versuchten das Muster in einer dekonstruktivistisch-anarchischen Sichtweise anhand anökonomisch-philosophisch fundierter Aspekte wie Vertrauen, Kredit und Termin mit der Ökonomie zu versöhnen.

8. Der juristische Diskurs kann mit seiner Logik bestimmte Eingriffe in die kulturelle Codierung der Schenkkommunikation vornehmen (z. B. die Eröffnung der Möglichkeit, bei grobem Undank Geschenke wieder zurückfordern zu dürfen). Doch bleibt die Einbeziehung weiterer oder gar aller Morphologeme (etwa die Überraschung durch das Geschenk, die Adäquanz von Anlass oder Zeremonie oder die aufgewendeten Mühen zum Finden des einen, passenden Geschenks) im gesamten Kommunikationszusammenhang in der Regel erkennbar unberücksichtigt, wohl weil soziale und psychische Größen mit der Logik des Rechts noch schwieriger messbar sind als verweigerte Dankbarkeit. Ganz zu schweigen davon, dass sich der

juristische Diskurs nicht mit soziologischen Fragestellungen befasst, etwa warum man schenkt.

Die Vorstellung der unterschiedlichen Interpretationen des Schenkens zeitigte ein doppeltes Resultat: einerseits wird durch die Vielzahl der Disziplinen, die sich mit dem Schenken befassen, dem Mauss'schen Diktum Recht gegeben, dass es sich beim Schenken um ein allumfassendes, in allen gesellschaftlichen Bereichen vorfindbares Phänomen handelt. Andererseits ergab sich – so man bestrebt ist, das moderne Schenken mit allen seinen mitlaufenden Erscheinungen zu begreifen – die Notwendigkeit für eine neuartige Interpretation: die Rekonstruktion einer sozialen Morphologie des modernen Schenkens unter Verwendung des disziplinübergreifenden Paradigmas der Kommunikation.

Die Verwendung eines solchen Kommunikationsbegriffs setzt seine Eignung für die konzipierte Morphologie des Schenkens voraus. Ausgehend von traditionell-subjekttheoretischen Auslegungen von Kommunikation sowie dem vom Ansatz her gänzlich andersartigen systemtheoretischen Verständnis von Kommunikation wurde ein »Kernkommunikationsbegriff« gefunden, der die notwendigen Voraussetzungen zur Beschreibung des modernen Schenkens erfüllt: der Mensch wird als *animal communicans* oder besser: *homo communicans* begriffen, der – um es mit Heidegger zu formulieren – qua seiner Geworfenheit in die Welt auch gleichzeitig in die Kommunikation geworfen ist. Der Mensch als soziales Wesen ist qua Existenz, durch sein in-der-Welt-sein, zur Kommunikation gezwungen. Diese permanente Kommunikation des Menschen bildet ihrerseits einen Gegenentwurf zu metaphysischen, sozialmechanistischen Modellen etwa wie sie – mit Bezug auf das Schenken – Malinowski oder Mauss vorlegen. Mit diesem Axiom vermag die kommunikationstheoretische Interpretation des Schenkens metaphysische Probleme der soziologischen und ethnologischen Klassiker – Reziprozität, *hau*, Verschuldung oder Überbietung als Triebfeder des Schenkens (oder sozialen Handelns bzw. Kommunikation schlechthin) – hinter sich zu lassen. Ebenso sitzt diese Interpretation nicht der ökonomischen Rationalität auf, die in vielen herkömmlichen Ansätzen implizit mitgeführt wird. Die Kommunikationsstruktur konstituiert sich aus dem von der Struktur der Handschenkung (Geber – Nehmer – Gabe bzw. Geschenk) bekannten Muster zweier miteinander kommunizierender Kommunikationspartner, oder in den Worten der herkömmlichen Modelle: Sender bzw. Sprecher – Empfänger bzw. Hörer-Informationsweitergabe. Gemäß dem systemtheoretischen Begriff von Kommunikation als Synthese dreier Selektionen Information, Mitteilung und Verstehen, wonach Kommunikation nur dann realisiert ist, wenn Verstehen zustande kommt, legt die Kommunikation den Bewusstseinszustand des Empfängers fest. Das psychische System wird in ein psychisches System mit Informationszuwachs (mit neuem Bewusstseinszustand) verwandelt. Als Veränderung des Empfängerzustands wirkt Kommunikation allerdings wie eine Beschränkung: Sie schließt unbestimmte Beliebigkeit des im Nachgang noch Möglichen aus. Anschlussakte aber werden provoziert, wobei es zunächst um die Annahme oder Ablehnung der zugemuteten Kommunikation geht. Eine Erfolgsgarantie für Kommunikation ist dem Prozess jedoch nicht inhärent. Auch unter systemtheoretischen Vorzeichen treten die Parallelen zum Schenken zutage: Das Geschenk als symbolisch generalisiertes Medium der Schenkkommunikation wird dem Empfänger zugemutet. Der Empfänger ist gezwungen, Anschlussakte folgen zu lassen. Der Erfolg der Kommunikation ist nicht gesichert.

In der Konsequenz bedeutet dies, dass es sich beim Schenken um Kommunikation handelt, unabhängig davon welchen sozialwissenschaftlichen Kommunikationsbegriff man zugrundelegt. Kurzgefasst können auf Grundlage der kommunikationstheoretischen Ansätzen folgende Konstitutionsmerkmale für Kommunikation generiert werden: Kommunikation ist als stets präsentes, dreigliedriges System zu begreifen, das zweier kommunizierender Subjekte sowie eines in der Kommunikation übermittelten Kommunikationsgegenstands bedarf. Dabei ist Kommunikation als soziales Handeln zu verstehen, deren Gelingen keinen Automatismus darstellt.

Im Lichte dieses Kommunikationsverständnisses geben die klassischen Diskurse der Soziologie und der Ethnologie nicht nur selbst schon kommunikative Elemente zu erkennen, sondern ermöglichen auch die Identifikation von Morphologemen der archaischen Gabe. Die (Kula-)Gabe ist keine reine Gabe. Vielmehr ist sie als Dreiklang der Pflichten des Gebens, Nehmens, Erwiderns ein von der Logik der Ökonomie abgelöstes Phänomen totaler Leistung. Radikalisiert man Durkheims Lehre, dann könnte man argumentieren, dass die Gabe gerade deswegen ein totales soziales Phänomen darstellt, weil sie einen fundierenden Mechanismus der Selbstorganisation archaischer Gesellschaften darstellt. Vor diesem Hintergrund ist – im Gegensatz zum bloßen ökonomischen Tausch – das Geben als Basis von Sozialität in archaischen Gesellschaftsformen geradezu hoch ritualisiert. Wenn der Gabentausch als selbsttätige Operation verstanden wird, die in den Individuen einen Katalysator zur Manifestation gefunden hat, dann könnte man – weiter in Anlehnung an Durkheims Wort, dass sich die Macht der Gesellschaft in der Religion repräsentiert – zu dem Schluss kommen, dass sich in der Gabe mithin das Soziale repräsentiert.

Als von der Ökonomie abgelöstes Phänomen vermag die Gabe nicht nur Sozialintegration zu Wege bringen, sondern zugleich auch Anschlussakte zu erzeugen, in anderen Worten: sie erzwingt kommunikativ eine Erwiderung. Damit entrinnt man der Versuchung, Schenken und Geben durch metaphysische Erklärungsmodelle zu konstruieren. Die Gabe besitzt als Medium des Gebens die Kraft zur Überwindung von zeitlichen, räumlichen und personalen Transzendenzen, indem sie durch Konversion materieller Dinge in Sozialität gleichsam als Speicher fungiert.

Sozialität basiert auf der wechselseitigen Anerkennung der Kommunikationspartner und macht es erforderlich, eine Reziprozität der Perspektiven wenigstens auf dem Niveau eines kleinsten gemeinsamen Nenners zu koordinieren oder herzustellen. Diese Koordinierungsleistung ist allein mittels Kommunikation realisierbar (so auch im Schenken), wodurch der Anschlussakt bzw. eine Erwiderung der Kommunikation gewährleistet ist. Die in der Kommunikation mittels des materiell gegenständlichen Mediums der Schenkkommunikation – dem Geschenk – erreichte soziale Bindung wird in archaischen Gesellschaften zuerst als beständiger und zuverlässiger wahrgenommen, da sie im Unterschied zur verbalsprachlichen Kommunikation nicht abgewiesen werden kann. Deshalb involviert die Gabenkommunikation als totales Phänomen eine Erwartungsstruktur, die sich aufgrund ihrer Totalität auf alle Bereiche des Sozialen erstreckt. Die Fähigkeit der sozialen Bindung geht mit dem Aufkommen von ausdifferenzierten Gesellschaftssystemen nicht verloren, sondern wird gerade in den ausdifferenzierten Teilsystemen durch die jeweilige Eigenlogik des Teilsystems einer Regulierung unterworfen. Da nunmehr die integrative Funktion von den ausdifferenzierten Teilsystemen reguliert wird, schwindet die totale integrierende Funktion der Gabe mit dem Resultat, dass das Schenken aufgrund der von der archaischen Gesellschaftsstruktur sich unterscheidenden ausdifferenzierten Struktur kein totales soziales Phänomen im Mauss'schen Verständnis mehr ist: Anstelle der im totalen System archaischer Gesellschaften überall wirkenden Gabe hat man es in der ausdifferenzierten Gesellschaftsvariante der Moderne mit dem in alle sozialen Bereiche hineinwirkenden Phänomen des Schenkens zu tun. Die Totalität der Gabe hat sich mit dem Schenken an die moderne Gesellschaftsstruktur angepasst, ohne den Totalitätsanspruch verloren zu haben – gewissermaßen eine Totalität unter veränderten Vorzeichen. Schließlich hat das Schenken in der Moderne überlebt und grenzt sich erkennbar rituell und normativ vom ökonomischen Tausch ab. Vor diesem Hintergrund stellt sich die Frage, warum dann die ritualisierten Eigenschaften und kulturellen Codierungen des Schenkens nicht stärker ausgeprägt sind als bei der Gabe. Die Antwort liegt jedoch nicht im Grad und der Quantität der Ausprägung kultureller Codierungen, sondern eher in der Qualität oder ihrer Andersartigkeit bzw. in ihrer besseren Passgenauigkeit auf die ausdifferenzierte Gesellschaftsstruktur der Moderne. Ebenfalls bleibt zu klären, ob im Gegensatz zur Gabe beim Schenken der ökonomische Tauschcharakter lediglich geschickt(er) verschleiert wird. In der Konsequenz würde dies heißen, wie es möglich war, dass das Schenken mit seiner Macht zur kommunikativen Stiftung von Sozialität trotz seines Scheincharakters bis in die Moderne hinein überlebt hat. Der Schlüssel ist hier in der Materialität des Geschenks als Medium der Kommunikation zu sehen, denn das materiale Medium kann im Gegensatz zu nicht materialen Kommunikationsmedien (quasi) nicht abgelehnt werden – zumindest nicht ohne bewusst eine »Ex-Kommunikation« des Schenkers zu bewirken, d. h. ihm diese Anerkennung zu verweigern und ihn sozial zu ächten. Genau die Eigenschaft der Schenkkommunikation (»Quasi-Unablehnbarkeit«) kann den Anspruch erheben, für die Aufrechterhaltung und systemunspezifische Verbreitung des Schenkens in ausdifferenzierten Gesellschaftssystemen verantwortlich zu sein. Luhmanns generalisierte Medien von Macht, Wahrheit, Recht, Geld, Liebe können im Falle des Schenkens ergänzt werden durch das Medium Geschenk, das aus der Nein-Wahrscheinlichkeit des erfolgreichen Zustandekommens von Kommunikation eine Ja-Wahrscheinlichkeit macht.

Die vom Schenken evozierten Erwartungen an Anschlussakte büßen jedoch in der Moderne ihre Spezifizierung bezüglich der Leistungseinforderung und ihrer »Vollstreckung« ein. Von dieser Einbuße rührt eine in der Moderne wachsende Notwendigkeit zur kulturellen Codierung des Schenkens her. Mit der Untersuchung dieses steigenden Codierungsbedarfs und dem gleichzeitigen Nachweis von im Schwinden begriffenen Morphologemen wurde schließlich auf der Vergleichsfolie der Morphologeme der archaischen Gabe eine Morphologie des Schenkens in der Moderne entworfen. Danach gestaltet sich das Schenken als riskante Kommunikation ohne Erfolgsgarantie, die stets Anschlussakte erzwingt.

Der Dreiklang der Gabe wurde zum modernen Fünfklang aus Geben, Nehmen, Erwidern, Nicht-Zurückfordern und Nicht-Weiterveräußern. Die Erwiderung erfolgt üblicherweise – abgesehen von Ausnahmen wie Weihnachten – nach dem Verstreichen einer gewissen Dauer, z. T. dienen hier Termine des Lebens- und Jahreslaufs als Auslöser. Schenken ist charakterisiert von der geradezu selbstverständlichen Erlaubnis zum Umtausch bei Nicht-Gefallen, wodurch sogar das Tabu antastbar wird, den materiellen Wert des Geschenks zu benennen. Schenken ist von Anlässen des Lebenslaufs und Jahreslaufs motiviert und gerahmt durch eine in der Bedeutung sinkende, aber dennoch nicht von emotionalen Eruptionen (Freude, Überraschung, Dankbarkeit) freie Zeremonie ohne normiertes Übergaberitual. Die gender-Differenzierung des Schenkens löst sich im Vergleich zu archaischen Gesellschaften auf, da auch Frauen schenkend kommunizieren dürfen. Das materielle Medium des Schenkens erlaubt Askriptionen und Identifikationen sowohl für den Schenker und den Beschenkten wie über den Schenker und den Beschenkten. Die Beziehungsnähe des Schenkens beeinflusst das Schenken, denn mit zunehmender Nähe der Beziehung wird das Verhältnis von Gabe und Erwiderung unspezifischer, die Summierung und Verrechnung wird unangemessener und die übrig bleibende Verpflichtung erlangt immer größere Bedeutung.

Die kulturellen Codierungen des Schenkens sind zwar allen bekannt, doch bleiben sie unausgesprochen, so dass die »Wahrheit des Schenkens« (die Tatsache, dass die romantische, reine Gabe nicht existiert) durch kollektive Verschleierung verhüllt bleibt.

8. Literatur

Adorno, Theodor W. (2008), Minima Moralia: Reflexionen aus dem beschädigten Leben, Bd. 4, Gesammelte Schriften. Frankfurt am Main: Suhrkamp. 5. Aufl.

Alemann, Ulrich von (2005) (Hg.), Dimensionen politischer Korruption: Beiträge zum Stand der internationalen Forschung, Wiesbaden: VS Verlag für Sozialwissenschaften.

Armbruster, Frank (1984), »›Geschenke berücken Menschen und Götter‹: Vom Potlatsch zur Weihnachtsbescherung«, in: Kaltenbrunner, Gerd-Klaus (Hg.) (1984), Vom Sinn des Schenkens: Erinnerungen an eine alte Kunst, München: Herder, S. 31 – 54.

Austin, John Langshaw (1994), Zur Theorie der Sprechakte, Stuttgart: Reclam.

Barthes, Roland (1996), Mythen des Alltags, Frankfurt am Main: Suhrkamp.

Bataille, Georges (1974), Der heilige Eros, Frankfurt am Main: Ullstein.

Bataille, Georges (1985), Die Aufhebung der Ökonomie, Berlin: Matthes und Seitz.

Baudrillard, Jean (1982), Der symbolische Tausch und der Tod, München: Matthes & Seitz.

Baudrillard, Jean (1996), Das perfekte Verbrechen, München: Matthes & Seitz.

Bell, Duran (1991), »Modes of Exchange: Gift and Commodity«, in: The Journal of Socio-Economics, Vol. 20, Number 2, pp. 155 – 167.

Benveniste, Émile (1948/1949), »Don et échange dans le vocabulaire Indo-Européen«, in: L'Année Sociologique (1948/1949), troisième série, tome III, pp. 7 – 20.

Benveniste, Émile (1993), Indoeuropäische Institutionen: Wortschatz, Geschichte, Funktionen, Frankfurt am Main: Campus.

Berger, Peter L./Luckmann, Thomas (1994), Die gesellschaftliche Konstruktion der Wirklichkeit: Eine Theorie der Wissenssoziologie, Frankfurt am Main: Fischer.

Berking, Helmut (1996), Schenken: Zur Anthropologie des Gebens, Frankfurt am Main: Campus.

Bierhoff, Hans W. (1998), »Schenken: Was sind die psychologischen Ursachen?«, in: Ethik und Sozialwissenschaften: Streitforum für Erwägungskultur (1998), Heft 3, S. 373 – 375.

Bode, Ingo/Brose, Hanns-Georg (1999), »Die neuen Grenzen organisierter Reziprozität: Zum gegenwärtigen Wandel der Solidaritätsmuster in Wirtschafts- und Nonprofit-Organisationen«, in: Berliner Journal für Soziologie, Heft 2 1999, S. 179 – 196.

Bolz, Norbert (1998) Chaos und Simulation, München: Fink.

Bourdieu, Pierre (1979), Entwurf einer Theorie der Praxis auf der ethnologische Grundlage der kabylischen Gesellschaft, Frankfurt am Main: Suhrkamp.

Bourdieu, Pierre (1994), Zur Soziologie der symbolischen Formen, Frankfurt am Main: Suhrkamp.

Bourdieu, Pierre (1997a), Die feinen Unterschiede. Kritik der gesellschaftlichen Urteilskraft, Frankfurt am Main: Suhrkamp.

Bourdieu, Pierre (1997b), »Marginalia – Some Additional Notes on the Gift«, in: Schrift, Alan D. (1997) (ed.) The Logic Of The Gift: Toward An Ethic Of Generosity, London: Routledge, pp. 231 – 241.

Bourdieu, Pierre (1997c), »Selections from The Logic of Practice«, in: Schrift, Alan D. (1997) (ed.) The Logic Of The Gift: Toward An Ethic Of Generosity, London: Routledge, pp. 190 – 230.

Bourdieu, Pierre (1997d), Sozialer Sinn: Kritik der theoretischen Vernunft, Frankfurt am Main: Suhrkamp.

Bourdieu, Pierre (1998), Praktische Vernunft: Zur Theorie des Handelns, Frankfurt am Main: Suhrkamp.

Brown, Alfred R. (1913), »Three Tribes of Western Australia«, in: Journal of the Royal Anthropological Institute of Great Britain and Ireland, Vol. 43, p. 143 – 194.

Bruhn, Manfred (1994), »Schenkkultur deutscher Unternehmen im Business-to-Business-Bereich: Diskrepanzen zwischen Erwartungen und Verhalten bei Schenkern und Beschenkten«, in: Jahrbuch der Absatz- und Verbrauchsforschung, Heft 4, 1994, S. 330 – 354.

Bruhn, Manfred (1996), »Business Gifts: A Form of Non-verbal and Symbolic Communication«, in: European Management Journal, Vol. 14, No. 1, February 1996, pp. 61 – 68.

Brückner, Wolfgang (2001), »Offizielle Geschenkkultur: Ehrengeschenke und Freundschaftsgaben, Orden und Verdienstauszeichnungen, Prämien und Preise«, in: Keß, Bettina (2001), S. 34 – 42.

Bühler, Karl (1933), »Die Axiomatik der Sprachwissenschaft«, in: Kantstudien, 38. Bd., 1933, S. 19 – 90.

Bühler, Karl (1965), Sprachtheorie: Die Darstellungsfunktion der Sprache, Stuttgart: Fischer.

Bühler, Karl (1969), Die Axiomatik der Sprachwissenschaften, Frankfurt am Main: Klostermann.

Bundesministerium des Innern, Erster Zweijahresbericht des Bundesministeriums des Innern über die Sponsoringleistungen an die Bundesverwaltung nach der ›Allgemeine(n) Verwaltungsvorschrift der Bundesregierung zur Förderung von Tätigkeiten des Bundes durch Leistungen Privater (Sponsoring, Spenden und sonstige Schenkungen)‹ – VV Sponsoring – vom 07. Juli 2003 für den Zeitraum 01. August 2003 bis 31. Dezember 2004, unter: http://www.bmi.bund.de/cae/servlet/contentblob/134444/publicationFile/13107/Erster_Zweijahresbericht_Sponsoring.pdf, (Abruf am: 21. 05. 2010).

Bundesministerium des Innern, Zweiter Zweijahresbericht des Bundesministeriums des Innern über die Sponsoringleistungen an die Bundesverwaltung nach der ›Allgemeine(n) Verwaltungsvorschrift der Bundesregierung zur Förderung von Tätigkeiten des Bundes durch Leistungen Privater (Sponsoring, Spenden und sonstige Schenkungen)‹ – VV Sponsoring – vom 07. Juli 2003 für den Zeitraum 01. Januar 2005 bis 31. Dezember 2006, unter: http://www.bmi.bund.de/cae/servlet/contentblob/134440/publicationFile/13316/2_Zweijahresbericht_Sponsoring.pdf, (Abruf am: 21. 05. 2010).

Burgstahler, Helga (2003), Schenk-Kultur in der Wirtschaft: The Business of Communication, o. V.

Caplow, Theodore (1984), »Rule Enforcement without Visible Means: Christmas Gift Giving in Middletown«, in: The American Journal of Sociology, Vol. 89, 1984, pp. 1306 – 1323.

Carrier, James (1991), »Gifts, Commodities, and Social Relations: A Maussian View of Exchange«, in: Sociological Forum, Vol. 6, No. 1, 1991, pp. 119 – 136.

Caws, Peter, (1991), Structuralism: The Art of the Intelligible, Humanities Press International, Inc.: New Jersey.

Cheal, David (1988), The Gift Economy, London: Routledge.

Davis, Natalie Zemon (1989), »Beyond the Market: Books as Gifts in Sixteenth-Century France«, in: Transactions of the Royal Society, Series 5, 33 (1989), pp. 69 – 88.

Davis, Natalie Zemon (2002), Die schenkende Gesellschaft: Zur Kultur der französischen Renaissance, München: Beck.

Deggau, Hans-Georg (1998), »Wie schenken?«, in: Ethik und Sozialwissenschaften: Streitforum für Erwägungskultur (1998), Heft 3, S. 375 – 377.

Derrida, Jacques (1993), Falschgeld: Zeit geben I, München: Fink.

Detel, Wolfgang (1998), Macht, Moral, Wissen: Foucault und die klassische Antike. Frankfurt am Main: Suhrkamp.

DIW-Wochenbericht Nr. 5/2004, siehe: Schupp, Jürgen/Szydlik, Marc.

DIW-Wochenbericht Nr. 6/2004, siehe: Grabka, Markus.

Doležel, Lubomir (1984), »Ein Schema der literarischen Kommunikation«, in: Eschbach, Achim (1984) (Hg.), Bühler-Studien, Frankfurt am Main: Suhrkamp. Band 1, S. 206 – 223.

Donder-Langer, Gabriele (2001), »Einwickeln und Auspacken", in: Keß, Bettina (2001), S. 47 – 53.

Durkheim, Émile (1993), Schriften zur Soziologie der Erkenntnis, Frankfurt am Main: Suhrkamp.

Durkheim, Émile/Mauss, Marcel (1993), »Über einige primitive Formen von Klassifikation: Ein Beitrag zur Erforschung der kollektiven Vorstellungen«, in: Durkheim, Émile (1993), Schriften zur Soziologie der Erkenntnis, Frankfurt am Main: Suhrkamp, S. 169 – 256.

Durkheim, Émile (1994), Die elementaren Formen des religiösen Lebens, Frankfurt am Main: Suhrkamp.

Durkheim, Émile (1995), Die Regeln der soziologischen Methode, Frankfurt am Main: Suhrkamp.

Durkheim, Émile (1996a), Soziologie und Philosophie, Frankfurt am Main: Suhrkamp.

Durkheim, Émile (1996b), Über soziale Arbeitsteilung: Studie über die Organisation höherer Gesellschaften, Frankfurt am Main: Suhrkamp.

Eco, Umberto (1973), Das offene Kunstwerk, Frankfurt am Main: Suhrkamp.

Eco, Umberto (1988), Zeichen: Eine Einführung in einen Begriff und seine Geschichte, Frankfurt am Main: Suhrkamp

Eco, Umberto (1994), Einführung in die Semiotik, München: Fink.

Eder, Klaus (1988), Die Vergesellschaftung der Natur: Studien zur sozialen Evolution der praktischen Vernunft, Frankfurt am Main: Suhrkamp.

Eichler, Hans Volker (1991), Besonderheiten der Geschenksituation und ihre Auswirkungen auf das Konsumentenverhalten, Frankfurt am Main: Lang.

Elias, Norbert (1998), Über den Prozess der Zivilisation: Soziogenetische und psychogenetische Untersuchungen, Frankfurt am Main: Suhrkamp. Erster Band: Wandlungen des Verhaltens in den weltlichen Oberschichten des Abendlandes.

Elwert, Georg (1991), »Gabe, Reziprozität und Warentausch: Überlegungen zu einigen Ausdrücken und Begriffen«, in: Berg, Eberhard (Hg.) (1991), Ethnologie im Widerstreit: Kontroversen über Macht, Geschäft, Geschlecht in fremden Kulturen, München: Trickster Verlag, S. 159 – 177.

Emmenegger, Susan/Wittzak, Maren (2001), »Schenkung als Rechtsgeschäft«, in: Keß, Bettina (2001), S. 26 – 33.

Evans-Pritchard, Edward E. (1967), »Introduction«, in: Mauss, Marcel (1967), The Gift: Forms and Functions of Exchange in Archaic Societies, New York: Norton Library, p. v – x.

Evans-Pritchard, Edward E. (1981), Theorien über primitive Religionen, Frankfurt am Main: Suhrkamp. Einleitung: Sozialanthropologie gestern und heute.

Fasching, Maria/Woschnak, Werner (1978), »Phänomenologie des Geschenks: Einige philosophische Fragen zum Sinn von Schenken«, in: Wiener Jahrbuch für Philosophie, Bd. 11, 1978, S. 64 – 97.

Ferenczi, Sandor (1914), »Zur Ontogenie des Geldinteresses«, in: Internationale Zeitschrift für ärztliche Psychoanalyse, II. Jg., 1914, S. 506 – 513.

Firth, Raymond (1959), Economics of the New Zealand Maori, Wellington: R. E. Owen, Government Printer.

Fischer, Eileen/Arnold, Stephen (1990), »More than Labor of Love: Gender Roles and Christmas Gift Shopping«, in: Journal of Consumer Research, Vol. 17, December 1990, p. 333 – 345.

Forssman, Bernhard (1998), »Vedisch átithipati-, lateinisch hospes«, in: MÍR CURAD: Studies in Honor of Calvert Watkins, ed. by Jay Jasanoff, H. Craig Melchert and Lisi Oliver, Innsbrucker Beiträge zur Sprachwissenschaft, Bd. 92, Innsbruck, Institut für Sprachwissenschaft, 1998, S. 115 – 126.

Foucault, Michel (1995), Sexualität und Wahrheit: Bd. 2. Der Gebrauch der Lüste, Frankfurt am Main: Suhrkamp.

Foucault, Michel (1997a), Archäologie des Wissens, Frankfurt am Main: Suhrkamp.

Foucault, Michel (1997b), Die Ordnung der Dinge: Eine Archäologie der Humanwissenschaften, Frankfurt am Main: Suhrkamp.

Foucault, Michel (1997c), Die Ordnung des Diskurses, Frankfurt am Main: Fischer.

Foucault, Michel (1997d), Sexualität und Wahrheit: Bd. 1. Der Wille zur Macht, Frankfurt am Main: Suhrkamp.

Frank, Manfred (1993), »Was ist ein Diskurs? Zur Archäologie Michel Foucaults«, in: Frank, Manfred (1993), Das Sagbare und das Unsagbare, Frankfurt am Main: Suhrkamp, S. 408 – 426.

Freud, Sigmund (2000), Sexualleben, Frankfurt am Main: Fischer. Bd. 3 Sigmund Freud Studienausgabe.

Frey, Manuel (1999), Macht und Moral des Schenkens: Staat und bürgerliche Mäzene vom späten 18. Jahrhundert bis zur Gegenwart, Berlin: Fannei&Walz Verlag.

Fromm, Erich (2000), Haben oder Sein: Die seelischen Grundlagen einer neuen Gesellschaft, München: dtv.

Fürstenberg, Friedrich (1998), »Schenken: Von der Definition zur Analyse«, in: Ethik und Sozialwissenschaften: Streitforum für Erwägungskultur (1998), Heft 3, S. 378 – 380.

Gadamer, Hans-Georg (1990), Wahrheit und Methode: Grundzüge einer philosophischen Hermeneutik, Tübingen: Mohr. Gesammelte Werke, Bd. 1.

Gandy, Robin (1973), Structure in Mathematics, Oxford: Clarendon Press.

Gasché, Rodolphe (1997), »Heliocentric Exchange«, in: Schrift, Alan D. (1997) (ed.) The Logic Of The Gift: Toward An Ethic Of Generosity«, London: Routledge, pp. 100 – 117.

Geertz, Clifford (1999), Dichte Beschreibung: Beiträge zum Verstehen kultureller Systeme, Frankfurt am Main: Suhrkamp.

Giddens, Anthony (1984), Interpretative Soziologie: Eine kritische Einführung, Frankfurt am Main: Campus.

Girard, René (1987), Das Heilige und die Gewalt, Zürich: Benziger.

Godbout, Jacques (1998), »The Moral of the Gift«, in: Journal of Socio-Economics, Volume 27, No. 4, pp. 557 – 570.

Godbout, Jacques (2002), »Is Homo Donator a Homo Moralis?«, in: Diogenes, No. 195, Vol. 49/3, 2002, pp. 86 – 93.

Godelier, Maurice (1996), Das Rätsel der Gabe: Geld, Geschenke, heilige Objekte, München: Beck.

Goffman, Erving (1976), »Der bestätigende Tausch«, in: Auwärter, Manfred/u. a. (Hg.) (1976), Seminar: Kommunikation, Interaktion, Identität, Frankfurt am Main: Suhrkamp, S. 35 – 72.

Grabka, Markus (2004), »Einkommen, Sparen und intrafamiliale Transfers von älteren Menschen«, in: DIW-Wochenbericht, 6/2004, S. 67 – 72.

Grice, H. Paul (1993), »Intendieren, Meinen, Bedeuten«, in: Meggle, Georg (1993) (Hg.), Handlung, Kommunikation, Bedeutung, Frankfurt am Main: Suhrkamp, S. 2 – 15.

Grimm, Jacob (1848), Über Schenken und Geben / von herrn Jacob Grimm; vorgelesen in der Academie der Wissenschaften am 26. october 1848. (sic!) [Berlin: K. Preußische Akademie der Wissenschaften, 1848]. Reprinted from: Abhandlungen der Philos.-histor. Kl. 1848.

Groebner, Valentin (2002), »Liebesgaben: Zu Geschenken, Freiwilligkeit und Abhängigkeit zwischen dem 14. und dem 16. Jahrhundert«, in: traverse, zeitschrift für geschichte 9, 2002, Bd. 2, S. 39 – 52.

Groebner, Valentin (2000), Gefährliche Geschenke: Ritual, Politik und die Sprache der Korruption in der Eidgenossenschaft im späten Mittelalter und am Beginn der Neuzeit, Konstanz: UVK.

Habermas, Jürgen (1985), Zur Logik der Sozialwissenschaften, Frankfurt am Main: Suhrkamp.

Habermas, Jürgen (1994), Faktizität und Geltung: Beiträge zur Diskurstheorie des Rechts und des demokratischen Rechtsstaats, Darmstadt: WBG.

Habermas, Jürgen (1995), Theorie des kommunikativen Handelns, 2 Bde., Frankfurt am Main: Suhrkamp.

Habermas, Jürgen (1997), Nachmetaphysisches Denken: Philosophische Aufsätze, Frankfurt am Main: Suhrkamp.

Haesler, Aldo (2006), »Anti-Utilitarismus in der Soziologie – Rück- und Ausblick auf die MAUSS-Bewegung: Aldo Haesler im Gespräch mit Christian Papilloud«, in: Moebius, Stephan/Papilloud, Christian (Hg.) (2006), Gift – Marcel Mauss' Kulturtheorie der Gabe, Wiesbaden: Verlag für Sozialwissenschaften, S. 143 – 158.

Heidegger, Martin (1982), Unterwegs zur Sprache, Pfullingen: Neske.

Heim, Walter/Perler, Thomas (1985), Christliches Brauchtum gestern und heute, Freiburg (Schweiz): Kanisius-Verlag.

Hénaff, Marcel (2002), Le prix de la verité: Le don, l'argent, la philosophie, Paris: Le Seuil.

Holenstein, Elmar (1975), Roman Jakobsons phänomenologischer Strukturalismus, Frankfurt am Main: Suhrkamp.

Homans, George C. (1941), »Anxiety and Ritual: The Theories of Malinowski and Radcliffe-Brown«, in: American Anthropologist, Vol. 43, 1941, pp. 164 – 172.

Homans, George C. (1957/1958), »Social Behavior as Exchange«, in: The American Journal of Sociology, Vol. 63, 1957/58, pp. 597 – 606.

Hua, Zhu, et. al. (2000), »The sequential organisation of gift offering and acceptance in Chinese«, in: Journal of Pragmatics, Vol. 32, Issue 1, January 2000, pp. 81 – 103.

Husserl, Edmund (1984), Gesammelte Werke (Husserliana=HUA), Band XIX/1: Logische Untersuchungen. Zweiter Band: Untersuchungen zur Phänomenologie und Theorie der Erkenntnis. Den Haag: Nijhoff.

Hyde, Lewis (1983), The Gift: Imagination and the Erotic Life of Property, New York: Vintage Books.

Hymes, Dell (1979), Soziolinguistik: Zur Ethnographie der Kommunikation, Frankfurt am Main: Suhrkamp.

Irigaray, Luce (1980), Speculum: Spiegel des anderen Geschlechts, Frankfurt am Main: Suhrkamp.

Isaacs, Susan (1952), Social Development in Young Children: A Study of Beginnings, London: Routledge & Kegan Paul.

Jakobson, Roman (1972), »Linguistik und Poetik«, in: Blumensath, Heinz (1972) (Hg.), Strukturalismus in der Literaturwissenschaft, Köln: Kiepenheuer & Witsch, S. 118 – 147.

Jäde, Henning (1984), »Geschenke vor dem Richter oder Der Staat tut nichts umsonst: Rechtsprobleme der Freigebigkeit«, in: Kaltenbrunner, Gerd-Klaus (Hg.) (1984), Vom Sinn des Schenkens: Erinnerungen an eine alte Kunst, München: Herder, S. 96 – 122.

Jekels, L. (1913) »Analerotik«, in: Internationale Zeitschrift für ärztliche Psychoanalyse, I. Jg., 1913, S. 376.

Joas, Hans (1989), Praktische Intersubjektivität. Die Entwicklung des Werkes von George Herbert Mead, Frankfurt am Main: Suhrkamp.

Jones, Ernest (1919) »Über analerotische Charakterzüge«, in: Internationale Zeitschrift für ärztliche Psychoanalyse, II. Jg., 1919, S. 69 – 92.

Junge, Matthias (1998), »Schenken als soziales Phänomen: Definitionsprobleme und Familienähnlichkeiten der Sprachspiele des Schenkens«, in: Ethik und Sozialwissenschaften: Streitforum für Erwägungskultur (1998), Heft 3, S. 390 – 391.

Kaltenbrunner, Gerd-Klaus (1984), »Der unentbehrliche Mäzen«, in: Kaltenbrunner, Gerd-Klaus (Hg.) (1984), Vom Sinn des Schenkens: Erinnerungen an eine alte Kunst, München: Herder, S. 123 – 134.

Keß, Bettina (2001) (Hg.), Geschenkt! Zur Kulturgeschichte des Schenkens. Heide: Boyens.

Knoblauch, Hubert (1995), Kommunikationskultur: Die kommunikative Konstruktion kultureller Kontexte, Berlin: de Gruyter.

König, René (1995), »Einleitung [zu Durkheim (1995)]«, in: Durkheim, Émile (1995), Die Regeln der soziologischen Methode, Frankfurt am Main: Suhrkamp, S. 21 – 82.

Lau, Thomas/Voß, Andreas (1988), »Die Spende – Eine Odyssee im religiösen Kosmos«, in: Soeffner, Hans-Georg (Hg.) Kultur und Alltag, Göttingen: Schwartz, Sonderband 6 Soziale Welt, S. 285 – 297.

Leach, Edmund (1970), Lévi-Strauss, London: Fontana/Collins.

Lenk, Kurt (2003), »Adorno im Zwielicht«, in: Die neue Gesellschaft, Frankfurter Hefte. N 9/2003, 50. Jahrg., Bonn: Neue Gesellschaft, S. 53 – 55.

Lévi-Strauss, Claude (1967), »Die Mathematik vom Menschen«, in: Kursbuch, Bd. 8, 1967, S. 176 – 188.

Lévi-Strauss, Claude (1974), »Einleitung in das Werk von Marcel Mauss«, in: Mauss, Marcel, Soziologie und Anthropologie, München: Carl Hanser Verlag. 2 Bde. Band 1: Theorie der Magie: Soziale Morphologie, S. 7 – 41.

Lévi-Strauss, Claude (1991), Strukturale Anthropologie I, Frankfurt am Main: Suhrkamp.

Lévi-Strauss, Claude (1992), Strukturale Anthropologie II, Frankfurt am Main: Suhrkamp.

Lévi-Strauss, Claude (1993), Die elementaren Strukturen der Verwandtschaft, Frankfurt am Main: Suhrkamp.

Lévi-Strauss, Claude (1994), Das wilde Denken, Frankfurt am Main: Suhrkamp.

Lingelbach, Gabriele (2007), »Die Entwicklung des Spendenmarktes in der Bundesrepublik Deutschland: Von der staatlichen Regulierung zur medialen Lenkung«, in: Kocka, Jürgen/Lingelbach, Gabriele (2007) (Hg.), Schenken, Stiften, Spenden, Geschichte und Gesellschaft, Heft 2007/33,1, Göttingen: Vandenhoeck&Ruprecht, S. 127 – 157.

Lingelbach, Gabriele (2009), Spenden und Sammeln: Der westdeutsche Spendenmarkt bis in die 1980er Jahre, Göttingen: Wallstein.

List, Eveline (1995), »Kinder, Kot und Kapital«, in: Wespennest, Nr. 98, 1995, S. 39 – 44.

Luckmann, Thomas (1972), »Die Konstitution der Sprache in der Welt des Alltags«, in: Badura, Bernhard/Gloy, Klaus (1972), Soziologie der Kommunikation: Eine Textauswahl zur Einführung, Stuttgart-Bad Cannstatt: Frommann-Holzboog, S. 218 – 237.

Luckmann, Thomas (1979), »Soziologie der Sprache«, in: König, René (1979) (Hg.), Handbuch der empirischen Sozialforschung, Bd. 13, Stuttgart: Enke, S. 1 – 116.

Luhmann, Niklas (1971), »Sinn als Grundbegriff der Soziologie«, in: Luhmann, Niklas /Habermas, Jürgen, Theorie der Gesellschaft oder Sozialtechnologie - Was leistet die Systemforschung?, Frankfurt am Main: Suhrkamp, S. 25 – 100.

Luhmann, Niklas (1980), »Gesellschaftliche Struktur und semantische Tradition«, in: Gesellschaftsstruktur und Semantik: Studien zur Wissenssoziologie der modernen Gesellschaft, Bd. 1, Frankfurt am Main: Suhrkamp, S. 9 – 71.

Luhmann, Niklas (1990), »Sozialsystem Familie«, in: Luhmann, Niklas (1990), Soziologische Aufklärung, Bd. 5, S. 196 – 217.

Luhmann, Niklas (1992), Beobachtungen der Moderne, Opladen: Westdeutscher Verlag.

Luhmann, Niklas (1994), Soziale Systeme: Grundriss einer allgemeinen Theorie, Frankfurt am Main: Suhrkamp. 5. Aufl.

Luhmann, Niklas (1995), »Was ist Kommunikation?«, in: Luhmann, Niklas (1995), Soziologische Aufklärung 6: Die Soziologie und der Mensch, Opladen: Westdeutscher Verlag, S. 113 – 124.

Luhmann, Niklas (1998), Die Gesellschaft der Gesellschaft, Frankfurt am Main: Suhrkamp. 2 Teilbde.

Luhmann, Niklas (2008), Einführung in die Systemtheorie, Heidelberg: Carl-Auer.

Lyons, John (1992), Die Sprache, München: C. H. Beck.

Lyotard, Jean-Francois (1987), Der Widerstreit, München: Fink.

Malinowski, Bronislaw (1920), »Kula; the Circulating Exchange of Valuables in the Archipelago of Eastern New Guinea«, in: Man, Vol. 20, 1920, pp. 97 – 105.

Malinowski, Bronislaw (1921), »The Primitive Economics of the Trobriand Islanders«, in: Economic Journal, Vol. 31, 1921, pp. 1 – 16.

Malinowski, Bronislaw (1929), »Social Anthropology«, in: The Encyclopædia Britannica: A New Survey of Universal Knowledge, Cambridge, Cambridge UP, Vol. 20, pp. 862 – 870.

Malinowski, Bronislaw (1932), »Special Foreword to the Third Edition«, in: The sexual life of savages in north-western Melanesia; an ethnographic account of courtship, marriage and family life among the natives of the Trobriand Islands, British New Guinea, London: Routledge, pp. xix – xlix.

Malinowski, Bronislaw (1939), »The Group and the Individual in Functional Analysis«, in: American Journal of Sociology, Vol. 44, 1939, pp. 938 – 964.

Malinowski, Bronislaw (1954), Magic, science and religion and other essays, Garden City: Doubleday Anchor Books.

Malinowski, Bronislaw (1955), Sex and repression in savage society, New York: Meridian Books.

Malinowski, Bronislaw (1962), Geschlecht und Verdrängung in primitiven Gesellschaften, Rowohlt: Reinbek bei Hamburg.

Malinowski, Bronislaw (1972), Crime and Custom in Savage Society, Totawa: Littlefield, Adams & Co.

Malinowski, Bronislaw (1973), Magie, Wissenschaft und Religion: Und andere Schriften, Frankfurt am Main: Fischer.

Malinowski, Bronislaw (1979), Argonauten des westlichen Pazifik: ein Bericht über Unternehmungen und Abenteuer der Eingeborenen in den Inselwelten von Melanesisch-Neuguinea, Frankfurt am Main: Syndikat.

Malinowski, Bronislaw (1984), Argonauts of the Western Pacific: An account of native enterprise and adventure in the archipelagoes of Melanesian New Guinea, Illinois: Prospect Heights.

Malinowski, Bronislaw (1989), »The Problem of Meaning in Primitive Languages«, in: Ogden, Charles K./Richards, Ivor A. (1989), The Meaning of Meaning: A study of the influence of language upon thought and of the science of symbolism, Harcourt Brace: San Diego, p. 296 – 336.

Mauss, Marcel [unter Mitarbeit von H. Hubert] (1899), »Essai sur la nature et la fonction du sacrifice", L'Année Sociologique, tome 2, p. 29 – 138.

Mauss, Marcel (1950), Sociologie et anthropologie, Paris: Presses Universitaires de France.

Mauss, Marcel (1989), Soziologie und Anthropologie. Frankfurt am Main: Fischer. Bd. 2.

Mauss, Marcel (1996), »L'œuvre de Mauss par lui-même«, in: Revue Européenne des Sciences Sociales, XXXIV, 1996, No 105, pp. 225 – 236.

Mauss, Marcel (1997) »Gift, Gift«, in: Schrift, Alan D. (1997) (ed.) The Logic Of The Gift: Toward An Ethic Of Generosity«, London: Routledge, pp. 28 – 31.

McGrath, Mary Ann (1995), »Gender Differences in Gift Exchanges: New Directions from Projections«, in: Psychology and Marketing, Vol. 12, No. 5, pp. 371 – 393.

Mead, George Herbert (1987), Gesammelte Aufsätze, Frankfurt am Main: Suhrkamp. Hrsg. von Hans Joas. Bd. 2.

Mead, George Herbert (1995), Geist, Identität und Gesellschaft aus der Sicht des Sozialbehaviorismus, Frankfurt am Main: Suhrkamp.

Meggle, Georg (1981), Grundbegriffe der Kommunikation, Berlin: de Gruyter.

Merleau-Ponty, Maurice (1986), »Von Mauss zu Claude Lévi-Strauss«, in: Métraux, Alexandre/Waldenfels, Bernhard (1986) (Hg.), Leibhaftige Vernunft: Spuren von Merleau-Pontys Denken, München: Fink, S. 13 – 28.

Merleau-Ponty, Maurice (1974), Phänomenologie der Wahrnehmung, Berlin: de Gruyter.

Morris, Charles W. (1946), Signs, Language and Behavior, New York: Prentice Hall.

Morris, Charles W. (1995), »Einleitung: George H. Mead als Sozialpsychologe und Sozialphilosoph«, in: Mead, George Herbert (1995), Geist, Identität und Gesellschaft aus der Sicht des Sozialbehaviorismus, Frankfurt am Main: Suhrkamp, S. 13 – 38.

Naumann, Frank (1998), »Schenken: der freiwillige Zwang zur Selbstlosigkeit«, in: Ethik und Sozialwissenschaften: Streitforum für Erwägungskultur (1998), Heft 3, S. 399 – 401.

Neumann, Heinzgeorg (1984), »Freundlichkeit, Anerkennung oder Bestechung? Das Geschenk in der Außenpolitik«, in: Kaltenbrunner, Gerd-Klaus (1984) (Hg.), Vom Sinn des Schenkens: Erinnerungen an eine alte Kunst, München: Herder, S. 79 – 90.

Nietzsche, Friedrich (1999), Kritische Studienausgabe (KSA) in 15 Bänden, München: Deutscher Taschenbuchverlag.

Ogden, Charles K./Richards, Ivor A. (1989), The Meaning of Meaning: A study of the influence of language upon thought and of the science of symbolism, Harcourt Brace: San Diego.

Oppitz, Michael (1993), Notwendige Beziehungen: Abriss der strukturalen Anthropologie, Frankfurt am Main: Suhrkamp.

Otnes, Cele/Beltramini Richard (1996) (eds.), Gift giving: A research anthology, Bowling Green: Bowling Green State University Popular Press.

Otnes, Cele, et al. (1994), »The Pleasure And Pain Of Being Close: Men's Mixed Feelings about Participation in Valentine's Day Gift Exchange«, in: Advances in Consumer Research, (eds.) Chris Allen and Deborah Roedder John, Provo, UT: Association of Consumer Research, Volume 21, 1994, p. 159 – 164.

Pankoke, Eckart (1998), »Tauschen und Teilen: Zur bindenden Kraft freier Gaben«, in: Ethik und Sozialwissenschaften: Streitforum für Erwägungskultur (1998), Heft 3, S. 401 – 404.

Parry, Jonathan (1986), »The Gift, the Indian Gift and the ›Indian Gift‹«, in: Man: The Journal of the Royal Anthropological Institute, n. s., Vol. 21, No. 1, September 1986, pp. 453 – 473.

Parsons, Talcott (1963) »Malinowski and the Theory of Social Systems«, in: Firth, Raymond (ed.) (1963), Man and Culture: An Evaluation of the Work of Bronislaw Malinowski, London: Routledge & Kegan Paul, pp. 53 – 70.

Parsons, Talcott (1978), Action Theory and the Human Condition. New York: The Free Press.

Perroux, François (1954), »The Gift: Its Economic Meaning in Contemporary Capitalism«, in: Diogenes, Number 6, 1954, pp. 1 – 21.

Petersen, Thieß (1998), »Einige Bemerkungen zur ökonomischen Analyse des menschlichen Schenkverhaltens«, in: Ethik und Sozialwissenschaften: Streitforum für Erwägungskultur (1998), Heft 3, S. 404 – 405.

Philips, Michael (1984), »Bribery«, in: Ethics, Vol. 94, 1984, pp. 621 – 636.

Piaget, Jean (1973), Der Strukturalismus, Olten und Freiburg im Breisgau: Walter Verlag.

Platon (1998), Sämtliche Dialoge, Hamburg: Meiner. 7 Bde.

Polanyi, Karl (1995), The Great Transformation: Politische und ökonomische Ursprünge von Gesellschaften und Wirtschaftssystemen, Frankfurt am Main: Suhrkamp.

Radcliffe-Brown, Alfred Reginald (1948), The Andaman Islanders, Glencoe: The Free Press.

Rombach, Heinrich (1977), »Die Grundstruktur der menschlichen Kommunikation: Zur kritischen Phänomenologie des Verstehens und Missverstehens«, in: Orth, Ernst Wolfgang (1977), Phänomenologische Forschungen, Bd. 4: Mensch, Welt, Verständigung: Perspektiven einer Phänomenologie der Kommunikation, Freiburg: Alber, S. 19 – 51.

Rost, Friedrich (1989), »Schenken als Verlieren«, in: Lenzen, Dieter (Hg.) (1989), Melancholie als Lebensform: Über den Umgang mit kulturellen Verlusten, Berlin: Dietrich Reimer Verlag, S. 97 – 114.

Rost, Friedrich (1994), Theorien des Schenkens: Zur kultur- und humanwissenschaftlichen Bearbeitung eines anthropologischen Phänomens, Essen: Verlag Die Blaue Eule.

Rost, Friedrich (1998), »Schenken als ›fait sociale total‹«, in: Ethik und Sozialwissenschaften: Streitforum für Erwägungskultur (1998), Heft 3, S. 375 – 377.

Rucker, M., et. al. (1996), »Gift-Giving among gay men: The reification of social relations«, in: Journal of Homosexuality, Vol. 31, Issue 1-2, 1996, pp. 43 – 56.

Ruth, Julie A., et. al. (1999), »Gift Receipt and the Reformulation of Interpersonal Relationships«, in: Journal of Consumer Research, Vol. 25, March 1999, pp. 385 – 402.

Sahlins, Marshall D. (1972), Stone Age Economics, Chicago: Aldine Publishing Company.

Sartre, Jean-Paul (1995), Das Sein und das Nichts: Versuch einer phänomenologischen Ontologie, Reinbek bei Hamburg: Rowohlt.

Saussure, Ferdinand de (1967), Grundfragen der allgemeinen Sprachwissenschaft, Berlin: de Gruyter.

Schmied, Gerhard (1996), Schenken: Über eine Form sozialen Handelns, Opladen: Leske+Budrich.

Schmied, Gerhard (1998), »Schenken, Probleme der Definition, Festlegung und Grenzphänomene«, in: Ethik und Sozialwissenschaften: Streitforum für Erwägungskultur (1998), Heft 3, S. 363 – 373.

Schröder, Sybille (2004) Macht und Gabe: Materielle Kultur am Hof Heinrichs II. von England, Husum: Matthiesen Verlag.

Schropp, Reinhard (1998), »Schenken – doch kein Problem?«, in: Ethik und Sozialwissenschaften: Streitforum für Erwägungskultur (1998), Heft 3, S. 412 – 414.

Schütz, Alfred (1971a), Gesammelte Aufsätze I: Das Problem der sozialen Wirklichkeit, Den Haag: Martinus Nijhoff.

Schütz, Alfred (1971b) »Symbol, Wirklichkeit und Gesellschaft«, in: Schütz, Alfred (1971), Gesammelte Aufsätze: Das Problem der sozialen Wirklichkeit, Den Haag: Martinus Nijhoff, S. 331 – 411.

Schütz, Alfred (1972) »Gemeinsam Musizieren«, in: Schütz, Alfred (1971), Gesammelte Aufsätze: Das Studien zur soziologische Theorie, Den Haag: Martinus Nijhoff, S. 129 – 150.

Schütz, Alfred (1981), Theorie der Lebensformen: Frühe Manuskripte aus der Bergson-Periode, Frankfurt am Main: Suhrkamp.

Schütz, Alfred (1993), Der sinnhafte Aufbau der sozialen Welt: Eine Einleitung in die verstehende Soziologie, Frankfurt am Main: Suhrkamp.

Schütz, Alfred/Luckmann, Thomas, (1994), Strukturen der Lebenswelt, Frankfurt am Main: Suhrkamp. Bd. 2.

Schütze, Fritz (1975), Sprache soziologisch gesehen, München: Fink. Bd. 1 und 2.

Schupp, Jürgen/Szydlik, Marc (2004), »Erbschaften und Schenkungen in Deutschland: Wachsende fiskalische Bedeutung der Erbschaftssteuer für die Länder«, in: DIW-Wochenbericht, 5/2004, S. 59 – 65.

Schulz, Rüdiger (1983), »Das Buch als Geschenk: Marktreserven für den Buchmarkt«, in: Archiv für Soziologie und Wirtschaftsfragen des Buchhandels LVI, S. W1659 – W1741.

Schwartz, Barry (1967), »The Social Psychology of the Gift«, in: The American Journal of Sociology, Vol. 73, Number 1, 1967, pp. 1 – 11.

Searle, John R. (1994), Sprechakte: Ein sprachphilosophischer Essay, Frankfurt am Main: Suhrkamp.

Sennett, Richard (2000), Der flexible Mensch: Die Kultur des neuen Kapitalismus, Berlin: Siedler.

Shannon, Claude E./Weaver, Warren (1972), The Mathematical Theory of Communication, Urbana: University of Illinois Press.

Simmel, Georg (1908), Soziologie: Untersuchung über die Formen der Vergesellschaftung, Berlin: Duncker & Humblot.

Simmel, Georg (1993), »Dankbarkeit: Ein soziologischer Versuch«, in: Simmel, Georg (1993), Aufsätze und Abhandlungen 1901-1908, Band II, Gesamtausgabe Band 8, Frankfurt am Main: Suhrkamp, S. 308 – 316.

Srubar, Ilja (1988), Kosmion: Die Genese der pragmatischen Lebenswelttheorie von Alfred Schütz und ihr anthropologischer Hintergrund, Frankfurt am Main: Suhrkamp.

Srubar, Ilja (2005), »Sprache und strukturelle Kopplung. Das Problem der Sprache in Luhmanns Theorie«, in: KZfSS, Jg. 57, Heft 4, Dezember 2005, S. 599 – 623.

Srubar, Ilja (1994), »Lob der Angst vorm Fliegen. Zur Autogenese sozialer Ordnung«, in: Walter M. Sprondel (1994) (Hg.), Die Objektivität der Ordnungen und ihre kommunikative Konstruktion. Für Thomas Luckmann. Frankfurt/M.: Suhrkamp, S. 95 – 120.

Stagl, Justin (1998), »Geschenk und Gabe«, in: Ethik und Sozialwissenschaften: Streitforum für Erwägungskultur (1998), Heft 3, S. 414 – 416.

Stark, Carsten/Lahusen, Christian (2010) (Hg.), Korruption und neue Staatlichkeit: Perspektiven sozialwissenschaftlicher Korruptionsforschung, Norderstedt: BoD.

Ströker, Elisabeth (1969), »Kommentar [zu Bühlers Axiomatik der Sprachwissenschaften]«, in: Bühler, Karl (1969), Die Axiomatik der Sprachwissenschaften, Frankfurt am Main: Klostermann, S. 119 – 152.

Thieme, Paul (1966), Der Fremdling im Ṛgveda. Eine Studie über die Bedeutung der Worte ari, arya, aryaman und ārya, Nendeln: Kraus.

Trende, Frank (2001), »Wenn Länder schenken: Erlebnisse einer Ministerpräsidentin«, in: Keß, Bettina (2001), S. 43 – 46.

Todorov, Tzvetan (2002), Die Eroberung Amerikas: Das Problem des Anderen, Frankfurt am Main: Suhrkamp.

Waldenfels, Bernhard (1980), Der Spielraum des Verhaltens, Frankfurt am Main: Suhrkamp.

Watzlawick, Paul, et. al. (1990), Menschliche Kommunikation: Formen, Störungen, Paradoxien, Bern. Huber.

Weber, Max (1980), Wirtschaft und Gesellschaft: Grundriss der verstehenden Soziologie, Tübingen: Mohr.

Wesel, Uwe (1985), Frühformen des Rechts in vorstaatlichen Gesellschaften: Umrisse einer Frühgeschichte des Rechts bei Sammlern und Jägern und akephalen Ackerbauern und Hirten, Frankfurt am Main: Suhrkamp.

Whorf, Benjamin Lee (1994), Sprache - Denken - Wirklichkeit: Beiträge zur Metalinguistik und Sprachphilosophie, Reinbek bei Hamburg: Rowohlt.

Wooten, David B. (2000), »Qualitative Steps toward an Expanded Model of Anxiety in Gift-Giving«, in: Journal of Consumer Research, Vol. 27, June 2000, pp. 84 – 95.

Zimmer, Heinrich (1998), Philosophie und Religion Indiens, Frankfurt am Main: Suhrkamp.